제 2 판

영유아교사인성론

제 2 판

영유아 교사 인성론

홍길회 · 정미자

dm 동문사

머리글

4차 산업혁명시대 도래로 인한 급격한 변화 속에서 우리 사회가 안고 있는 주요 고민 중 하나가 미래 세대 육성 문제일 것입니다. 불확실한 미래를 대비하기 위한 교육계 종사자들의 책임이 그 어느 때보다 크게 요구되며, 특히 생의 첫 단계 교육을 시작하는 어린이집·유치원 운영자들이나 영유아교사들의 역할에 대한 기대가 클 수밖에 없습니다.

교육의 질은 교사의 질을 능가할 수 없으며, 어릴수록 교사의 영향력이 지대하므로 영유아교사의 중요성은 재론할 여지가 없기 때문입니다.

이런 측면에서 대학에서 예비교사교육을 담당하고 있는 입장에서도 고민이 깊습니다. 영유아들이 유아교육기관에 머무는 시간이 더욱 증가하고 있고, 자녀양육이 개인이나 가정에 국한되지 않고 국가·사회적 책임으로 인식되어가고 있어, 영유아들을 지도하는 교사들의 역할은 과거보다 더 중요하게 요구되고 있습니다. 그에 따라 인성과 전문적인 소양을 갖춘 영유아교사의 양성은 교사양성기관의 중요한 책무가 되고 있기 때문입니다.

보육교사(인성)론은 2017년부터 보육교사자격증 취득을 위한 인성 필수영역 과목으로 지정되었는데, 이는 2016년 보건복지부의 '아동권리헌장' 발표와 더불어 유아교육기관에서 발생한 일련의 사건들로 인한 사회적 불안에서 비롯된 '안심보육환경'이라는 정부정책에 따른 것으로, 영유아교사의 바른 인성과 자질에 대한 사회적 관심을 반영한 조치이기도 합니다.

전문성과 인성을 함께 갖춘 보육 및 유치원 교사를 배양하는 데 필요한 것은 바로 예비교사 양성과정에서부터 준비하고 배울 수 있도록 차근히 안내하는 것이라는 믿음에서 출발하여 어떻게 하면 '유능하면서도 행복한 교사'로 양성할 수 있을까 생각하면서, 우선 다음과 같이 필요하고 바라는 교사상을 제시해 보았습니다.

첫째, 전문성과 창의성을 갖춘 유능한 교사입니다.

유아교사직은 전문직 중에서도 진정한 의미의 창조적 전문직이라는 견해에 공감해야 합니다. 교육이란 인간을 인간되도록 하고, 인간의 본성과 재능을 최대화하여 가치 있는 삶을 돕는 것이라 볼 때 교사 자신이 가지고 있는 전문적인 지식을 특정한 상황의 요구에 맞도록 스스로가 재구성할 수 있어야 하며, 영유아교사는 교수자, 연구자, 의사결정자, 평가자 등의 적극적 역할을 담당함으로써 참된 교육을 실천할 수 있는 역량을 갖추어야 할 것입니다.

따라서 영유아 발달과 그에 적합한 실제에 있어 전문적인 능력을 갖추도록 유아교사의 질을 향상시켜야 하고, 그에 따라 유아교사의 질 향상을 위한 교사양성 프로그램은 무엇보다 중요할 것입니다.

둘째, 따뜻한 사랑과 바른 인성을 갖춘 교사입니다.

영유아교사는 인생의 시작점에 있는 영유아가 만나는 첫 번째 교사로, 가장 영향력이 있는 시기에 만나는 교사입니다. 첨단과학화를 통해 많은 변화와 예측불가로 인한 불안한 사회가 될수록 인간의 마음과 정서를 어루만져 주고, 인성을 살려 줄 수 있는 교육이 더 필요할 것입니다. 따라서 미래세대 아이들에게 삶의 초기에 선한 영향력을 줄 수 있고, 심신이 건강하고 전인발달을 이루어 행복하고 독립된 사회구성원으로서 살아갈 수 있도록 평생교육의 첫 단추를 잘 꿰어주는 교사로 성장할 수 있어야 할 것입니다.

셋째, 교사 자신이 행복한 교사입니다.

교사로서의 행복함은 자신의 직업에 대한 올바른 이해에서 출발한다는 점에 입각하여 볼 때 과중한 업무와 인간관계에서 오는 스트레스를 적절하게 대처하고, 스스로 행복해질 수 있는 방법을 사전에 익혀 준비할 수 있어야 할 것입니다.

교사도 자아실현이 필요하며, 업무에 있어 유능해야 어려움을 쉽게 해결할 수 있으며, 직무에서 오는 스트레스를 덜 받게 된다는 것을 기억할 필요가 있겠습니다. 행복하고 독립된 인간으로 살아가도록 돕는 역할에 대한 보람과 가치를 인식하고, 어렵고 힘든 교직생활에서 즐거움을 자극하고 열정을 유지할 수 있도록 지원해야 할 것입니다.

본서에서는 위의 세 가지 희망사항을 목표로 하여 가능한 범위 내에서 보육관련학과 및 유아교육과의 예비교사들은 물론 어린이집과 유치원의 현장 교사들에게 필요한 내용을 기본으로 그 역할을 충실하게 수행할 수 있고, 성장해 나갈 수 있도록 지원해 줄 수 있는 내용으로 담고자 하였습니다.

이에 기본적인 교직의 이해부터 영유아교사의 자격과 역할, 권리와 의무, 인성 및 인간관계, 나아가 스트레스에 대처하고 행복해지는 길에 이르는 주제들을 10개의 장으로 나누어 다루었으며, 무엇보다 각 장마다 덧붙인 '수행하기'를 통해 이슈가 되는 주제에 대해 스스로를 진단하거나 생각을 정리할 수 있게 함으로써 주요한 내용을 지루하지 않게 요약·소화할 수 있게 하였으며, 발표·토론 등 다양한 방법으로 효율적인 강의가 이루어지도록 하였습니다.

제2판에서는 영유아교사의 권리와 의무교육을 강조하는 의미로 보육교직원의 보수교육 내용을 첨가하였으며, 각 장의 내용과 관련 영상 등 자료를 참고하고 수행하기를 좀 더 효율적으로 할 수 있게 하는 데 주안점을 두었습니다.

사회에 공헌할 수 있는 최적의 직업군의 하나로서 국가와 사회에 필요한 교육을 위해서 노력해 주길 바라면서, 이 땅의 영유아교사들이 따뜻하고 사랑이 넘치며 바른 인성을 갖춘 전문적인 교사로 성장해가는 데 일조할 수 있기를 소망해봅니다.

마지막으로 항상 지원과 격려를 아끼지 않은 가족들과 완성도 높은 편집을 위해 애써주신 동문사 대표님과 편집부 및 관계자분들께 감사드립니다.

2023년 1월

저자 일동

차 례

Chapter
01 영유아교사의 이해

1. 교사의 일반적 개념

일반적 의미에서 교사는 가르치는 사람이다. 가르치는 사람은 배우는 사람이 있어야 의미가 있다. 즉, 교사는 학생을 전제로 하며, 교육이란 교사와 학생과의 관계 속에서 이루어지는 것이다. 교사의 어원적 의미, 사전적 의미를 살펴보면 다음과 같다.

첫째, 교사는 스승 또는 선생의 의미가 있다.

교사(敎師)에서 '敎'는 '본받을, 가르칠, 알릴, 훈계할, 학문의'라는 뜻이며, '師'는 '스승, 선생님, 본받을 어른, 벼슬 이름' 등의 뜻이다. 이런 의미에서 '교사'는 '본을 보임으로써 가르치는 어른'으로 해석될 수 있다. 즉, 교사라는 어원에는 사범(師範), 사표(師表), 모범(模範)이 되는 스승이나 선생으로서의 인격적 의미가 포함되어 있다.

일반적으로 교사는 학생들에게 지식을 전수하고 살아가는 방법을 가르치는 사람이다. 그러나 본질적인 의미를 살펴보면 가르치는 사람 이상의 의미가 담겨 있다. 교사는 기성세대와 성장세대를 연결해 주는 역할을 한다. 즉, 기성세대가 쌓아놓은 지식과 가치관 및 삶의 태도를 알게 하는 역할을 하며, 동시에 아동의 삶을 인도하고 그들의 권익을 대변하는 역할을 한다. 이 두 가지의 역할을 조화롭게 수행할 때 학생들을 하나의 인격으로 성장시킬 수 있다. 따라서 교사는 지식이나 기술을 효과적으로 전수하는 관계를 넘어서 아동에게 인격적인 감화를 주는 사람이어야 한다.

역사적으로 살펴보면 우리나라는 고대국가가 성립되면서 학교가 설립되었고, 그때부터 교사가 생겼다. 이때의 교사는 학식과 경륜, 덕망이 뛰어난 자로서 관직에 있는 관리가 겸하는 경우가 많았다. 불교가 국교였던 삼국시대와 고려시대에는 중국 유학을 통해 새로운 문물을 들여왔던 승려들이 당시 최고의 교사였다. 스승의 어원이 스님과 밀접한 관계가 있다고 하는데, 원래 스님은 '사(師)님'이란 말로서 '스승님'을 줄여 '스님'으로 불렀다고 한다(안옥규, 1996).

둘째, 교원 또는 교직으로 정의할 수 있다.

교사란 전문직업인으로 일정한 자격을 가지고 정규학교에서 학생을 가르치는 사람을 의미한다. 즉, 교사는 일정한 양성과정을 거쳐서 교사 자격증을 받고 유아교육기관, 초등학교, 중학교, 고등학교 등의 공공교육기관에서 교육의 임무를 수행하는 사람을 일컫는다(브리태니커 사전). 인류 문명의 시작과 함께 교육은 존재하였다. 문자가 없었던 대부분의 초기사회에서 교육은 비공식적으로 가정이나 씨족 내에서 행해졌으나, 인간이 안정된 생활을 하면서, 특히 문자의 발명과 함께 정보기록을 실행하면서부터 학교와 같은 새로운 형태의 교육이 가능하게 되었다. 이때부터 지식과 기술을 다른 사람에게 가르치는 직업적 교사가 출현하였고, 그 후 전문적인 양성과정을 거치고 일정한 자격증을 지니고 임용 선발 과정을 거친 후 교사가 될 수 있게 되었다.

이러한 의미에서의 교사(teacher)의 개념은 가르치는 사람의 인격적인 부분, 즉 스승으로서의 의미보다는 일정한 자격이 있어야 하는 전문적인 직업인으로서의 의미가 더 크게 부각되어 있는 것이다. 오늘날 교사는 충실한 사회인으로서는 깊은 교양을 쌓고, 우수한 직업인으로서는 전문적 지식과 교직의 식견을 넓힘으로써 바람직한 직업인으로서의 자질 향상과 사회적 지위를 높여 전문성을 갖춘 전문 직업인이 되어야 함이 강조된다.

다시 말해 교사란 넓은 의미로는 아동, 학생, 성인에게 좋은 영향과 감화를 주어 그들의 인간적인 성장을 조성하는 사람을 가리키며, 협의의 의미로는 학교제도가 발달한 오늘날 아동과 청소년들을 지도하는 자격을 갖춘 전문직으로서의 학교 교사, 즉 교원을 가리킨다.

2. 영유아교사직의 이해

1) 교직의 본질

오래전부터 우리 사회에서 교육의 문제는 궁극적으로 교사의 문제라 여겨왔으며, 교육은 이상적인 상태를 지향한다는 점에서 종교와 비슷하다고 할 수 있다(이홍우, 2005). 교사의 정체성과 역할은 교사가 속한 공동체의 문화에 의해 영향을 받음과 동시에 이전 개인 경험과 교육에 의해 결정된다. 교사의 정체성은 다음과 같이 성직자, 전문가, 노동자, 공직자, 예술가로 설명될 수 있다(이윤경 외, 2020).

첫째, 성직자로서의 교사는 초기 학교의 역사에서 종교기관이 학교의 역할을 담당해왔던 것에서 기인하며 교직을 성직자와 비슷하게 보는 전통적인 관점으로, 학습자의 지적·정서적 지지뿐 아니라 학습자에 대한 열정과 헌신이 요구되는 관점이다. 이는 한국사회의 군사부일체(君師父一體: 군주와 아버지와 교사가 동등하다) 개념과 유사하다고 볼 수 있다.

둘째, 전문가로서의 교사는 1966년에 발표된 UNESCO의 「교원의 지위에 대한 권고문」에서 볼 수 있듯이 교직은 엄격하고 계속적인 연구를 통하여 획득되고 유지되는 전문지식과 기능을 요구하는 전문직이라는 관점이다. 따라서 교사교육은 자격취득 이후에도 지속적으로 제공되어야 한다. 교사의 전문성이란 전문적인 지식과 기능을 요구하는 것 이외에도 직업윤리, 사회봉사성, 자율성 보장을 전제로 하며, 일생동안 지속되는 연구와 반성의 과정이라 할 수 있다.

셋째, 공직자로서의 교사는 국가가 부여한 법적 지위와 자격을 가진 공공성의 개념인 공직관을 바탕으로 이해할 수 있는 관점이다. 교직의 공공성은 모든 국민이 교육을 받을 권리가 있다는 기본권과 그 권리를 보장하기 위한 국가의 책임하에 보장되며, 이에 따라 유치원교사는 「유아교육법」, 어린이집교사는 「영유아보육법」에 의해 정한 일정한 자격기준을 갖추어야 유아교사로 종사할 수 있다.

넷째, 노동자로서의 교사는 어떤 직업이라 해도 일하는 당사자의 희생과 헌신을 요구하는 것을 부당한 처사라고 믿는 현대사회의 가치관에 따라, 교사 역시 일정시간 노동시간과 보상을 보장하고 권리와 생계를 해결할 수 있는 이익을 보장해주어야 하는 근로자로 보는 관점이다. 앞서 UNESCO의 「교원의 지위에 대한 권고문」은 ILO(국제노동기구)와의 공동선언문이며, 총 146조의 권고문에는 교사가 전문직이라는 정의와 함께 교사의 책임 외에도 교사의 승진, 신분보장, 각종 형태의 근무조건, 교사의 봉급, 사회보장 등을 포함하는 교사의 근로자로서의 권리를 언급하고 있다.

다섯째, 창의적인 예술가로서의 교사는 교사를 종종 오케스트라의 지휘자로 은유하는 관점에서 비롯된 것으로 Van Dyk(2003)는 교사라는 직업이 기술적인 능력이 필요한 기술자라기보다는 창의적인 능력이 필요한 예술가라고 정의하면서 '가르침은 과학이다'는 축과 '가르침은 예술이다'라는 축 사이를 오가는 시계추와 같다고 하였다.

이와 같이 교직을 어떤 관점으로 보느냐 하는 인식의 차이는 바로 교육현장의 모든 문제와 문제 해결방법에서 차이로 나타난다. 예를 들어, 운영자는 교사를 성직으로 이해하여 헌신을 요구하고, 학부모는 교수에 필요한 전문 지식인을 요구하는 데, 교사는 노동직관을 가졌다면 기관의 운영에서 갈등이 일어날 수 있는 소지가 많다. 이렇듯 교직관은 교육현장에서 가장 의미 있게 영향력을 끼칠 수 있는 요건이 될 수 있다.

2) 영유아교사직의 개념과 중요성

유아교육은 협의의 의미와 광의의 의미, 두 가지로 살펴볼 수 있다. 첫째, 협의의 의미의 유아교육은 3~5세까지의 유아들을 대상으로 유아교육기관(유치원과 어린이집)에서 체계적으로 실시되는 형식적인 교육을 의미한다. 둘째, 광의의 의미의 유아교육은 출생에서 초등 저학년까지의 영유아를 대상으로 가정이나 사회에서 이루어지는 비형식적 교육과 유아교육기관이나 학교에서 체계적으로 실시하는 형식적 교육 모두를 포함한다. 따라서 영유아교사란 형식적 교육기관인 유치원과 어린이집 등에 종사하는 법적인 자격을 가진 직업인을 의미한다.

한편 영유아보육은 영유아에게 제공되는 돌봄과 교육을 의미하며, 「영유아보육법」 제2조에서는 보육을 '영유아를 건강하고 안전하게 보호·양육하고 영유아의 발달 특성에 맞는 교육을 제공하는 어린이집 및 가정양육 지원에 관한 사회복지서비스'로 정의한다. 이렇듯 영유아교사는 영유아의 보호와 교육에 필요한 자질을 갖추기 위해 일정 기간 교육과 훈련을 받고 법적인 자격요건을 가지고 영유아를 돌보고 가르치는 사람들을 의미한다.

역사적으로 영유아보육은 복지적 차원에서 특정 대상에게 제공되는 수혜적 사업으로 시작되었다. 그러나 급속한 경제성장과 산업화, 이로 인한 여성의 경제활동 참여 증가로 인해 보육에 대한 수요가 급격하게 증가하면서, 영유아보육의 의미와 특성 역시 변화되어 왔다. 오늘날에 이르러 영유아보육은 전체 영유아의 전인적 발달을 돕는 보편적인 것으로 인식되고 있으며, 영유아보육의 중요성이 보다 강조되고 있다. 어린 시기부터 가정이 아닌 기관에서 보육이 이루어지는 최근의 상황에서 어린이집은 가정과는 또 다른 주 양육환경으로 다양한 사회화 기능을 대행하고 있으며, 영유아교사는 영유아의 발달에 중요한 영향을 미치는 대리양육자로서의 역할을 수행하고 있다.

영유아 시기 초기 보육 경험은 인간의 발달에 있어 결정적인 영향을 끼치는 등 중요한 의미를 지닌다. 영유아기 초기 보육 경험과 이를 수행하는 교사의 역할이 왜 중요한지에 대해 구체적으로 살펴보면 다음과 같다(Jalongo & Isenberg, 2004).

첫째, 초기 보육 경험은 영유아의 전반적인 교육 경험에 대한 인식을 정의한다.

영유아교사는 단순히 영유아를 가르치고 보육하는 것이 아니라 보육환경 내에서의 영유아의 삶의 질을 결정한다. 영유아교사의 행동은 보육과 교육에 대한 영유아의 개념을 형성하는 기준이 되므로 교사는 책임감을 가져야 한다.

둘째, 초기 보육 경험은 이후의 경험에 영향을 준다.

한 개인이 지금까지 배워 온 것은 미래에 그가 배울 수 있는 것에 중요한 영향을 미친다. 영유아기는 지식 배경의 기반을 형성하는 중요한 시기이며, 이 시기는 학습의 결정적 시기이다.

셋째, 초기 보육 경험은 영유아의 학습자로서의 자아개념에 영향을 준다.

영유아는 자신의 관점에서 사고하며, 다양한 관점을 잘 수용하지 못하는 발달적 특성을 지닌다. 이로 인해 불만족스러운 경험이 발생할 때 이 문제에 대해 다른 사람을 탓하기보다 자기 잘못이라고 생각한다. 결국 이러한 경험은 영유아의 자아개념에 영향을 미치게 되므로, 영유아교사는 영유아에게 주의를 기울이고 숙련된 태도로 영유아를 대할 필요가 있을 것이다.

넷째, 영유아기는 빠르게 성장하는 시기이며 발달에 중요한 시기이다.

영유아기는 신체, 인지, 정서, 사회 등 전 영역에 있어서의 발달이 급속하게 이루어지는 시기이며, 이 시기의 발달은 생애 전반에 영향을 미치게 된다. 따라서 영유아가 자신이 가진 잠재력을 최대한 발달시키고 건강하게 성장할 수 있도록 적절하고 바람직한 보육환경이 제공되어야 한다.

이와 같이 영유아교사는 영유아의 발달에 결정적인 영향을 미칠 수 있는 존재이며, 보육의 다양한 요소 중 그 어떤 것도 교사의 역할이 지닌 가치를 넘어서지는 못할 것이다. 영유아교사는 자신이 영유아의 삶에 미치는 영향과 영유아교사직의 가치에 대해 정확하게 인식하여야 하며, 이러한 인식을 바탕으로 영유아의 발달적 요구에 관심을 가지고, 영유아의 이익을 최우선적으로 고려하여 영유아가 전인적 발달을 이룰 수 있도록 도와야 할 것이다.

따라서 영유아교사는 영유아의 기본적인 욕구, 즉 자신을 둘러싼 모든 것에 대해 알고 싶어 하고, 격려받고 존중받기를 바라며, 이끌어 주기를 원하는 욕구를 민감하게 인식하여, 이러한 욕구를 충족시켜 줄 수 있는 좋은 교사(Clark, 1996)가 되기 위해 항상 노력해야 할 것이다.

참고

좋은 영유아교사가 되기 위한 12가지 달성 목표

1. 보육을 통해 영유아의 전인적 성장을 도울 수 있도록 책임감을 갖고 노력하기
2. 영유아의 발달에 호기심을 가지고 이를 이해하기 위해 학습하기
3. 영유아와 가족 그리고 가르침에 대해 근본적으로 긍정적인 관점 유지하기
4. 교사가 영유아의 삶에 미치는 강력한 영향력 이해하기
5. 좋은 교사가 되기 위한 목표에 집중하기
6. 실수를 두려워하지 않고 도전하기
7. 변화에 유연하게 대처하고 끊임없는 도전을 기대하기
8. 전문적인 지식과 기술을 습득하기
9. 물리적, 인적 자원을 활용하는 방법 배우기
10. 공동체 의식 형성하기 : 협력과 동료 지원 찾기
11. 도덕적 결정을 위한 문제해결 전략을 사용하기
12. 전문적 성장을 추구하기

출처: Jalongo & Isenberg(2004); 이순형 외(2015). p. 20 재인용.

3) 영유아교사직의 특성

영유아교사직은 교직과 비슷한 특성을 지니나, 어린 영유아를 대상으로 하며, 교육뿐 아니라 보호와 양육을 함께 제공한다는 점 등의 고유한 특성을 지니고 있다. 영유아교사직이 가지고 있는 특성은 다음과 같이 정리해 볼 수 있다(이순형 외, 2015).

첫째, 영유아교사직은 어린 영유아를 대상으로 하는 직업이다.

영유아는 고유의 발달 특성을 지니고 있으며, 일반적으로 생후 24개월

까지의 영아와 만 3~5세의 유아가 갖는 발달 특성 또한 차이가 있다. 영유아를 올바르게 보육하기 위해서 영유아교사는 영아와 유아의 발달 특성과 양상을 정확하게 이해하고 있어야 한다. 영유아에게 영유아교사란 자신의 발달적 요구를 충족시켜 주는 존재임과 동시에, 전적으로 의지해야 하는 대상이다. 따라서 영유아교사는 영유아에게 자신이 어떤 존재이며 자신이 영유아에게 어떠한 영향을 미칠 수 있는지 인식해야 하며, 긍정적이고 바람직한 방식으로 영향력을 행사할 수 있도록 항상 노력해야 한다.

둘째, 영유아교사직은 영유아의 전인적 발달을 돕는 직업이다.

영유아교육의 목적을 '영유아의 심신의 건강과 전인적 발달을 도와 행복을 도모하며 민주시민의 기초를 형성하는 것'으로 명시하였듯이, 영유아교육은 영유아가 신체적·인지적·정서적·사회적 발달을 통합적으로 이룰 수 있도록 돕는 것을 목적으로 한다. 영유아교사는 영유아가 건강하게 성장할 수 있도록 쾌적하고 안전한 환경을 제공하며, 영유아와의 신뢰로운 관계를 통해 정서적으로 안정된 환경을 구성하여야 하며, 통합적인 발달을 도모할 수 있는 창의적인 교육환경을 구성하여야 한다.

셋째, 영유아교사직은 영유아에 대한 돌봄과 교육이 함께 이루어져야 하는 직업이다.

영유아교사직은 단순히 영유아를 가르치는 것에 한정되지 않는다. 영유아의 발달은 물리적으로나 정서적으로 안전하고 안정된 환경을 전제로 한다. 또한 영유아에게 학습은 단순히 지식을 배우는 것이 아닌, 주변 환경에 대한 탐색과 환경과의 상호작용을 통해 이루어지므로 영유아가 성인의 보호 아래 안전하게 세상을 탐색할 수 있도록 돕는 것이 무엇보다 중요하다. 어린이집에서 머무는 시간이 길어지고 보육연령이 낮아지면서 돌봄의 중요성은 더욱 강조되고 있다. 영유아에게 돌봄과 교육은 그 경계를 명확하게 구분하기 어려우며, 어떤 것이 더 중요하다고 말하기도 어렵다. 영유아교사는 영유아를 보호, 양육, 교육하는 모든 일이 각각의 가치를 지니고 있음을 명심하고, 어느 것 하나 소홀함이 없어야 할 것이다.

넷째, 영유아교사직은 전문성이 요구되는 직업이다.

전문직이 요구하는 조건을 고려할 때 영유아교사직은 현실적인 처우와 사회적 인식의 한계로 전문직으로 인정하기 어려운 부분이 있다. 그러나 영유아교사직이 가지는 본질적인 가치와 윤리성, 영유아의 발달을 책임지는 사회적 공헌성, 영유아교사 직무 수행에 필요한 다양하고 깊이 있는 전문적 지식 등을 고려할 때, 영유아교사직은 충분히 전문직으로서의 요소를 지니고 있으며 영유아교사는 전문성을 갖추고 있어야 함을 알 수 있다.

다섯째, 영유아교사직은 공적 책임을 지닌 직업이다.

영유아교사직은 영유아 개인의 발달과 삶에 대한 책임을 지님과 동시에, 사회적 구성원 또는 국가의 인력을 육성하는 공적 책임을 지닌 직업이다. 보육의 책임을 개인이 아닌 모든 국민에게, 가족에게만이 아닌 국가에게 두는 오늘날, 영유아교사의 공적 책임은 그 중요성이 더욱 강조되고 있다.

〈의견 나누기〉
교사가 AI로 대체될 수 있는가에 관해 이야기해보자.

참고

유발 하라리에게 듣는다. AI로 대체하기 가장 쉬운 직업은?
(유튜브, EBS STORY) https://youtu.be/MYygMVtxy6c

3. 영유아교사의 전문성

1) 전문성의 개념

전문성은 사고와 행동을 이끄는 윤리관, 가치, 의무, 책임 등에 대한 본질적인 규정을 의미한다. 영유아교사에게 전문성은 누군가 그들을 감시하거나 평가하지 않더라도 교사 스스로가 보다 유능해지기 위해 그리고 영유아들을 잘 가르치기 위해 노력하도록 만드는 중요한 기준이다(Jalongo & Isenberg, 2004).

Katz(1977)는 전문직의 요건을 다음의 8가지로 제시하였다(이순형 외, 2015).

첫째, 전문직은 사회에 근본적으로 필요하다. 전문적 지식과 기술이 없으면 사회가 약화될 수 있다.

둘째, 전문직 수행의 동기는 이타적이어야 한다.

셋째, 전문가는 대상자와 고용주로부터 자율성을 인정받아 자율적으로 판단하고 행동할 수 있어야 한다.

넷째, 전문직은 윤리강령을 가지고 있으며, 이를 위반할 경우 구성원들을 징계하는 제도를 갖고 있다.

다섯째, 전문가들은 대상자와의 공정한 관계를 유지하기 위해 대상자들과 적정한 거리를 유지한다.

여섯째, 전문직은 전문적 판단을 위한 실천 기준들을 가지고 있다.

일곱째, 전문직에서는 계속적인 훈련이 요구된다. 인가받은 기관에서 훈련을 받고 이에 대한 자격증이 부여되어야 하며, 체계적이고 정규적인 교육이 지속적으로 이루어져야 한다.

여덟째, 전문직에서는 전문화된 지식이 요구된다. 전문적 지식은 구체적이기보다는 추상적이고, 실천과정에서 일반화될 수 있는 원리로 구성되어 있으며, 체계적 원리로 조직된다.

이와 같이 전문직은 전문성을 충족시키는 특정 기준들을 가지고 있으며, 전문화된 지식, 직업 수행에서의 자율성, 엄격한 자격 관리, 전문적 판단을 위한 기준, 높은 사회·경제적 지위 등이 이러한 기준에 해당됨을 알 수 있다.

> 참고
>
> **다른 전문직과 구별되는 교직의 특성**
>
> 1. 다른 전문가들과 달리, 교사들은 어떠한 학생들(다른 전문가들에게는 고객)을 자신이 맡게 될지 알지 못하며, 학생들과 수백 시간이 넘는 장시간을 함께 한다.
> 2. 교사의 전문가적 능력에 대한 평가는 실제 수행에 근거하며, 상황 특정적이다. 업무의 효율성은 특정 교실에서 특정 시간 교사가 수행하는 기술들에 의해 결정된다.
> 3. 교사교육은 외견상 성인(교사)을 대상으로 하고 있지만, 실제 이 교육은 아이들을 위한 것이다. 교사들은 자신의 학습에 대해서만 책임을 가지는 것이 아니라, 자신이 배운 것을 통해 아이들의 학습에 효과적인 영향을 미쳐야 하는 책임을 지닌다.
> 4. 다른 전문가들과 달리, 교사(전문가)와 학생(고객) 간에는 상호 간 정서적 연계가 허용된다. 심리학자들에게는 그들의 환자들과 정서적 유대를 형성하는 것이 허용되지 않지만, 교사의 경우 학생들과 정서적 유대감을 형성하는 것이 수용된다.
> 5. 교사는 모든 사람들이 관찰할 수 있고 만날 기회를 가지는 유일한 전문가이다. 학생들은 그 어떤 활동보다도 학교에서 교사와 훨씬 많은 시간을 보낸다. 아동을 보호하고 교육하는 직업은 평범해 보일 수 있지만, 전문가들 중에서도 독특한 특성을 지닌다.
>
> 출처: 이순형 외(2015). p. 24. 재인용.

2) 영유아교사의 전문성

사회적으로 보육의 필요성이 증대되고 보편적 보육의 이념이 강조되면서 영유아의 일생에서 보육 경험이 지니는 중요성과 영유아교사의 지위에 대한 사회적 인식이 높아졌다. 실제로 한국표준직업분류(2017, 7차 개정)에서는 영유아교사를 이전의 '서비스 종사자'가 아닌 '대분류: 전문가 및 관련 종사자'로 분류하고 있다. 중분류에서는 유치원교사는 교육 전문가 및 관련직으로, 보육교사는 보건·사회복지 및 종교관련직으로 분류되어 여전히 유치원교사와 보육교사의 직종 구분에 차이는 있지만, 보육교사는 더 이상 서비스 종사자가 아닌 전문직 관련 종사자로 구분된다는 점은 보육교사직에 대한 인식 변화가 반영된 결과로 볼 수 있다.

그러나 아직 어린이집을 단순히 아이를 돌보는 장소나 초등학교 학습을 위해 준비하는 곳 정도로 보는 사람들이 많고, 현실적으로는 낮은 사회적 지위와 봉급 수준, 일원화되지 못한 교사 양성 과정 등으로 인해 영유아교사의 전문성에 대한 논란은 계속 이어지고 있다. 또한 과다한 업무와 근무 조건은 교사 스스로 전문성 개발을 위해 힘쓰는 데 있어 방해 요인으로 작용하고 있다. 지금까지 전문직으로서 영유아교사직의 위상을 높이기 위해 많은 노력을 기울여 왔으나, 여전히 영유아교사의 전문성에 대한 논란이 있는 것은 영유아교사의 전문성을 발전시키기 위해 이루어진 노력들이 뚜렷한 효과를 드러내지 못하고 있음을 보여주는 결과로 볼 수 있을 것이다(유수경·황해익, 2009).

이와 같이 현실적인 한계에도 불구하고, 영유아기 발달의 중요성과 영유아교사의 역할, 업무 수행 시 필요한 다양하고 깊이 있는 전문적 지식들, 사회·국가적 기여도, 보육의 다양한 영역에서 발휘되는 자율성, 영유아교사직의 윤리강령 등을 고려하면 영유아교사직이 전문적으로 인정받아야 하며, 영유아교사의 자질이 보육의 질을 좌우함을 고려할 때 영유아교사의 전문성 개발의 중요성을 염두에 둘 필요가 있겠다.

영유아교사가 교육 과정을 통해 교사가 되었다고 해서 전문성을 갖추었다고 말할 수 없으며, 영유아교사는 전문가로 성장하기 위해 꾸준히 학습하고 노력해야 한

참고

보육의 전문성과 관련된 6가지 질문

1. 보육 분야 실무자들의 수준을 평가하는 기준을 어떻게 설립할 것인가?
2. 합리적인 보육 전문성 기준은 무엇인가?
3. 보육 분야 고용 기준은 어떻게 결정되어야 하는가?
4. 보육 분야는 보다 포괄적 혹은 배타적이어야 하는가? 그 기준은 누구에 의해, 어떻게 적용되어야 하는가?
5. 성별과 경제적 쟁점들을 어떻게 다룰 것인가?
6. 전문적 지식과 가치를 어떻게 정의할 것인가?

출처: 이순형 외(2015). p. 26 재인용.

다. 또한 영유아교사의 전문성을 향상시키기 위해서 교사의 능력과 행동을 고려한 준비 수준과 자격 및 전문성을 증명할 수 있는 기준을 향상시키는 것이 필요하다. 영유아교사의 전문성 수준을 향상시키기 위해서는 교육 프로그램의 학문적 내용을 강화하고, 교사들에게 그들이 무엇을 해야 하는지 생각해보도록 함과 동시에 실질적으로 수행 능력을 높일 수 있는 데 보다 초점을 둔 교사교육 프로그램을 제공해야 할 것이다(Saracho & Spodek, 2003).

NAEYC(National Association for Education of Young Children)에서는 영유아교사가 갖추어야 할 전문적 지식과 기술을 다음과 같이 제시하고 있다.

첫째, 영유아교사는 개별 영유아에 대한 관찰 및 평가와 더불어, 영유아발달의 기초이론을 적용하고 이해할 수 있어야 하며, 영유아의 안전과 건강한 발달을 이룰 수 있는 학습환경을 구성해야 한다.

둘째, 발달에 적합한 교육 과정을 계획하고 수행하며, 영유아와의 지지적 관계를 형성하여 적절하게 지도하고 학급을 원만하게 경영할 수 있어야 한다. 영유아뿐 아니라 가족과도 지지적이며 생산적인 관계를 형성하고, 영유아가 가족, 문화 및 사회 속에서 가장 잘 이해될 수 있음을 인정해야 한다.

마지막으로 영유아교사는 보육의 전문성을 이해하고 자신의 전문성을 확장시켜 나가야 한다. 영유아교사가 이와 같은 전문가로서의 자질과 기술을 갖출 수 있도록 다양한 방안을 마련함과 동시에, 영유아교사

참고

영유아, 가족, 사회를 대함에 있어
'참된 전문가'가 되기 위해서는 ……

- 당신이 하는 중요한 일에 자부심을 느껴라.
- 영유아의 발달과 가정의 영유아 양육을 지원하는 데 노력을 기울여라.
- 영유아와 가족을 객관적으로 바라보고 이성적으로 대하라.
- 영유아와 가족을 대하는 데 있어 진실하고 당신이 가진 지식, 훈련, 기술을 과장하지 말아라.
- 가족, 동료와 신뢰로운 관계를 형성하라.
- 정직하고, 성실한 신뢰로운 사람이 되어라.
- 약속한 것은 꼭 지키며 지키지 못할 약속은 하지 말라.
- 지속적으로 학습하고 전문가로서 성장할 수 있는 기회를 찾아라.
- 자신에 대해 존엄성을 가져라.
- 영유아와 가족에게 좋은 모델이 되어라.
- 영유아와 가족 그리고 그들의 요구를 충족시켜 줄 수 있는 공약의 실천을 지지하라.

출처: Feeney, etc.(2006); 이순형 외(2015). p. 28 재인용.

직의 전문직으로서의 인식을 공고히 하고 영유아교사의 전문성을 신장시킬 수 있는 보다 실질적인 방안들이 마련될 필요가 있다.

따라서 영유아교사는 전문성을 갖추기 위해 그리고 영유아교사로서 '참된 전문가'가 되기 위해 부단히 노력을 기울여야 할 것이다. 이러한 노력에 앞서 영유아교사 스스로가 영유아교사직이 영유아의 발달에 중요한 역할을 하는 가치를 지닌 전문직임을 인식하고, 자신의 전문성에 대해 고민하고 전문가로서 영유아교사가 지닌 중요성을 인식하는 것이 선행되어야 하며, 이 과정에서 사회적·경제적·제도적 지원은 반드시 수반되어야 할 것이다.

표 1-1 영유아교사의 전문성 인식 측정 도구

	내 용	전혀 그렇지 않다	그렇지 않다	보통이다	그렇다	매우 그렇다
1	교원노조나 협회활동을 통해 영유아교사는 전문가로서의 위상을 더욱 잘 확립할 수 있다.					
2	영유아교사는 영유아들과 부모들로부터 존경을 받고 있다.					
3	보육 전문가가 되기 위해서 대학원에 진학하는 것이 반드시 필요하다.					
4	보육현장에서 발생하는 교사의 비윤리적 행동은 관계당국에 보고되어야 한다.					
5	영유아에게 적절한 교육 과정을 선정하고 개발하는 것은 영유아교사의 책임이다.					
6	영유아교사직은 다른 교직과 구별되는 특별한 기술, 태도, 지식을 요구한다.					
7	보육에 대한 강력한 정부 차원의 지원이 없는 이유 중의 하나는 보육 관련 법안을 개발하는 데 공동의 참여가 부족하기 때문이다.					
8	영유아교사는 수업 운영에 대한 우선적인 책임이 있다.					

	내 용	전혀 그렇지 않다	그렇지 않다	보통 이다	그렇다	매우 그렇다
9	보육의 전문화를 꾀하기 위해서는 더 많은 남학생이 모집되어야 한다.					
10	현재 영유아교사의 사회적 지위는 초·중·고등학교 교사보다 낮다.					
11	영유아교사의 질을 향상시키기 위해서는 대외적인 활동(예. 관련법)에 교사의 참여가 요구된다.					
12	영유아들의 발달에 해가 되기 쉬운 요소들을 인식하지 못한다면, 그 교사는 전문가로서의 자질이 부족하다고 볼 수 있다.					
13	영유아의 발달과 개별적인 특성에 대한 전문적인 견해를 갖기 위해서는 많은 시간과 노력이 요구된다.					
14	영유아교사는 영유아의 발달을 증진시키는 최선의 방법들을 알고 있어야 한다.					
15	정부의 예산안 결정 과정에 있어서 보육 예산이 보다 우선적으로 선정되어야 한다.					
16	영유아교사는 부모교육이나 가정·어린이집 협력관계에 중요한 역할을 한다.					
17	대학 수준에서 체계적인 교사교육을 받지 않은 사람은 전문적인 영유아교사라고 할 수 없다.					
18	남·여 교사 수의 불균형은 보육 현안이 사회적 공동관심사로 부각되지 못하는 한 이유가 된다.					
19	영유아교사에게는 높은 윤리적 행동 기준이 요구된다.					
20	영유아교사는 영유아발달과 관련된 의사결정에 대해 교사 나름대로의 특별한 기준을 설립하고 사용되어야 한다.					
21	낮은 임금은 교사가 직장을 그만두거나 옮기는 데 주된 원인이 된다.					

	내 용	전혀 그렇지 않다	그렇지 않다	보통이다	그렇다	매우 그렇다
22	교사 자격증은 전문적인 영유아교사직을 수행하기 위해 꼭 필요하다.					
23	영유아교사는 문서화된 윤리강령을 공유하고 따라야 한다.					
24	아동학, 보육학, 유아교육학 등 보육관련 학과에 남학생의 지원율이 낮은 이유는 임금이 낮고 안정된 직업 보장이 어렵기 때문이다.					
25	전문적인 영유아교사가 되기 위해서는 보육현장에서 실습경험을 갖는 것이 반드시 필요하다.					
26	영유아교사는 필요한 교육목표를 수립하기 위해 공동으로 정치가나 정책 결정자를 설득하고자 시도해야 한다.					
27	낮은 임금은 영유아교사직의 전문성 수준을 반영한다.					
28	유아 개인의 사적인 정보를 보호하는 것은 교사의 본질적 역할 중의 하나이다.					

출처: 이순형 외(2015). p. 29 재인용.

참고

교사는 어떻게 탄생하는가?
바브로 홈크비스트 스웨덴 현직 교장/ 교사 수업 스웨덴 교육 학교
(유튜브, 세바시 강연 1037회) https://youtu.be/YOGZjGgxotY

수행하기 1-1

교사의 본질과 관련하여 5가지 교직관을 조사하고 자신의 견해를 나누어 보자.

수행하기 1-2

영유아교사의 전문성 개발을 위해 가장 필요하다고 생각되는 것은 무엇이며, 그 이유는 무엇인지 이야기해보자.

Chapter
02

영유아교사의 역할과 자질

1. 영유아교사의 역할

1) 사회 변화에 따른 역할

영유아교사의 역할이란 영유아교사의 지위를 가지는 개인이 수행하여야 할 것으로, 사회적으로 기대되는 책무라고 할 수 있다.

역할이란 개인이 마땅히 수행해야 하는 맡은 바 임무로서, 개인의 지위와 관련된다. 즉, 사회에서 인정하는 개인의 지위와 관련하여 수행할 것으로 기대되는 것이다. 즉, 역할은 사회적으로 기대되는 행동으로서, 사회에서 공유되는 가치관이나 사회변화와 밀접한 관련을 가진다.

즉, 보육에 대한 사회적 인식 변화에 따라 영유아교사의 역할도 변화해왔다. 보육의 역할을 부모의 보살핌을 받기 어려운 아동을 돌보는 것으로 인식했던 시기에는 영유아교사의 역할 또한 엄마를 대신하는 역할로서 아동의 의식주를 돌보는 양육이 중시되었으나, 보육의 개념이 양육 못지않게 교육의 의미를 중요시하는 것으로 변화함에 따라 교육활동을 계획하고 실행하는 교수자로서의 역할이 부가되었다.

2) 일반적인 역할

일반적으로 영유아교사의 역할은 매우 다양하며, 학자에 따라 그 분류기준도 다양하다. 영유아와의 실제적인 상호작용에서의 기능을 중심으로 영유아교사의 역할을 분류하면, 다음과 같이 크게 4가지의 역할로 나눌 수 있다.

(1) 양육자의 역할

전통적인 보육개념에서의 양육의 중요성은 1980년대와 1990년대에 들어 'educare' 개념의 등장과 함께 보육에서의 교육의 기능이 강조되었고, 상대적으로 그 중요성이 약화되었으나, 점차 일하는 여성들이 증가하여 영유아교사가 부모의 양육기능을 대신하는 대리양육자로서의 보호와 양육의 역할이 다시 강조되고 있다(박은혜, 2009).

가. 민감한 양육을 통한 애착 형성

양육에서 가장 중요한 것은 민감한 양육으로서 아동의 요구를 즉시, 정확히 파악하여 이에 대해 적절하게 대처하는 것이다. 이러한 양육의 역할이 제대로 이루어져야 교사와 영유아 간의 정서적 유대가 강해지고 안정애착이 형성되어 다른 대인관계에까지 긍정적인 영향을 미칠 수 있다. 영유아교사와 영유아 간의 안정애착 형성은 부모와의 애착 형성과는 별개의 문제로, 부모와 불안정한 애착을 형성한 경우라도 교사와 안정애착을 형성할 수 있고, 이는 부모와의 불안정 애착관계를 개선하고 이로 인해 파생되는 여러 부정적인 영향을 상쇄할 수 있기 때문에 더욱 중요하다.

참고

애착과 훈육, 뗄 레야 뗄 수 없는 육아 필수요소!
(유튜브, 우리 동네 어린이병원, 우리 어린이)
https://youtu.be/xUd3geCuOfQ

나. 건강과 안전

양육의 역할에서 빠질 수 없는 것이 영유아의 건강과 안전을 지키는 일이다. 영유아의 건강을 지키기 위해 충분한 영양을 섭취할 수 있도록 오전/오후 간식 및 점심식사를 충분히 섭취할 수 있도록 해야 한다. 이 시간을 통해 영유아가 성장에 필요한 음식을 골고루 섭취하고 함께 어울려 식사하는 기쁨을 느끼고 올바른 식사예절을 배울 수 있도록 지도할 필요가 있다.

또한 충분한 휴식 및 수면을 취하게 해 주는 것도 영유아의 건강을 위한 교사의 역할이다. 영유아기에는 충분한 수면 시간이 확보되어야 하고, 특히 어린이집에서 집단생활을 하는 영유아는 집단생활로 인한 긴장감이나 높은 활동수준 등을 고려할 때 유아기에도 매일 일정한 낮잠 시간을 운영하여 영유아가 충분한 휴식을 취할 수 있게 해야 한다.

영유아의 안전을 보장하는 것은 영유아교사의 가장 중요한 역할 중 하나이다. 영유아교사는 안전한 환경을 제공함으로써 영유아가 다치지 않게 보호하고 나아가 활발한 탐색을 통해 지적 호기심을 충족시킬 수 있도록 해야 한다. 이를 위해 물리적으로 안전한 교재교구를 제공하고, 환경의 위험 요소를 없애거나 안전장치를 구비하며, 올바른 교구의 사용법 및 규칙을 지도하여 안전하게 교재교구를 사용할 수 있게 해야 한다.

또한 대인안전과 관련하여 영유아의 유괴나 성폭력 등에서 안전할 수 있도록 영유아를 지키고 관련 교육을 실시하는 것도 영유아의 안전을 보장하기 위한 교사의 노력이다. 이밖에 정기적으로 대피 훈련을 실시하여 재난이나 사고에 대비할 수 있도록 해야 한다.

(2) 교수자 역할

보육의 개념의 변화로 인해 등장한 '에듀케어(educare)'는 아이를 돌보는 것(care)뿐만 아니라 교육(education)이 함께 실행되어야 함을 의미하는 데, 이를 위해 교사는 교육활동을 계획하고 실행하며 평가하는 교수자로서의 역할을 수행하여야 한다. 특히 영유아를 대상으로 하는 교육활동은 교과서 없이 영유아-교구, 영유아-영유아, 영유아-교사 간의 상호작용이나 활동을 중심으로 이루어지므로 교실의 환경을 마련하고 영유아의 활동을 적극적으로 지원해 주는 교사의 역할이 중요하다(백혜리, 1990).

Spodek(1985)의 구분에 따라 영유아교사의 교수자 역할 유형을 진단자, 교육 과정 설계 및 조직자, 평가자 역할로 나누어 살펴보면 다음과 같다.

가. 진단자 역할

영유아교사는 교육활동을 효과적으로 수행하기 위해 가장 먼저 영유아의 발달수준 및 이해 정도를 파악해야 한다. 이를 위해 영유아를 관찰하고 부모 상담 등을 통해 영유아에 대한 정보를 수집하여 영유아의 현재 발달수준을 진단한다. 아무리 좋은 교육 프로그램도 영유아의 수준에 적합하지 않다면 효과를 발휘하기 어렵기 때문에 현재 수준의 지식이나 준비도를 점검하는 과정이 필요하므로, 영유아의 발달수준 및 영유아의 특성을 파악하는 진단자 역할은 첫 번째 교수자 역할로서 강조된다.

나. 교육 과정 설계 및 조직자 역할

교육 과정 설계 및 조직자로서 교사는 영유아의 발달수준 및 특성을 고려하여 적합한 교육활동 및 교육 과정을 설계하고 적합한 환경을 조직해야 한다. 영유아기는 동일연령에서도 개인의 발달에 따른 역량의 차이가 큰 시기이므로 이를 고려하여 어떠한 교육활동도 발달수준의 차이를 두어 계획할 필요가 있다.

또한 영유아의 특성상 교육활동 진행 중 돌발 상황이 많이 일어날 수 있기 때문에 교사의 역량과 철저한 사전 준비가 필요하다. 이렇게 철저히 교육활동을 준비한 교사는 영유아의 돌발 질문이나 돌발 상황을 오히려 교육적으로 활용하여 더욱 양질의 교육활동을 실천할 수 있다.

다. 평가자 역할

영유아교사는 평가자로서 자신이 수행하는 교육활동의 효과를 평가하고, 이로 인한 영유아의 발달수준 변화를 가늠할 수 있어야 하므로, 교사는 교육활동의 목표를 설정하고 이와 관련하여 영유아를 관찰하고 여러 가지 평가 방식을 익혀 다각도로 평가해야 한다. 영유아교사가 실행하는 영유아에 대한 평가는 교육활동 계획 전에 시행하는 진단평가, 교육활동 진행 중에 시행하는 형성평가 그리고 교육활동 종결 후에 시행하는 총괄

평가로 나뉜다. 이러한 평가과정을 통해 교육활동의 효과 및 부족한 점을 파악하고 개선할 수 있기 때문에 평가 결과를 활용한 더욱 효과적이고 지속적인 교육활동이 가능하다.

평가 결과는 부모 상담 시 아동에 대한 이해를 돕기 위한 객관적 자료로도 활용될 수 있으며, 동료교사 및 자기 스스로의 교육활동 평가시 유용한 자료로 활용할 수 있다.

(3) 모델 역할

사회학습이론에 기반했을 때 영유아는 모방을 통해 많은 것을 배운다. 특히 영유아가 주의를 집중하고 모방하는 대상은 '의미 있는 타인'으로서, 주로 부모 및 형제자매, 교사, 또래 등이 이에 해당한다. 어린이집에 다니는 영유아는 하루의 대부분을 어린이집에서 보내는 경우가 많아 때때로 교사는 아동에게 부모보다 더 권위 있고 매력적인 모델이 되기도 한다. 교사가 아이들과 생활하며 보여주는 언어, 생활방식, 감정의 표현 및 문제해결 방식, 가치관 등 모든 행동과 사고가 영유아에게 영향을 미치기 쉽기 때문에 교사는 자신의 생활 전반을 돌아보아 자신을 파악하고, 이를 바탕으로 의식적으로 노력하여 영유아에게 올바르고 교육적인 모습을 보여 줄 필요가 있다.

(4) 중재자 역할

인지적으로나 사회적으로 아직 발달이 미숙하기 때문에 영유아는 집단생활을 통한 상호작용에서 갈등이 많이 발생한다. 교사는 다양한 갈등 상황에서 영유아가 스스로 문제를 해결해 나갈 수 있도록 돕는 역할을 수행해야 한다. 어린 영아들에게는 교사가 문제해결 상황에 적극적으로 개입하여 문제를 해결해 나가는 것도 나이가 필요하나 유아기가 되면 스스로 문제를 해결해 나가야 하기 때문에 이를 준비하기 위해서는 교사가 직접적인 문제해결책을 제시하기보다 중재자로서 상황을 설명하고 가능한 문제해결책을 함께 도출해 낼 수 있도록 유도하는 중재자 역할을 수행해야 한다.

이와 함께 성인 간의 갈등에서도 교사는 중재자 역할을 수행해야 한다. 유아교육기관 종사자들 간의 갈등이나 학부모와의 갈등 상황이 발생했을 때 교사는 이러한 갈등 상황을 효과적으로 해결할 수 있도록 중재자의 역할을 담당하여 서로에 대한 오해를 불식시키고 이해를 도울 수 있어야 한다.

3) 아동발달에 따른 역할

영유아교사는 대상이 되는 아동에게 직접적인 영향을 미친다. 따라서 대상 아동의 특성에 따라 영유아교사의 역할은 달라진다. 연령에 따라 영아와 유아를 구분하여 각 연령대의 아동에 대한 영아교사와 유아교사의 역할에 대해 살펴보고자 한다.

(1) 영아 보육교사의 역할

연령 구분에서 영아는 2세 이하를 의미한다. 따라서 영아 보육교사란 2세 이하의 영아를 보육하는 교사를 의미한다(「영유아보육법」 시행규칙 제10조 별표2). 기관별로 차이가 있을 수 있으나 대개 학급이 새로 구성되는 3월을 기준으로 연령별 학급이 구성되기 때문에 학급을 기준으로 하였을 때 실제 보육 대상인 아동의 연령은 1년간의 기간을 거치며 점차 3세에 가까워지기도 한다. 영아기의 발달 특성에 따른 보육교사의 역할은 다음과 같다.

가. 건강하고 안전한 환경의 제공

영아기는 생존을 위한 기술의 발달이 미흡한 시기로서 양육을 담당하는 성인의 도움이 필수적이다. 따라서 영아를 대상으로 하는 보육교사의 가장 기본적이면서도 중요한 역할은 영아의 생존을 위한 기본조건으로서 안전하고 쾌적한 환경에서 의식주의 기본요소를 제공하고 돌보는 것이다. 영아기는 Freud의 심리성적 이론의 발달 단계상 구강기에 해당한다. 영아들은 무엇이든 입으로 가져가 탐색하는 경향이 강하다. 이는 세균의 전염을 일으키기 쉬운 조건으로서 영아 보육교사는 손 씻기 등 영아의 위생관리에 철저해야 한다.

또한 신체발달을 통해 여러 가지 운동기술을 획득하면서 이를 숙달시켜 나가는 과정에 있는 영아는 일상생활 속에서 안전사고의 위험이 늘 뒤따른다. 특히 영아기의 왕성한 호기심은 신체발달로 인한 이동능력의 확보와 맞물려 크고 작은 안전사고를 유발할 수 있는 요인이 되기 때문에 교사는 영아의 안전을 확보하면서도 탐색욕구를 채워 줄 수 있도록 안전하고 다채로운 환경을 제공하여야 한다.

나. 안정애착 형성

영아기는 사회성의 기초가 되는 애착이 형성되는 결정적 시기이다. 여성 취업의 증가로 영유아가 어머니와 보내는 시간은 감소되었고, 영유아는 예전보다 훨씬 어린 연령부터 어린이집에 다니게 되었다. 또한 하루 중 보육교사와 함께 있는 시간도 증가하였기 때문에 애착이 주 양육자와 영아 간의 정서적 유대관계라는 맥락에서 봤을 때, 보육교사와 영유아 간에 형성되는 애착의 중요성이 부각되고 있다. 보육교사와 영유아 사이에도 애착관계가 형성되며 이는 부모와의 애착관계와는 별개의 것으로, 부모와 불안정한 애착을 형성한 영유아도 교사와의 안정애착 형성을 통해 부모와의 관계 개선 및 사회성 증진에 도움이 될 수 있다. 영유아가 애착대상인 교사에 대해 신뢰감을 형성하면 낯선 상황에 대해 두려움을 덜 가지게 되고, 탐색활동을 보다 적극적으로 할 수 있다(민성혜·신혜원·김의향, 2012).

다. 건강한 신체발달의 도모

영아기를 가리켜 제1성장급등기라고 한다. 이는 영아기에 신체적 성장이 양적, 질적으로 급격히 증가하는 특징을 나타내는 용어이다. 따라서 영아를 대상으로 하는 보육교사의 역할은 영아의 신체발달을 최적화하도록 노력하는 것이 중요하다. 이를 위해 구체적으로 영아의 영양섭취 및 휴식과 배설에 관심을 기울일 필요가 있다. 특히 영아기는 아직 발달이 분화되지 않고 통합적으로 이루어지기 때문에 이 시기의 영양 부족은 영아의 신체발달을 지연시킬 뿐만 아니라 인지발달이나 정서발달에도 악영향을 미칠 수 있다.

따라서 규칙적으로 균형 잡힌 영양소를 섭취할 수 있도록 해야 하며, 이때 교사는 영아의 개별적인 수유 및 수면 등 개인적인 신체리듬을 고려하여 일과를 개별적으로 운영해야 한다.

라. 의사소통을 위한 노력

영아기에 가장 큰 발달을 보이는 영역 중 하나가 언어발달이다. 영아기 초기에 자신의 의사를 언어로 표현하는 것이 불가능했던 영아가 영아기 말기인 2세경이 지나면서 어휘 폭발을 경험하며 자신의 의사를 언어로 표현할 수 있게 된다. 그러나 그 과정에 속하는 영아기는 아직 언어발달이 미흡하기 때문에 성인이 주의를 기울여 영아의 발화를 이해하기 위해 노력해야 한다. 이는 언어발달을 촉진시킬 뿐만 아니라 영아의 사회성발달, 정서발달에도 지대한 영향을 미친다. 아직 언어발달이 미숙하여 언어로 자신을 표현하지 못하는 영아도 몸짓 등을 통해 자신의 의사를 표현한다. 이는 의사소통의 기초적 형태로 의사소통 방식을 배우는 중요한 기제가 된다. 교사가 영아의 의사를 이해하여 의사 대로 행동해 주거나 영아가 표현하고자 하는 바를 교사가 이해했음을 언어로 표현해 줄 때 영아는 의사표현에 대한 자신감을 얻음과 동시에 타인과의 적절한 상호작용의 기초를 익히게 된다. 이를 바탕으로 자신에 대한 긍정적 감정 및 타인과의 의사소통을 통한 문제해결방식을 연습할 수 있다. 이러한 영아의 전언어적 신호를 알아차리고 해석하는 것이나, 초기 발화를 이해하는 것은 영아 보육교사에게 매우 도전적인 과제이다. 영아의 초기발화를 알아듣고 이해하기 위해서는 인내심을 가지고 영유아와 지속적으로 상호작용함으로써 영유아의 개별적인 특성 및 발화규칙을 이해하여야만 하기 때문이다.

영아가 표현하는 언어를 교사가 이해하는 것 못지않게 중요한 것은 영아에게 언어를 통해 교사의 의사를 전하는 것이다. 영아기 언어발달은 말하기 능력에 앞서 듣기 능력이 먼저 발달한다. 교사는 이러한 언어발달의 특징을 이용하여 영아의 발달수준에 맞게 쉬운 언어를 사용하여 상세한 설명을 해줌으로써 영아가 의사소통의 즐거움을 느낄 수 있게 하여야 한다. 언어적 상호작용의 즐거움과 편리함을 영아가 인식함으로써 언어발달이 촉진되도록 하는 것이 교사의 역할이다.

표 2-1 영유아의 수면시간과 낮잠시간

개월 수	밤잠	낮잠	총 수면시간
1개월	8½시간	7시간(낮잠 3회)	15½시간
3개월	10시간	5시간(낮잠 3회)	15시간
6개월	11시간	3¼(낮잠 2회)	14¼시간
9개월	11시간	3시간(낮잠 2회)	14시간
12개월	11¼시간	2½(낮잠 2회)	13¾시간
18개월	11¼시간	2¼(낮잠 1회)	13½시간
24개월	11시간	2시간(낮잠 1회)	13시간
36개월	10½시간	1½(낮잠 1회)	12시간

출처: babycenterkorea(2014). 성미영 외(2015). p. 48 재인용.

마. 기본생활습관 형성

'세 살 버릇 여든 간다.'는 유명한 속담이 있듯이, 영아기에 형성되는 기본생활습관은 평생 지속된다. 영아기에 기본적인 생활습관을 형성하는 것은 본래 개별 가정에서 행해지는 과업이었으나, 어린이집에 다니는 영유아의 연령이 점차 낮아지고 영아의 어린이집 재원이 보편화되면서 영아기 기본생활습관의 형성에 있어 영아 보육교사의 역할은 더욱 중요해졌다.

영아기에 형성되어야 할 올바른 기본생활습관에는 식사와 수면, 배변훈련 등 기본적인 생활을 영위하는 데 필수적인 생활습관과 인사하기, 고운 말, 존댓말 사용하기 등 기본적인 예절과 관련된 생활습관들이 있다. 이를 위해 영아 보육교사는 일상생활에서 자연스럽게 바른 생활습관이 몸에 배도록 돕는 역할을 해야 한다.

식사습관에는 규칙적인 수유로부터 시작하여 이유하는 과정을 거쳐 고형식을 골고루 섭취할 수 있게 되기까지의 모든 과정이 포함된다. 매일 일정 시간에 적당한 양의 낮잠을 자는 습관과 잠들기 전에 양치를 하는 등의 습관을 들이는 것에도 힘써야 한다.

배변훈련은 특히 영아기에 이루어져야 하는 중요 발달과업이다. 개인차가 있지만 영아는 대개 18개월을 전후하여 괄약근의 조절이 가능해진다. 교사의 지지와 또래들 간의 모델링 효과를 활용하기 위해 교사는 배변훈련이 가능한 영아들을 대상으로 적절한 시기를 선택해 한꺼번에 배변훈련을 할 수 있다(공인숙 외, 2013). 계절상 실수를 해도 옷을 갈아입기 좋은 초여름이 배변훈련에 가장 적합하지만 개별 영아의 월령 및 발달수준, 배변훈련의 준비도 등을 고려하는 것이 우선시되며 가정과 연계하여 실시한다.

Freud에 의하면 배변훈련은 이후의 성격 형성에도 큰 영향을 미치는 중요한 사건으로, 교사는 배변훈련 과정에서 영아가 너무 강압적으로 느끼거나 수치심을 느끼지 않도록 배려해야 한다. 이를 위해서는 아동의 연령에 기초하여 배변훈련 시기를 정하기보다는 아동의 준비도를 고려해야 하고, 배변훈련 과정에서 옷에 실수를 할 때 야단치거나 수치심을 주지 않고 충분히 있을 수 있는 일임을 반복해서 이야기해 주고 신속하고 청결하게 이를 처리해 주어야 한다. 배변훈련을 시키는 과정에서 실수한 옷을 가정으로 보내는 과정은 또 다른 갈등과 불만을 일으키는 경우가 많기 때문에 영아보육교사는 이러한 점에 주의하여 배변훈련 전에 배변훈련 과정 및 방식을 가정에 자세히 알리고, 서로 협의를 거쳐 진행하여야 한다.

참고

영아기 기본생활습관의 중요성

– 24개월 전후에 들인 아이 습관 평생 간다 –

'세 살 버릇 여든 간다.'는 속담이 있다. 그만큼 세 살 시기의 습관 형성이 중요하다는 의미다. 실제로 육아 전문가들은 아이들이 세 살이 되는 24개월 전후, 자아의식이 발달하고 자기주장이 강해지는 시기라 이때의 올바른 습관들이기가 중요하다고 말한다. 그래서 영아기가 끝나는 만 2세 자녀를 둔 부모들은 분주하다. 젖먹이 어린 아기 시절에서 벗어나는 시기인 만큼 성장을 위한 균형 잡힌 영양부터 두뇌발달, 인성교육 등 신경 써야 할 부분이 늘어나기 때문. 신체발달의 속도 확인은 기본이고 배변훈련과 양치, 목욕과 같은 위생·건강까지 챙겨야 한다. 한마디로 만 2세는 아이가 평생 갖게 될 '습관들이기'를 시작하는 아주 중요한 시기다. 이렇듯 영유아기의 습관 형성의 중요성을 간파한 유통업계에서는 만 2세를 타깃으로 한 제품 출시와 마케팅에 열을 올리고 있다.

출처: 세계일보(2014. 12. 15.).

참고

배변 프로젝트 '똥단지'

주/주제	활동명	가정과 연계	가정통신문
1주 똥아똥아 반가워	똥을 탐색해봐~ • 응가가 뭐예요? • 쉬가 뭐예요?	똥과 친해지기 (밴드에 올려주세요)	배변훈련 언제, 어떻게 해야 하나요?
	똥아똥아 노올자~ • 똥 탐색해요 • 똥 미디어 보기 • 밀가루 반죽 똥 만들기	밀가루 반죽으로 똥을 만들어요. (밴드에 올려주세요)	
	응가송을 따라 해봐 • 응가송 율동하기 • 재미있는 응가송을 불러봐	똥을 색칠해요 (활동지 활동 후 보내주세요)	
	누가 방귀 꼈어 • 응가 마려워요~ • 방귀 주머니와 놀아요~ • 입으로 방귀 소리 내어보기	방귀 주머니랑 놀아요. (밴드에 올려주세요)	
2주 변기야 사랑해	변기를 꾸며요 • 변기는 무엇일까? • 변기를 탐색해 • 변기를 꾸며봐~	변기에 끼적여요. (활동지 활동 후 보내주세요)	배변훈련 어떻게 해야 할까?
	똥을 따라 변기 친구를 만나요~ • 변기야 변기야 어디 있니? • 변기 친구는 누굴까? • 변기 친구 찾아봐~		
	변기 친구에게 똥 맘마 주기 • 응가야 나와라! • 변기 친구에게 똥 맘마를 줘~ • 변기에게 내 응가를 넣어줘~	우리 집 변기는 어디에 있을까?	

주/주제	활동명	가정과 연계	가정통신문
3주 똥아! 쉬야! 잘~~가!	휴지야 휴지야 반가워 • 휴지심으로 꽃대 만들어봐~ • 휴지야 휴지야 노올~자~	휴지로 놀아보세요. (밴드에 올려주세요)	숨어서 배변 보는 아이 어떻게 해야 할까?
	꽃밭에 똥거름 주자! • 꽃밭을 만들어봐~ • 꽃밭에 똥 거름을 주자~!		
	토토 똥을 닦아줘요! • 토토 응가 나와라! 마사지하기 • 토토 응가를 휴지로 닦아줘~	응가야, 나와라! 마사지 해주세요. (밴드에 올려주세요)	
4주 팬티야 반가워	기저귀야~노올~자~ • 기저귀 비행기 • 기저귀야 기저귀야 노올~자	기저귀 비행기 (밴드에 올려주세요)	배변 안내 책자
	팬티 친구야 안녕? • 인형에게 팬티를 입혀줘요~ • 내 팬티를 꾸며 주세요~	팬티 위에 끼적이기	
	내 팬티를 찾아봐 • 내 팬티 탐색하기 • 내 팬티를 찾아봐 • 내 팬티 입어봐요~	팬티 선물을 보내드려요. (가정에서 입을 수 있도록 도와주세요)	

출처; 시립장곡해솔어린이집 연간계획서(2022).

(2) 유아교사의 역할

연령구분상 유아는 3~5세를 의미한다. 영아 보육교사의 역할과 비교했을 때 유아교사의 역할의 가장 큰 차이점은 양육과 교육의 비중에서 점차 교육의 비중이 커진다는 것이다. 유아기는 자조능력이 발달하여 스스로 생존과 관련된 기본적인 생활의 영위가 가능해지므로 이를 돕는 양육 관련 역할이 감소하는 반면, 인지가 발달함에 따라 다양한 교육활동을 실행하는 역할이 더 중요시된다. 또한 본격적인 사회성발달이 시작되는 시기로 상호작용을 통한 또래놀이가 가능해지기 때문에 또래관계를 활성화시키는 것이 유아교사의 역할에 추가된다.

가. 또래관계 형성 돕기

유아기에는 타인에 대한 정서를 조망할 수 있는 인지가 발달하며 점차 타인을 이해하고 수용하는 과정을 통해 상호작용을 통한 또래관계를 발달시킬 수 있게 된다. 이와 함께 또래 동조성이 강해지고 또래의 영향을 많이 받게 되는 시기이기도 하다. 이처럼 또래관계가 중요해지는 시기이기 때문에 유아교사는 유아가 또래관계를 잘 형성하고 있는지, 또래 간의 상호작용에 문제점은 없는지, 또래관계를 통해 아동의 자존감 발달 및 생활의 즐거움이 긍정적 영향을 받고 있는지 등을 면밀히 살펴 또래관계가 원만히 이루어지지 않거나 이로 인해 부정적 영향을 받는 경우, 원만한 또래관계를 형성할 수 있도록 돕는 역할을 해야 한다. 특히 또래관계에서 가장 관건이 되는 것은 또래관계에 진입하는 과정이기 때문에, 또래관계 형성이 어려운 유아에 대해서는 교사가 눈에 띄지 않게 그 유아와 잘 어울릴 수 있는 또래들과 또래집단을 형성해 주고 그 안에서 원활한 또래관계가 이루어질 수 있도록 지원해야 한다. 또한 사회성발달이 뒤처지는 유아들의 경우, 또래와의 상호작용보다 성인과의 상호작용이 훨씬 수월하므로 교사와의 상호작용을 통해 적절한 대인 간 상호작용 기술을 연습할 수 있도록 교사가 보다 많은 상호작용을 함께 해 주고 좋은 모델이 되어 주는 역할을 수행할 필요가 있다.

또래관계와 함께 또래 간에 발생하는 갈등을 다루는 문제가 대두되는데, 유아기에는 이러한 문제 상황에서 스스로 해결책을 찾고 여러 해결책 중에서 가장 좋은 방안을 선택하여 스스로 문제를 해결해 나가는 과정을 경험하도록 교사는 최소한의 개입을 통해 이를 돕는 역할을 해야 한다. 타인의 정서에 대한 이해를 돕기 위한 활동이나 협동 활동 등 친사회적 행동을 배우고 연습할 수 있는 활동을 계획, 실행하는 것도 이를 위한 중요한 교사의 역할이라고 할 수 있다.

나. 놀이를 통한 인지발달 자극

유아기는 인지가 발달하여 정신적 표상이 가능해지는 시기로서, 영아기의 구체적인 경험 위주의 활동에서 벗어나 사고과정을 통한 활동이 가능해진다. 이때 유아들이 가장 즐기게 되는 놀이가 가작화놀이다. 활발한 가작화놀이는 유아기의 발달 특성을 보여주는 한 예로서, 교사는 유아가 가작화놀이를 활발하게 할 수 있도록 다양한 표상거리를 제공해 주고, 가작화놀이를 활성화시킬 수 있는 환경을 제공하는 역할을 담당해야 한다. 아이들의 표상을 도울 수 있는 다양한 역할에 따른 의상을 배치해 주거나, 아이들의 상상을 자극할 수 있는 환상동화를 배치하는 것, 자신의 상상을 자유롭게 표현해 볼 수 있는 여러 가지 공작 도구를 배치해 주는 것 등 다양한 방안을 적극적으로 활용한다.

참고

EBS 다큐프라임/ Docuprime_교육대기획 10부작 – 학교의 고백 9부 (유튜브, EBS Documentary) https://youtu.be/6DhHc9SJSgA

다. 정교화된 신체기술 활동 제공

유아기는 영아기부터 발달해 온 신체조절능력이 정교화됨으로써 다양한 신체조절활동에 도전하는 시기이다. 유아는 신체조절능력의 향상으로 인해 보다 활동적이 되는 경향이 있다. 이러한 활동성을 억제했을 때, 오히려 안전사고의 위험도 커지게 되므로 아이들이 마음껏 활동성을 분출할 수 있는 안전한 환경을 제공하고 신체활동을 일과에 포함시키는 것이 바람직하다. 적절한 신체활동놀이는 신체 각 부분의 조화로운 발달을 도와주며 순환, 배설, 호흡 등 신체기관의 기능을 향상시키고 바른 자세를 갖는 데에도 도움이 된다(이순형 외, 2013).

대근육뿐만 아니라 소근육도 잘 발달할 수 있도록 관련 교구나 활동을 통해 유아가 정교하게 소근육을 발달시킬 수 있도록 돕는 것도 유아교사의 중요한 역할이다. 이를 위해 점토 공작이나, 작은 블록을 활용한 조형물 만들기, 가위로 오리기 등 소근육활동을 포함하는 활동들을 제공함으로써 유아가 자연스럽게 정교한 소근육을 발달시킬 수 있도록 돕는다.

4) 부모에 대한 역할

영유아교사가 아동을 보육하는 역할을 잘 수행하기 위해선 부모와의 상호작용이 필수적이다. 부모와의 원활한 상호작용을 위해 교사는 학부모를 자신과 함께 같은 목표를 가지고 나아가는 동역자로 인식하고 서로 도와야 한다. 부모에 대해서 영유아교사는 크게 아동의 발달 및 양육 관련 지식을 전달하는 조언자 역할, 아동의 최적 발달을 이끌기 위해 어려움을 함께 나누는 상담자 역할을 담당한다.

가. 조언자 역할

영유아교사는 보육이라는 업무를 담당하기 위해 아동의 발달 및 지도법, 가족 관련 학문 등을 수학하고 자격증을 가지고 있는 전문가이다. 젊은 초임교사의 경우, 자녀를 출산하고 기르는 양육의 경험이 없는 경우가 많기 때문에 학부모들은 양육에 있어 학부모가 더 전문가라고 느끼는 경우도 있으나, 전반적인 영유아에 대한 이해나 영유아의 부적응행동을 수정할 수 있는 능력에 있어서는 영유아교사가 전문가이므로, 영유아교사는 해당 영유아에 대한 부모의 이해도가 높음을 인정하되 본인의 지식과 경험에 대해서도 자신감을 가지고 부모와 원만하게 상호작용하면서 부모에게 유용한 양육 관련 조언을 할 수 있어야 한다. 이러한 조언자의 역할을 수행함으로써 영유아의 발달을 도울 수 있다.

나. 상담자 역할

영유아를 양육하는 과정에서는 영유아의 발달이 지체되거나 또래관계에서 반복적으로 문제가 발생할 때, 생활습관이 잘못되었을 때 등 때로는 일시적이고, 때로는 지속적인 문제가 발생한다. 부모와 교사는 서로 협력하여 해당 영유아가 자신의 능력을 십분 발휘하여 최적의 발달을 이룰 수 있도록 하기 위한 공동의 목표를 가지고 함께 의견을 공유하여야 한다. 이때 교사는 전문가적 입장에서 부모에게 상담자 역할을 수행한다. 상담자로서 자격을 소유한 전문적 상담은 아니지만 부모의 입장에서 부모에게 공감해 주고 적극적으로 경청해 주며 함께 해결책을 모색해 보는 과정만으로 부모에게는 큰 힘이 될 수 있다. 교사는 이때 자신의 능력에 맞게 부모와 함께 문제를 공유하고, 전문적인 도움이 필요한 경우에는 전문가에게 의뢰하여 보다 효율적인 해결책을 찾을 수 있도록 도와야 한다.

수행하기 2-1

영아반 교사와 유아반 교사의 역할을 비교해보고 차이점을 이야기해보자.

2. 영유아교사의 자질

자질(資質)이란 타고난 성품이나 소질 또는 어떤 분야의 일에 대한 능력이나 실력의 정도를 의미하며, 동일한 국가자격증을 소지했다 하더라도 영유아교사로서의 자질에는 개인차가 있다. 영유아교사의 역할을 수행하는 질적인 측면에 영향을 미치는 교사의 자질은 크게 개인적인 자질과 전문적 자질로 구분하여 생각해 볼 수 있다.

개인적 자질은 영유아에 대한 사랑 등 영유아교사의 인성적인 면과 관련이 깊은 반면, 전문적 자질은 영유아교사로서 보유하고 있는 전문 지식 및 양육기술 등과 관련된다. 최근에는 사회가 전문화, 분업화되며 교사의 전문적 자질이 더 많이 강조되는 경향이 있으나, 영유아교육은 자연스러운 생활 속에서 체험 위주로 이루어진다는 점에서 교사의 개인적인 자질은 여전히 매우 중요하다(이순형 외, 2013).

영유아교사로서 개인적 자질과 전문적 자질을 모두 갖추고 있는 것은 바람직한 경우로, 예비영유아교사는 자신을 돌아보고 자신이 부족하다고 생각되는 부분을 개발할 필요가 있다.

1) 개인적 자질

(1) 건강

영유아교사는 건강에는 신체적 건강과 심리적 건강이 모두 포함된다. 영유아를 보육하는 일은 기본적으로 상당한 수준의 신체활동을 요구하는 일이다. 여러 가지 영역에서 아직 기술이 부족하고 발달 수준이 미흡한 영유아들을 안전하게 양육하기 위해서는 영유아의 미흡한 점을 교사가 보충해 주어야 하기에 영유아들 개개인의 필요를 지속적으로 채워 주기 위해 움직여야 하고, 쉴 새 없이 움직이며 탐색하는 에너지가 왕성한 영유아들을 집단으로 보육하는 업무를 하기에 교사도 영유아들과 함께 움직여야 한다. 또한 영유아교사가 질병으로 아플 경우, 대체교사를 투입한다고 해도 보육업무에 차질을 빚게 되고 영유아가 새로운 선생님과 생활해야 하는 문제가 있기 때문에 영유아교사의 병가도 쉽지 않은 형편이다. 따라서 교사 스스로 자신의 체력을 안배하고 신체적 건강을 유지할 수 있어야 한다.

이와 함께 정신적 건강도 영유아교사의 중요한 자질이다. 교사는 영유아에게 매우 의미 있는 타인으로서 영유아에게 모델의 역할을 한다. 이는 정서적 표현 방법이나 심리상태가 드러나는 표정 및 행동 등에서도 마찬가지이다. 정신적으로 건강하지 못한 교사는 영유아의 발달에 악영향을 미칠 수밖에 없다. 따라서 교사는 밝고 건강한 정신 상태를 유지해야 하고 불안, 우울 성향이 있으면 안 되며, 자기통제력을 잘 조절하여 영유아를 상대로 자기조절을 하지 못하는 불상사가 일어나지 않도록 해야 한다.

(2) 영유아에 대한 애정

기본적으로 인간에 대한 이해와 수용, 애정이 없으면 사람을 대하는 직업에 종사하기가 어렵다. 성인을 대상으로 하는 서비스직에서도 기본적인 자질로 보는 것이 인간에 대한 애정이다. 보육은 성인보다 더 약하며, 발달상태가 미흡하고, 무엇보다 많은 애정과 돌봄을 요하는 특성을 가진 영유아를 대상으로 하는 업무이기 때문에 기본적으로 영유아에 대한 애정과 수용이 있어야 한다. 자기통제력이 약하며 타인의 감정을 알고 수용하는 데 미흡한 영유아를 상대하는 일은 자식을 사랑하는 부모에게도 매우 힘들고 도전이 되는 과제이므로, 영유아교사에게는 다른 어느 직종보다 영유아에 대한 애정과 그들을 품어줄 수 있는 포용력이 필수적인 자질이 된다.

이는 영유아교사의 직무만족도에 영향을 미칠 뿐만 아니라 상호작용을 통한 영유아와의 관계 형성을 통해 영유아의 발달에 긍정적인 영향을 미치는 중요한 요소이다.

(3) 자기효능감

자기효능감이란 자신이 하는 일을 수행하는 능력이 어느 정도인지 평가하는 것을 의미한다. 일반적으로 자아효능감이 높은 교사는 가르치는 일에 자신감을 갖고, 학습자의 입장을 잘 고려한다. 이와 같은 자아효능감은 가르치는 영역에 따라 다른 정도로 나타나는 맥락 특정적인 특성을 갖고 있다.

자기효능감은 자신감, 자기조절 효능감, 과제 난이도 선호의 세 개 하위 영역으로 구성되어 있다(김아영, 2004). 자신감은 자신의 가치와 능력에 대한 개인의 확신 또는 신념의 정도로, 능력을 요하는 과제 또는 행위를 할 때 얼마나 잘할 수 있을 것이라는 효능성에 대한 판단을 결정하게 된다. 자기효능감을 결정하는 또 다른 개념은 목표와 관련된 과제 수준 선호가 있다. 자기효능감이 높은 사람일수록 도전적이고 어려운 목표를 선호하며, 높은 목표는 높은 수행을 가져오고 그 결과 긍정적인 정서반응이 나타나면서 긍정적 순환을 야기한다. 자기조절 효능감은 달성해야 할 목표가 있는 수행 상황에서 목표 달성을 위해 필요한 자기조절 전략 또는 기술을 얼마만큼 스스로가 가지고 있는지에 대한 확신 정도를 의미한다.

수행하기 2-2

자기효능감 도구

1. 다음의 각 문항을 읽고, 자신을 잘 나타내는 번호에 ∨표시해 보자.

① 전혀 그렇지 않다　② 대체로 그렇지 않다
③ 대체로 그렇다　④ 항상 그렇다

2. 자기효능감 검사 도구의 내 점수 칸에 문항별 점수를 기록해 보자.

[점수 계산 방법]

- 문항의 점수를 그대로 쓴다.
- (*)은 역채점 문항이다. 역채점 문항 점수는 표기한 점수와 대비되는 점수로 계산한다. 예를 들어, 역채점 문항에 1점을 표기한 경우, 대비되는 점수인 4점으로 계산한다.
- 해당 영역의 환산 점수를 합한 것을 영역별 문항 수로 나누어 평균을 낸다.
- 점수 계산의 예

문항 번호(*는 역채점)	척도				내 점수
	①	②	③	④	
1번 문항			∨		3점
2번 문항(*)		∨			3점
3번 문항(*)	∨				4점
4번 문항(*)				∨	1점
총점	1번 + 2번 + 3번 + 4번				11점
평균	11점 ÷ 4문항				2.75점

3. 자기효능감의 각 하위 영역에 속하는 문항 점수를 모두 합한 후 평균을 내어 보자.

4. 영역별 평균 점수와 총 평균 점수를 확인해 보자.

> 검사 결과를 통해 나온 영역별 평균 점수가 4점에 가까울수록 높은 역량을 갖고 있는 것을 의미하며, 1점에 가까울수록 낮은 역량을 갖고 있는 것을 의미합니다. 한편, 영역의 총점에 대한 평균 점수는 전체 자기효능감에 대한 점수를 의미하는 것으로, 이 역시 4점에 가까울수록 자기효능감이 높은 것을 의미하며, 1점에 가까울수록 자기효능감이 낮은 것을 의미합니다.

5. 가장 점수가 높은 영역을 확인하고 자신의 지능과 동료의 점수를 비교해 보자.

▶ **자아효능감 검사 도구**

내용	①	②	③	④	내 점수
1. 나는 위험한 상황에서 잘 대처할 수 없을 것 같아서 불안하다(*).					
2. 어떤 일을 시작할 때 실패할 것 같은 느낌이 들곤 한다(*).					
3. 나는 큰 문제가 생기면 불안해져서 아무것도 할 수가 없다(*).					
4. 주변 사람들이 나보다 모든 일에 뛰어난 것 같다.					
5. 나는 위협적인 상황에서는 스트레스를 필요 이상으로 받는다(*).					
6. 나는 부담스러운 상황에서는 우울함을 느낀다(*).					
7. 나는 어려운 일이 생기면 불안해져서 아무것도 할 수가 없다(*).					
자신감 / 총점					
자신감 / 평균 점수(총점÷7)					
8. 나는 어려운 상황을 극복할 수 있는 능력이 있다.					
9. 나는 계획을 잘 짤 수 있다.					
10. 나는 어떤 일의 원인과 결과를 잘 분석해 낼 수 있다.					
11. 나는 일을 조직적으로 처리하는 편이다.					

12. 나는 항상 목표를 세우고 그것에 비추어서 일의 진행 상태를 확인한다.					
13. 나는 주어진 일을 하기 위해 정보를 충분히 활용할 수 있다.					
14. 나는 내가 할 수 있는 일과 그렇지 않은 일을 판단할 수 있다.					
15. 어떤 일이 처음에는 잘 안되더라도 나는 될 때까지 해 본다.					
16. 어떤 문제에 대한 나의 판단은 대체로 정확하다.					
17. 나는 일이 잘못되고 있다고 생각되면 빨리 바로 잡는다.					
18. 나는 어려움이 있을 때도 지속적으로 노력한다.					
19. 나는 무슨 일이든 정확하게 처리한다.					
자기조절 효능감	**총점**				
	평균 점수(총점÷12)				
20. 어렵거나 도전적인 일에 매달리는 것은 재미있는 일이다.					
21. 일은 쉬운 것일수록 좋다(*).					
22. 만일 일을 선택할 수 있다면 나는 어려운 것보다는 쉬운 것을 선택할 것이다(*).					
23. 아주 쉬운 일보다는 차라리 어려운 일을 좋아한다.					
24. 좀 실수를 하더라도 어려운 일을 좋아한다.					
과제 선호 난이도	**총점**				
	평균 점수(총점÷5)				

▶ **나와 동료의 영역별 지능 점수**

영역	나의 점수	동료 1 점수	동료 2 점수
자신감			
자기조절 효능감			
과제 선호 난이도			
총계			

출처: 김아영(2004); 박은혜 외(2019). pp. 42-44 재인용.

2) 전문적 자질

(1) 영유아발달 관련 지식

영유아교사가 교육 프로그램이나 지도법 등에 대한 지식도 갖추는 것 못지않게 중요한 것은 영유아의 발달에 대한 이해이다. 영유아기는 발달의 속도가 빠르고 연령에 따라 발달 수준이 질적으로 큰 차이를 보이기 때문에 영유아발달을 잘 이해해야 적절한 교수활동도 행할 수 있다. 예를 들어, 영아들이 구강을 통해 물체를 탐색한다는 지식이 없어서 무조건 입에 넣지 못하게 하는 것은 영아의 인지발달에 도움이 되지 않는다. 사전 지식을 바탕으로 영아가 입에 넣어도 안전한 교구를 위생적으로 관리하고 제공함으로써 영아가 자유롭게 탐색하는 것이 바람직한 교사의 모습이다. 또한 발달의 '결정적 시기'를 고려할 때 영유아는 각각의 결정적 시기에 특정 영역에서 발달해야 하는 부분들이 있는데 이러한 각 영역별 발달을 이해하는 지식이 갖추어져 있어야 최적의 영유아발달을 이끌어내는 훌륭한 영유아교사가 될 것이다.

(2) 양육기술

언어가 발달하지 못하여 의사소통이 미숙한 영아를 대상으로 의사소통하는 기술부터 유아와의 의사소통에서 그들을 인정해 주는 적극적 경청기술, 교사의 의견을 거부감 없이 전달할 수 있는 나-전달법의 의사소통기술과 같은 다양한 의사소통기술을 비롯하여 영아들을 잘 돌보기 위해 수유를 하고, 적절한 자세로 안아주고 정서적인 안정감을 줄 수 있는 양육기술, 교육활동 시 다른 것에 대한 영유아의 주의를 돌려 원하는 활동으로 이끌어 낼 수 있는 교수법과 관련된 기술, 영유아의 발달수준이나 교육목표에 적합한 교구를 제작할 수 있는 다양한 기술 등 다양한 양육 및 교육 관련 기술을 필요로 한다.

(3) 영유아교사로서의 윤리의식

최근 들어 영유아교사의 윤리의식이 사회적으로 큰 이슈가 되며, 중요시되고 있다. 미국 NAEYC(National Association for Education of Young Children)는 아동, 가정, 동료 교사 및 기관, 지역사회와 공동체에 대한 책임의 네 가지 영역으로 나누어 유아를 대상으로 윤리기준 및 실천강령을 제시하여 유아교사의 윤리의식을 강조하였다. 영유아는 발달의 미성숙으로 인해 신체적, 정서적으로 교사, 부모 등 보호자에 대한 의존도가 높고 보호자로부터 받는 영향력이 더 크고 지속적이다. 따라서 영유아교사는 윤리의식을 갖추어 교사에게 요구되는 윤리적 기준들을 지켜나갈 수 있어야 한다.

수행하기 2-3

자신이 생각하는 영유아교사를 그림으로 그린 후 설명해 보자.

Chapter

03

영유아교사와 윤리

1. 영유아교사 직무와 윤리

직업윤리(professional ethics)란 직업생활에서의 윤리를 말하는 것으로 사회에서 직업인에게 요구하는 직업적 양심, 사회적 규범과 관련된 것이다(중앙경제, 2014). 즉, 모든 직업에는 직무를 수행하면서 공통적으로 지켜야 할 행동규범과 각각의 직업에서 지켜야 할 세분화된 행동규범들이 있는데, 이 두 가지를 합쳐 직업윤리라 한다.

제1장에서도 언급했듯이 영유아교사의 직무는 '가르치고 돌보는' 특성을 갖고 있으며, 이에 따라 영유아교사라는 직업에서 지켜야 할 세분화된 행동규범은 영유아를 가르치고 돌보는 특성에서 비롯된다고 할 수 있다.

대체로 업무수행 중 발생하는 윤리적 딜레마들은 많은 경우 누구나 경험할 수 있는 일반적인 문제들로서 직무종사자가 일반적인 윤리기준과 도덕적 지식을 갖추고 있다면 잘 해결할 수 있다. 황경식(2004)은 직무훈련과정에서 일반적인 도덕적 지식을 배우는 것은 도외시되는 경우가 많으며, 심지어 의사나 변호사와 같은 전문직 양성 코스에서도 전문지식 및 기술훈련에 치중한 나머지 일반적인 도덕적 지식을 체계적으로 갖추는 것은 용이하지 않은 경우가 많다고 지적하였다. 결국 모든 직업인은 누구나 자신의 직무를 수행하는 데 필요한 일반적인 도덕적 지식과 윤리기준을 스스로 갖추어 나갈 수 있도록 지속적으로 노력할 필요가 있다.

김태길(1997)은 현대사회에서 한 개인이 맡고 있는 사적·공적 역할은 다양하며, 이런 다양한 역할 중에는 자신이 자발적으로 선택한 것뿐만 아니라 부모-자식의 관계처럼 운명적으로 주어진 것 혹은 상황에 이끌려 마지못해 선택한 것이 있다고 하였다. 직업역할 역시 예외가 아니어서 많은 사람이 자신의 현재 직업에 대한 불만족을 공공연히 표출하면서도 어쩔 수 없이 그 일을 할 수밖에 없다고 하는데, 이는 결국 직업활동에 대한 책임의식의 약화로 이어지는 한계가 있다고 보았다. 또한 한국사회의 경우 전통적으로 한 개인이 자발적으로 타인과의 관계를 선택하여 주체적으로 발전시켜 나가기보다는 혈연이나 지연 혹은 기존의 인간적 유대에서 비롯되는 역할이 상당히 남아 있으며, 이는 개인에게 일종의 역할과잉을 초래한다고 보았다.

이러한 한국사회의 역할과잉 특성은 직업세계에도 투영되어, 일반적인 직무역할과 특정 기관의 맥락에서 요구하는 직무역할 간 경계가 모호할 때 개인은 자신의 일반적인 도덕적 지식을 기반으로 한 합리적인 차원에서 직무수행을 하는 데 한계를 느낄 수 있다는 것이다. 그러므로 직업인은 전통적인 기준에서 직업윤리를 수동적으로 받아들이기보다는 철저한 자기성찰과 합리성에 기초하여 자신의 직업역할을 찾고자 노력할 필요가 있을 것이다.

2. 영유아교사 윤리강령의 필요성

영유아교사의 직업윤리를 구체화시키기 위해서 두 가지를 구분하여 살펴볼 필요가 있다. 즉, 모든 직업인이 갖추어야 할 '일반적인(general) 도덕적 고려사항'과 영유아교사라는 직업에서 요구하는 직무를 수행하는 데 필요한 '역할 관련(role-specific) 도덕적 고려사항'이 그것이다. 일반적인 도덕문제는 기본적인 도덕적 고려사항을 응용함으로써 대개는 적절하게 해결할 수 있다. 영유아교사의 직업역할에 특별한 규범이나 요구되는 직무의 특성을 이해하기 위해서는 특정 직종의 활동과 행위체계에 대한 관행(practice)을 알아볼 필요가 있다(황경식, 2004). 그런 다음 직무에 요구되는 기본적인 규범과 이를 준수하는 데 필요한 보조규범이 있는지 파악해 나가야 한다.

영유아교사가 가르치고 돌보는 취학 전 영유아는 자신의 의사를 원활하게 표현하기 어렵기 때문에 주변 성인의 민감하고 적극적인 보호를 필요로 한다. 보육시설에서 영유아를 보육하는 성인과 영유아 간의 상호작용은 영유아의 삶에 매우 중요하고도 지속적인 영향을 미친다(Canadian Child Care Federation, 2005). 사회에서 가장 취약한 집단 중 하나인 영유아와 함께 생활하는 보육시설의 종사자는 자신의 고유 직무에 대하여 높은 윤리적 책임감과 사명의식을 가지고 있어야 한다. 이에 따라 미국, 캐나다, 호주 등 여러 나라에서는 영유아와 함께 생활하는 영유아교사가 지켜야 할 윤리강령을 제정하고, 이를 보육현장에 홍보하고 있다.

윤리강령이란 특정 전문직 종사자들을 대상으로, 적절하고 기대되는 행동에 대한 진술을 해놓은 것이다(Australian Early Childhood Association, 2005). 윤리강령은 직무 혹은 우리가 노력해야 할 것에 대한 내용이며, 이는 핵심 가치나 우리가 믿는 것에 토대를 두고 있다. 윤리강령은 특정 집단의 사람들이, 특히 고객이나 동료와 상호작용할 때 취해야 할 행동방식에 대해 안내해 주는 가치들을 규명하고, 이를 명료화하는 데 도움을 준다. 특정 직종에서 받아들여질 수 있는 행동들의 특징과 도덕적 원칙들에 대한 기록이 있으면, 이는 그 구성원들에게 무엇이 옳고 적합한 행동인지에 대해 명백하게 알려 주기 때문에 도움이 된다(Newman, Coomb, Arefi, Davidson, & Humphries, 1999).

종합하면, 영유아교사에게 윤리강령이 필요한 이유는 다음의 두 가지로 요약될 수 있다. 첫째, 영유아기는 발달적으로 매우 취약한 시기이며, 영유아는 자신의 삶을 결정할 힘이 거의 없고, 스스로를 보호할 수 있는 기술이 부족하므로 취약하고 무기력한 영유아의 권리를 보호하기 위해 자신의 직무에 대한 영유아교사의 도덕적 자기무장이 요구된다.

둘째, 유아교육기관에는 다수의 영유아와 그들의 가족이 있어 영유아뿐만 아니라 영유아의 안정된 생활을 위해 가족에 대한 지원도 함께 해줄 필요가 있다. 이러한 기관의 특성 때문에 영유아교사들은 일상적으로 크고 작은 딜레마 상황에 처하게 된다. 한 유아의 권리를 보호해 주기 위해 다른 유아들의 권리를 침해할 수도 있고, 가족을 지원해 주기 위해 유아의 권리를 침해할 수도 있는 것이다. 취약한 영유아와 가족 및 다수의 영유아교사가 연루되어 있는 기관의 특성상 딜레마 상황을 해결할 수 있는 명백한 답이 있는 경우보다는 올바른 해결책이 무엇인지 혼란스러울 때가 더 많다. 영유아교사 윤리강령은 이러한 경우 종사자로 하여금 비판적이고 반성적인 사고를 할 수 있도록 도와주고, 동료들과 함께 바른 해결책을 찾는 진지한 논의의 기본 잣대가 될 수 있다(공인숙 외, 2017).

3. 영유아교사의 윤리강령

우리나라 영유아교사 윤리강령은 2009년 한국보육시설연합회의 의뢰로 육아정책연구소에 의해 연구·발간되었으며(김은설 외, 2010), 같은 해 10월 '전국보육인대회'에서 윤리강령으로 선포되었다(연합뉴스, 2010.10. 20.). 우리나라 영유아교사 윤리강령은 표 3-1과 같이 보육인 윤리선언으로 시작된다.

표 3-1 **보육인 윤리선언**

보육인 윤리선언

나는 영유아의 건강한 성장과 발달을 지원하는 보육교사(어린이집 원장)로서 직무상의 윤리적 책임을 다하여 다음 사항들을 지킬 것을 다짐합니다.

1. 나는 내가 영유아에게 지대한 영향을 미치는 존재임을 잊지 않으며, 항상 스스로의 말과 행동에 신중을 기한다.
1. 나는 영유아의 인격과 권리를 존중하며, 어떠한 경우에도 영유아에게 해가 되는 일을 하지 않는다.
1. 나는 영유아 가정의 다양성을 이해하고 존중하며, 상호 신뢰하는 동반자적 관계를 유지한다.
1. 나는 동료를 존중하고 지지하며, 서로 협력하여 최상의 보육서비스를 제공하기 위해 노력한다.
1. 나는 보육의 사회적 책임과 역할을 인식하고, 영유아의 권익과 복지를 위한 활동에 앞장선다.
1. 나는 '어린이집 원장·교사 윤리강령'을 직무수행의 도덕적 규준으로 삼아 진심을 다하여 충실히 이행한다.

또한 우리나라 어린이집의 원장 및 보육교사 윤리강령은 서문이 있는데, 서문에서는 보육의 특성과 보육인의 직무 특성을 규정하였으며, 이를 바탕으로 보육일과를 통해 영유아의 권리를 존중하고 여러 가지 보육 관련 딜레마 상황을 해결하기 위한 잣대로 윤리강령을 사용할 것을 천명하고 있다. 그리고 이러한 보육실천의 노력이 영유아의 안전을 보호하고, 나아가 아동의 건강한 성장과 발달에 기여할 수 있는 토대가 됨을 명시하고 있다.

표 3-2 어린이집 원장 및 보육교사 윤리강령의 서문

어린이집 원장 및 보육교사 윤리강령

보육은 영유아를 건강하게 양육하고, 안전하게 보호하며, 발달특성에 적합한 교육을 제공하는 복지서비스이며, 보육인은 사랑과 존중과 전문지식을 바탕으로 영유아의 전인적 성장에 영향을 미치는 전문직업인이다. 그러므로 보육인은 윤리적 의식과 태도를 가지고 사회적 본분에 임해야 한다.
이에 어린이집 원장과 보육교사는 스스로 책무성을 발현하여 윤리강령을 제정함을 밝힌다. 본 강령을 직무수행의 규준으로 삼아, 보육현장에서 발생하는 윤리적 갈등을 해결하고, 생존권, 보호권, 발달권, 참여권 등 영유아의 권리를 보장함으로써, 직무상의 윤리적 책임을 다하여 전문직업인으로서의 위상을 공고히 하고자 한다.
더불어 영유아와 그 가정, 동료와 사회의 존엄성을 존중하는 보육의 실천으로 다각적인 신뢰를 구축하고, 영유아의 잠재력을 최대한 발휘시킴으로써 영유아가 긍정적인 자아개념을 형성하고 유능한 사회인으로 성장할 수 있도록 도와, 궁극적으로는 영유아와 그 가정, 동료와 사회의 통합적·이상적 복지 실현에 기여하고자 한다.

영유아에 대한 윤리는 11항목으로 구성되어 있으며, 영유아의 건강한 성장을 지원하되 개별 특성을 존중하고 차별하지 않을 것을 밝히고 있다. 7~10항에서는 개별적인 상호작용을 통해 영유아를 지원하고, 발달을 통합적으로 지원하는 프로그램을 운영하고 필요 시 전문가의 도움을 받을 것을 안내하고 있다. 영유아의 흥미와 관심을 존중하고, 영유아에 대한 정보나 기록은 철저히 보관함으로써 영유아의 사적 정보가 노출되지 않도록 유의할 것을 강조하고 있다.

표 3-3 영유아에 대한 윤리

제 Ⅰ 장 영유아에 대한 윤리

1. 영유아에게 고른 영양과 충분한 휴식을 제공하여, 몸과 마음이 건강한 사람으로 자라도록 돕는다.
2. 성별, 지역, 종교, 인종, 장애 등 어떤 이유에서도 영유아를 차별하지 않고, 공평한 기회를 제공한다.
3. 영유아는 다치기 쉬운 존재임을 인식하여 항상 안전하게 보호한다.
4. 영유아에 대한 정서적·언어적·신체적 학대를 행하지 않는다.
5. 어린이집 내외에서의 영유아 학대나 방임을 민감하게 관찰하며, 필요한 경우 관련 기관('아동보호전문기관' 등)에 보고하고 조치를 취한다.
6. 영유아의 인격을 존중하고, 개인의 잠재력과 개성을 인정한다.
7. 개별적 상호작용 속에서 영유아의 요구를 수용하기 위해 노력한다.
8. 영유아의 사회·정서·인지·신체발달을 통합적으로 지원하는 보육 프로그램을 실시한다.
9. 특별한 도움을 필요로 하는 경우, 전문가와 협력하여 영유아의 입장에서 최선의 대안을 찾는다.
10. 보육활동을 계획, 실행, 평가하는 모든 과정에 영유아의 흥미와 의사를 반영한다.
11. 영유아의 개인적 기록과 정보에 대해 비밀을 보장한다.

가정에 대한 윤리는 8항목으로 이루어져 있으며, 영유아의 보호자와 동반자적 관계를 형성하여 보호자의 양육가치를 존중할 것을 밝히고 있다. 개별 가정의 특성에 따라 차별하지 말고, 어린이집의 운영과정에 대한 정보를 공개하고 안내함으로써 부모가 어린이집에서의 생활을 잘 이해하고 자녀를 지원할 수 있도록 지원해야 한다고 안내하고 있다. 영유아와 마찬가지로 가족의 사적인 정보도 노출되지 않고 불필요하게 사용되지 않도록 할 것을 강조하고 있다.

표 3-4 가정에 대한 윤리

제 II 장 가정에 대한 윤리

1. 상호 신뢰를 바탕으로 영유아의 가정과 동반자적인 관계를 유지한다.
2. 각 가정의 양육가치와 의사결정을 존중한다.
3. 경제적 수준, 가족형태, 지역, 문화, 관습, 종교, 언어 등 어떤 것에 의해서도 영유아의 가정을 차별 대우하지 않는다.
4. 보육활동 및 발달상황에 관한 정보를 정확하게 제공하여 영유아에 대한 가정의 이해를 돕는다. 다문화, 심신장애 등으로 의사소통에 도움이 필요한 경우 문제를 해결할 최선의 방법을 도모한다.
5. 어린이집 운영 전반에 관한 정보를 공개하여 영유아 가정의 알 권리에 응한다.
6. 보육 프로그램과 주요 의사결정에 영유아의 가정이 참여하도록 안내한다.
7. 필요한 사회적 지원, 전문서비스 등 관련 정보를 제공하여 영유아 가정의 복리 증진을 돕는다.
8. 영유아 가정의 사생활을 보호하고 익명성을 보장한다.

종사자 간에 지켜야 할 윤리는 총 12항목으로 이루어져 있다. 먼저, 원장의 경우 영유아교사를 차별하지 말고 신뢰하며 존중할 것, 교사의 전문성 증진을 지원하고 복지에 애써 줄 것을 강조하고 있으며, 업무과정에서 교사의 사적인 정보를 신중하게 다루어 사생활에 침해를 받지 않도록 노력할 것을 안내하고 있다. 다음으로, 교사의 경우 자신의 전문성 신장에 힘쓸 것, 동료 간 화목한 분위기를 조성하고 영유아보육에 대한 신념을 동료와 공유할 것을 강조하고 있다.

표 3-5 동료 및 원장-교사 간 윤리

제 III 장 동료에 대한 윤리

[어린이집 원장]

1. 최상의 보육서비스 제공에 필요한 인적·물적 환경의 조성 및 유지를 위해 노력한다.
2. 보육교사를 신뢰하고 존중하며 전문성과 자율성을 인정한다.
3. 성별, 학연, 지연, 인종, 종교 등에 따라 보육교사를 차별하지 않는다.
4. 업무 관련 의사결정이 필요한 경우, 보육교사의 의견 개진 기회를 보장한다.
5. 보육교사에게 지속적 재교육 등 전문적 역량 제고의 기회를 부여한다.
6. 보육교사에게 적정 수준의 보상(보험, 급여 등)을 안정적으로 제공하며, 복지 증진에 힘쓴다.
7. 보육교사 개인의 기록과 정보에 대한 비밀을 보장한다.

[보육교사]

1. 존중과 신뢰를 바탕으로 협력하며, 서로의 전문성과 자율성을 인정한다.
2. 상호 간 역량계발과 복지 증진에 부합하는 근무환경이 되도록 힘쓴다.
3. 어린이집 원장 및 동료와 영유아보육에 대한 신념을 공유한다.
4. 보육교사로서의 전문성 향상을 위해 스스로 노력한다.
5. 어린이집 내에서 영유아 및 보육교사의 인권과 복지를 위협하는 비윤리적 사태가 발생한 경우, 법률규정이나 윤리기준('한국보육시설연합회 윤리강령위원회' 참조)에 따라 조치를 취한다.

사회에 대한 윤리는 5항목으로 이루어져 있으며, 공보육에 대한 책임인식이 필요하다는 점을 강조하고, 영유아의 권익 증진을 위해 전문인으로서 기여해야 한다는 점을 강조하고 있다. 사회에 대한 윤리 부분의 항목내용은 미국이나 호주의 윤리강령과 비교해 볼 때 상대적으로 덜 분화되어 있는 편인데, 영유아교사가 전문가로서 영유아의 권익보호를 위해 보다 사회적 목소리를 낼 필요가 있다는 점을 강조할 필요가 있다.

표 3-6 사회에 대한 윤리

제 Ⅳ 장 사회에 대한 윤리

1. 공보육에 대한 책임을 인식하고, 항상 질 좋은 보육서비스를 제공한다.
2. 영유아의 안전을 위협하는 환경이나 정책이 발견될 시, 관계기관과 협의하여 개선한다.
3. 공적 책임이 있는 어린이집으로서 재정의 투명성을 유지하고, 부정한 방법으로 사적 이익을 취하지 않는다.
4. 영유아의 권익보호를 위해 관련 정책 결정 및 법률 제정에 적극 참여하며, 사회적으로 이를 널리 알리는 데 앞장선다.
5. 지역사회 실정에 맞는 어린이집의 책임과 역할을 인지하고, 실천하고자 노력한다.

한편 2010년 교육과학기술부가 제정·공포한 유치원교사 헌장 및 윤리강령을 살펴보면 유치원과 어린이집의 구분에도 불구하고, 구체적인 내용에 있어서는 매우 유사하다는 것을 알 수 있다. 유치원교사 헌장과 윤리강령은 다음과 같다.

표 3-7 유치원교사 헌장·강령

유치원교사 헌장

유아교육은 유아의 삶에 초석이 되며, 우리 사회와 국가의 미래를 결정한다.
우리는 국민의 생애 초기 교육을 책임지며 사회로부터 존경받는 교사로서 자신을 연마하고 소명의식을 가지고 유아교육자로서 가야 할 길을 밝힌다.

1. 우리는 유아를 사랑하고 개성을 존중하며 전인발달을 지원하고 평화로운 교실문화를 조성한다.
2. 우리는 미래지향적이며 질 높은 교육을 계획하고 실천하여 교육자로서의 책임을 다한다.
3. 우리는 가정에 대한 이해와 연대를 강화하여 교육복지 사회구축에 공헌한다.
4. 우리는 사회의 변화와 요구에 적극 부응하여 유아교육의 혁신과 발전을 위해 노력한다.
5. 우리는 교육자로서의 품위를 유지하고 부단한 자기개발을 통해 유아교육 전문가로서의 위상을 갖춘다.

유치원교사 강령

01. 유치원교사와 유아
핵심개념 사랑, 평등, 개성·존중, 전인교육, 안전과 보호

1. 우리는 유아를 사랑하며 유아의 인격을 존중한다.
2. 우리는 유아의 개인적·가정적 배경에 관계없이 모든 유아를 평등하게 대한다.
3. 우리는 유아의 개성을 존중하며 개인의 흥미와 잠재력에 적합한 교육을 제공한다.
4. 우리는 유아의 전인발달을 지원하는 교육과 환경을 제공한다.
5. 우리는 유아의 안녕을 위협하는 가정적·사회문화적·경제적 상황을 적극적으로 파악하고 유아를 보호하기 위해 노력한다.

02. 유치원교사와 가정
핵심개념 가족에 대한 이해, 권리·보호, 협력, 지원

1. 우리는 유아를 교육하고 지원하기 위해 가정과 연계하고 협력관계를 구축한다.
2. 우리는 교육적 목적으로 수집한 가족 정보에 대해 기밀을 유지하고 가족의 사생활을 보장한다.
3. 우리는 유치원에서 일어난 안전사고나 위험 상황에 대해 가족에게 충분히 설명한다.
4. 우리는 가족에게 유치원을 개방하며 필요한 정보를 제공한다.
5. 우리는 유치원 운영에 관련된 중요한 의사결정 과정에 부모를 참여시킨다.
6. 우리는 가족에게 필요한 지역사회 자원에 대한 정보를 구축하고 이를 가족에게 적극 제공한다.

03. 유치원교사와 사회
핵심개념 사회에 대한 이해, 교원의 지위 향상, 유아교육 위상 강화, 교직문화, 지역사회와의 협력

1. 우리는 사회의 흐름을 파악하고 이를 교육에 반영하고자 노력한다.
2. 우리는 유아에 관련된 법률과 정책을 이해하고, 이를 개선하기 위한 활동에 적극 참여한다.
3. 우리는 교직 관련 단체와 전문가 협회를 통해 교권 확립을 위한 활동에 참여한다.
4. 우리는 유치원교육을 사회에 널리 알려 유아교육의 위상을 높인다.
5. 우리는 교직원 간의 상호존중과 협력을 통해 건전한 교직문화를 형성한다.
6. 우리는 유치원과 연계하여 지역사회의 생활과 문화 향상에 기여한다.

04. 유치원교사의 책무
핵심개념 직업의식과 긍지, 인성(열정, 개방성, 창의성, 자율성), 교사로서의 품위, 연구와 자기개발

1. 우리는 교육전문가로서의 직업의식을 갖는다.
2. 우리는 건전한 국가관과 확고한 교육관을 가지고 교직에 종사한다.
3. 우리는 유아에게 최적의 교육을 제공하기 위해 열과 성을 다한다.
4. 우리는 건전한 언행과 생활태도로 유아에게 모범이 되도록 한다.
5. 우리는 열린 사고와 개방적 태도를 가지고 전문성 향상에 매진한다.
6. 우리는 다양한 분야의 전문가와 교류하고 새로운 지식과 정책을 비판적으로 수용한다.

유치원교원양성·임용제도개선연구단
한국4년제유아교사양성대학교수협의회, 한국전문대학유아교육과교수협의회
한국국공립유치원교원협의회, 한국유치원총연합회, 전국사립유치원연합회

4. 영유아교사 윤리강령의 적용

1) 직무에서 발생하는 딜레마 상황

일반적으로 직업인이 직무를 수행하다 보면, 자신의 다양한 역할에서 비롯되는 서로 다른 의무가 상충할 수 있다는 것을 경험한다. 영유아교사 직무는 사람을 대하는 일이라 역할 간 갈등의 가능성이 더욱 크다. 부모님의 요구를 받아들이자니 영유아의 요구가 존중되지 못하거나, 한 유아의 관심을 따라 주자니 다른 유아에게 상대적으로 소홀할 수밖에 없는 상황에 처하면, 영유아교사는 딜레마 상황에서 우선순위를 판단하여 자신의 직무방향을 정해야 한다. 이는 순간적으로 이루어져야 할 수도 있고, 시간을 두고 논의를 통해 진행되어야 하는 경우도 있다.

영유아교사가 영유아 지도과정에서 경험하는 딜레마 상황의 예는 표 3-8과 같다. 영유아교사는 개별 영유아의 특성이 모두 다르기 때문에 영유아에 따라서 어디까지가 적절한 훈육이고, 어느 부분부터는 지나친 훈육이 될지 세심하게 결정하는 데 어려움을 느낀다. 또한 유아들 사이에 다툼이나 갈등이 생길 때 어떤 지도원칙을 우선순위에 두어야 할지 결정하는 데 어려움을 느낄 수 있다. 어떤 교사는 영유아 지도를 할 때 당장의 상황을 해결하는 데 치중하기보다는 장기적으로 영유아가 바른 원칙을 인식하고 내면화시키는 것이 중요하다고 생각하는 데 비해, 어떤 교사는 영유아의 연령이 어릴수록 훈육보다는 욕구 충족에 치중하고 영유아가 가르침을 인식할 수 있도록 기다려 주어야 하는 것이 중요하다고 생각할 수 있다.

표 3-8 **영유아 지도과정에서 경험하는 딜레마 상황의 예**

[사례 1] 먼저 놀잇감을 가지고 놀던 유아가 잠시 바닥에 내려놓고 다른 것을 찾으러 갔다. 그런데 그 사이에 다른 유아가 와서 내려놓은 놀잇감을 사용하면서 갈등이 생기는 경우가 있다. 유아들도 서로 누가 먼저 놀이를 했는지에 대해 헷갈려하고 교사도 난감할 때가 있다. "무슨 일이야?"라고 물으면 유아들은 서로 자기가 먼저 놀잇감을 사용했다고 이야기한다.

[사례 2] "선생님도 시켜줘.", 교사가 유아들이 활동하고 있는 영역에 참여하면 교사에게만 관심을 보이거나 교사 주도 활동이 되기 때문에, 유아들이 활동에 별로 흥미를 보이지 않고 교사만 따라다니려는 모습을 나타내었다. 그래서 "선생님과 아까 함께 놀았으니까 이번에는 친구들과 해볼까?"라고 이야기를 하며 유아의 요구를 다른 곳으로 돌리려고 하였다. 그런데 유아는 집에 돌아가서 "우리 선생님은 나랑 안 놀아줘."라는 식으로 부모님께 전달하였다.

[사례 3] 낮잠 시간이라 편안하고 조용한 분위기를 조성해 주어야 하는데, 잠을 잘 자지 않는 유아들이 교사의 눈치를 살피며 소리를 지르거나 옆 친구의 이불을 빼앗아 가는 경우도 있고, 발로 바닥을 치며 소리를 내서 다른 유아들도 잠을 청하는 시간이 길어졌다.

[사례 4] 유아가 스스로 먹을 수 있도록 기다려 주었는데 전혀 변함이 없었고, 오히려 식사시간만 길어질 뿐 어려움이 있었다. 음식물을 작게 잘라 주거나, 국물 등을 마시게 하는 경우는 아무리 작게 잘라 줘도 씹는 저작운동을 하지 않아 교사가 개별적으로 상호작용을 하지 않으면 식사시간이 길어지게 되었다. 결과적으로 다른 유아들에게 관심을 쏟기가 어려워졌다.

출처: 이완정 외(2015); 공인숙 외(2017). p. 67 재인용.

한편 영유아교사가 영유아 및 가족과 관련하여 경험하는 딜레마 상황의 예는 다음의 표 3-9와 같다. 영유아교사는 영유아를 지도할 때 보호자의 요구와 영유아의 권리가 충돌하는 상황을 자주 경험한다. 가족은 영유아의 일차적 보호자이기 때문에 가족의 요구가 영유아의 흥미나 어린이집의 운영원칙과 어긋난다고 해서 무조건 도외시할 수는 없으며, 서로의 요구가 원만하게 충족될 수 있도록 현명한 결정을 내림으로써 궁극적으로는 모든 영유아의 권리와 이익이 보호될 수 있도록 노력하여야 한다.

표 3-9 영유아교사가 영유아 및 가족과 관련하여 경험하는 딜레마 상황의 예

[사례 1] 이제 네 살이 된 진희는 오후 낮잠 시간에 대략 한 시간씩 낮잠을 자고 있다. 그런데 진희의 어머니는 어린이집에서 진희의 낮잠을 재우지 말라고 요구하였다. 이유는 어머니가 새벽 다섯 시에 일어나 출근을 해야 하는데, 진희가 보육시설에서 낮잠을 자면 밤 열 시까지 잠이 들지 않아 어머니가 숙면을 취할 수 없기 때문이라는 것이다.

[사례 2] 우리 어린이집에는 홀어머니와 함께 사는 철수가 있는데, 다른 아이들이나 교사에게 너무 공격적이다. 점차 개선되고는 있으나 아직도 다른 사람들이 보면 눈살을 찌푸릴 정도다. 어느 날 두 아이의 어머니들이 찾아와 철수를 내보내지 않으면 자기 아이들이 그만두겠다고 하였다.

출처: 이완정(2005); 공인숙 외(2017). pp. 68-69 재인용.

또한 영유아교사는 동료교사나 원장과 크고 작은 갈등이나 딜레마 상황을 겪기도 하는데, 이에 대한 사례는 표 3-10에 제시되어 있다. 어린이집은 성인 근무자의 수가 타 조직에 비해 상대적으로 적은 중소규모 조직에 해당한다. 영유아교사는 담당 보육실에서 영유아와만 보내는 시간이 많아 성인과의 교류 시간이 짧거나, 아니면 공동 담임을 맡은 동료나 선후배 교사 한두 명과 하루 일과를 한 장소에서 지속적으로 공유하는 경우가 많다. 또한 어린이집의 행사나 견학 등을 효율적으로 운영하기 위해서는 분담하여 공동으로 처리해야 하는 업무도 있기 때문에 교사 간 효율적인 업무분장이 이루어질 필요가 있다.

표 3-10 영유아교사가 동료와의 관계에서 경험하는 갈등 상황의 예

[사례 1] "공동작업을 할 때 절대 남을 도와주지 않는 스타일이 있어요. 공동 업무를 각자 해야 할 분량만큼 분명하게 나누고 딱 자기 것만 하는 거예요. 그리고 자기가 맡은 일이 끝나면 다른 사람과 상관없이 먼저 퇴근해요. 그런 교사 싫어요."

[사례 2] "제가 선배교사인데 후배교사에게 업무적인 이야기를 했다가 관계가 완전히 안 좋아진 경우가 있었어요. 만약 서로 오해가 생기면 서로 이해해 주고 감싸주어야 하는데, 그런 것 없이 제가 없는 자리에 가서 제 이야기를 해서 힘들었어요."

[사례 3] "저희 선생님 중에 한 분이 새로 오셨는데 동료교사와 말을 안 해요. 하루 종일 교실에만 있고요. 나오더라도 다른 선생님과 교류가 없는 거예요. 대화가 없어요. 그 선생님은 오로지 자기 일만 해요. 다른 선생님들은 그 선생님을 싫어했어요. 일을 할 때도 처음 왔으면 어떻게 해야 하는지 동료들에게 물어보고 해야 하는데, 자기가 알아서 막 했어요. 그럼 일이 잘되지 않고 힘들어져요."

[사례 4] "원장님 앞에서 자기가 다 한 것처럼 포장을 하는 거야. 근데 실제로 일은 후배교사가 다 한 거야. 그러다 보면 그 선배교사 때문에 스트레스를 받는 교사 그룹이 생겨. 또 반대로 그 선배교사를 좋아하는 교사 그룹도 생겨. 왜냐하면 그 선배교사는 원장이 총애하기 때문에 어린이집에서 힘이 있어. 그래서 그 선배교사를 좋아하는 그룹과 싫어하는 그룹이 생기고, 교사 패가 갈라지게 되고, 전반적인 원 분위기에 부정적인 영향을 미치게 돼."

출처: 임정수 외(2009); 박은혜 외(2019). pp. 117-118 재인용.

2) 영유아교사 윤리강령의 적용

윤리적 딜레마란 같은 비중의 윤리적 가치가 서로 충돌하여 의사결정을 내리기 어려운 상태를 말하며, 영유아교사는 보육현장에서 영유아의 이해 및 지도, 영유아 가정과의 협력, 동료와의 관계, 보육과정 운영, 영유아교사 전문성 신장 등을 위한 직무를 수행하는 데 있어서 수많은 윤리적 딜레마를 경험하게 된다. 윤리강령은 실제 교사가 딜레마 상황에 부딪혔을 때 그 문제를 해결하는 데 도움을 줄 수 있는데, 윤리강령을 실제 상황에 적용하기 위해서는 다음 단계를 거치는 것이 필요하다(박은혜 외, 2019).

① 상황과 관련된 이슈 분석하기

↓

② 윤리강령에 포함된 원리 찾아 문제해결 지침 세우기

↓

③ 위 원리를 적용하여 초기 문제해결 시도하기

↓

④ 결과를 평가하여 반성하기

그림 3-1 윤리강령 적용 단계

영유아교사가 할 일은 개별 영유아를 위해 보육과정, 교수-학습 전략, 보육환경 등을 적절하게 수정해 주어야 하고, 가족과 상담을 하고, 그 영유아가 보육 프로그램으로부터 긍정적 영향을 받아 자신의 잠재력을 최대한으로 발휘할 수 있도록 노력해야 하는 것이다. 만약 영유아와 그 가족과 함께 이러한 노력을 기울인 후에도 별다른 효과를 보지 못하거나 그 프로그램으로부터 효과를 얻을 수 있는 다른 영유아의 기회를 심각하게 방해한다면, 영유아교사는 위의 단계를 따라 그 영유아의 현재 요구가 무엇인지 결정하고, 이러한 요구에 가장 적절하게 부합하는 환경과 서비스가 무엇인지 알아내고, 그 영유아가 필요한 서비스를 받을 수 있도록 가족 및 해당 전문가와 의사소통해야 한다.

수행하기 3-1

윤리강령을 바탕으로 토론해 보자.

1. 다음에 제시된 기사를 읽고 부모들의 양육방식에 대해 자유롭게 토론해 보자.

2. 부모들의 양육방식에 대해 찬성팀과 반대팀을 나누어 보고 그 이유를 윤리강령에서 찾아보자.

안아키 김효진 원장 왜 내 책임인가, 선택할 기회 줬을 뿐

안아키(약 안 쓰고 아이 키우기)의 운영자인 한의사 김효진 원장이 안아키 치료법대로 했다가 아이의 병이 더욱 악화됐다는 부모들에게 "그게 왜 내 책임이냐. 선택할 기회를 줬을 뿐이지 내가 손에 쥐어준 건 아니다."라고 주장했다. 김 원장은 18일 방송된 SBS '그것이 알고 싶다'와의 인터뷰에서 이같이 밝혔다. 이날 방송에서는 아픈 아이를 자연치유한다는 '안아키'의 실태를 재조명했다.

안아키 온라인 커뮤니티를 운영하는 김 원장은 백신이나 약은 자연 해독력을 잃게 만든다며 약 없이 아이를 키워야 한다는 논리를 내세우고 있다. 하지만 지난 4월 안아키 치료법을 따랐다가 병이 더 악화된 아이들의 상황이 알려지며 아동학대 논란으로 이어졌다.

이날 김 원장은 제작진과의 인터뷰에서 "약을 쓰지 말자는 것이 아니라 약이 듣는 몸으로 만들고 유지하자는 것."이라면서 "실제로 오늘 약을 많이 쓰면 내일은 더 큰 독이 된다. 만약, 약을 쓰면 하루 만에 낫고 약을 안 쓰면 이틀 만에 낫는다면 나는 약을 쓰지 말고 이틀 만에 치료하라고 한다. 그게 내일을 위해 건강을 저금하는 방법이라고 얘기하고 싶다."라고 전했다. 그러면서 "내가 생각하는 근본적 문제는 의료 시스템을 알면서 바꾸고 싶어 하지 않는 사람들이 있기 때문."이라며 "안아키는 문제를 제기한다. 똑똑한 의료소비자를 기르는 게 누군가에게는 몹시 불편할 거다."라고 주장했다.

또 김 원장은 안아키 온라인 커뮤니티의 운영 방식인 이른바 '맘닥터' 제도에 대해서도 반박했다. 맘닥터는 커뮤니티에 올라오는 엄마들의 질문에 답글을 달아 주는 제도로 카페 내에서 치러지는 응시 시험에서 일정 점수를 받은 사람에게 자격이 주어진다.

하지만 시험 관리가 엄격하지 못할 뿐만 아니라 전문적인 의료 지식을 갖추지 못한 엄마들이 김 원장의 가이드라인 내에서 제한적인 답변만 이뤄진다는 지적이다. 이에 김 원장은 "정보의 취사 선택 능력이 개인마다 다르다. 책임의 문제는 다른 문제다. 경찰에서도 이런 얘기 많이 들었다. 계속 이해가 안 갔다. 왜 내 책임이냐. 이건 거래가 아니다. 선택할 기회를 줬을 뿐이지 내가 손에 쥐어 준 건 아니다."라고 반박했다. 반면, 맘닥터 자격으로 댓글 활동을 해왔다는 이들은 이날 방송에서 안아키 사태 이후 죄책감에 시달렸다고 방송에서 고백했다.

한편, 지난 4월 논란이 일자 안아키 커뮤니티를 폐쇄하고 한의원도 문을 닫았던 김 원장은 최근 온라인 커뮤니티 운영을 재개하고 한의원도 새로 열었다. 그는 여전히 자신의 치료법을 꿋꿋이 주장하고 있었다.

▶ 찬성하는 팀

찬성하는 이유	해당 윤리강령

▶ 반대하는 이유

반대하는 이유	해당 윤리강령

출처: 중앙일보(2017. 11. 19.).

수행하기 3-2

영유아교사에게 왜 윤리강령이 필요한지 이야기해 보자.

수행하기 3-3

자신이 생각하는 '나의 윤리강령'을 만들어 보자.

Chapter
04

영유아교사와 인간관계

1. 인간관계의 일반적 의의

1) 인간관계의 중요성

영유아교사는 유치원과 어린이집이라는 기관에 소속되어 기관장인 원장 및 동료교사, 영유아와 부모, 지역사회에서 만나는 관련 인사 등과 관계를 맺으며 교사 역할을 수행해 나간다. 인간이 세상과 마주하여 삶을 살아간다는 것은 수많은 사람들과 접촉하여 상호작용하고 함께 교류하며 즐거움과 고통, 슬픔과 행복 등의 감정들을 나누며 관계를 맺는 것이다. 특히 우리나라는 관계지향적인 사회 특성으로 인해 인간관계가 삶의 질을 높이는 가장 중요한 요소이며, 이로 말미암아 우리나라 사람들은 가장 큰 행복감과 좌절감을 느끼기도 한다(장우귀 외, 2007). 즉, 원만한 인간관계 속에 행복이 있고, 잘못된 인간관계 속에 불행이 있다. 사람들은 타인과의 관계가 만족스러울 때보다 풍부하고 완성된 인간으로 발달할 수 있지만 인간관계가 불만스럽고 비효과적일 경우 성장·발달을 방해받을 수 있다.

이러한 인간관계는 개인생활에 영향을 미칠 뿐만 아니라 사회 변화에 따른 사회 구조와 가치관 및 규범 그리고 인간관계 구조 및 의식의 변화까지도 불러온다. 사회적 존재로서 현대사회를 살아가야 하는 현대인들에게 타인과의 관계, 즉 인간관계는 삶의 중요한 과제이기 때문에(권석만, 1998) 어떤 조직이 제대로 기능하기 위해서는 원만한 인간관계가 형성되어야 한다.

인간관계는 개인적인 것이든, 조직 속에서의 관계이든 두 사람 이상의 상호작용을 일컫는 것이다. 따라서 자신이 접촉하고 있는 사람들과의 관계를 통해서 자신의 삶의 모습을 돌아볼 수도 있다.

2) 효율적인 인간관계 형성

사람들 간에 좋은 관계를 형성하고 유지하기 위해서는 개개인이 먼저 성숙한 인간이 되어야 한다. 사람들은 먼저 자기 자신은 어떤 사람인지, 자신의 철학은 무엇이며 삶에 대한 자세는 어떠한지 등에 대한 분명한 방향을 가지고 있어야 한다. 즉, 자기에 대한 이해와 자기 수용을 통해 자기 자신이 먼저 성숙한 인간으로 성장할 때 다른 사람과의 관계도 원만하게 유지될 수 있다. 또한 다른 사람과 원만한 인간관계를 형성하기 위해서는 효율적인 의사소통기술이 필요하다. 따라서 다음에서는 효율적인 인간관계 형성을 위한 방법으로 자기 이해와 의사소통기술에 대해 알아보고자 한다.

(1) 자기 이해하기

자기를 이해한다는 것은 자아에 대한 인식, 즉 자신의 심신 상태, 성격 특성 및 기호, 대인관계의 양과 질, 가치관 및 자기 행동 등 자신의 모든 부분에 대해서 현실적으로 이해하는 것이다. 따라서 자기 이해는 자신에 대한 객관적이고 정확한 탐색과정을 통해 이루어질 수 있으며, 동시에 자기 이해는 자신에 대해 어떻게 알고 느끼는지에 대한 자아개념으로부터 비롯된다.

자아개념은 '여기-지금'의 자신에 의해 지각된 자기, 즉 자신에 대한 평가를 의미하는 것으로 자신의 특징, 능력에 대한 지각, 타인 및 환경에 대한 지각이나 의미, 대상과 경험에 연합되어 지각된 가치, 태도 그리고 긍정적 혹은 부정적 가치관을 지닌 것으로 목표와 이상 등의 요소로 형성된다(유영창, 1999). 긍정적인 자아개념을 가진 사람은 자신의 외모, 성격, 능력, 삶에 대한 태도, 성취감 등에 대해 긍정적으로 인식하여 긍정적인 삶의 방향을 설정하고 적극적인 모습으로 삶을 살아간다. 그러나 부정적인 자아개념을 가진 사람은 뚜렷한 방향이 없거나 무능감과 무력감, 자신감의 상실로 모든 상황들을 부정적으로 바라봄으로써 인간과의 관계 맺기에 실패할 가능성이 높다.

따라서 나를 이해하기 위해서는 자신 스스로가 자기를 어떻게 바라보고 있는지를 먼저 파악해야 한다. 나를 이해하기 위한 방법에는 자아개념, 자아존중감 및 자아효능감, 성격 검사, 다중인지능력 검사 등의 여러 가지 방법이 있다. 이 장에서는 자신의 성격을 객관적으로 조망하고 대인관계 형성의 도구로 적용이 가능한 에니어그램에 관해 소개하고자 한다.

에니어그램에서는 개인의 성격을 힘의 중심에 따라 배형(본능 중심), 가슴형(감정 중심), 머리형(사고 중심)의 세 가지로 구분하고 각각의 중심에너지에 따라 아홉 가지로 성격 유형을 분류하여 설명하고 있다. 여기에서 중심에너지란 사람들이 생활하는 동안 어떤 상황과 사건에 대하여 전형적으로 반응하거나 대처하는 내적 및 외적 방식을 의미하며, 에너지의 사용수준은 자신의 중심 유형을 알아내는 데 중요한 요인이 된다(이소희, 2009).

이를 그림으로 나타내면 그림 4-1과 같다.

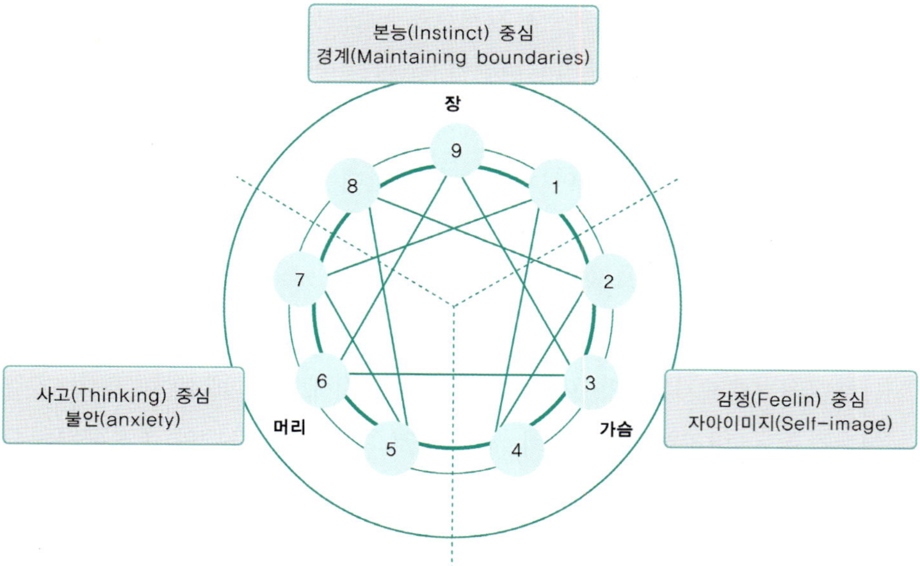

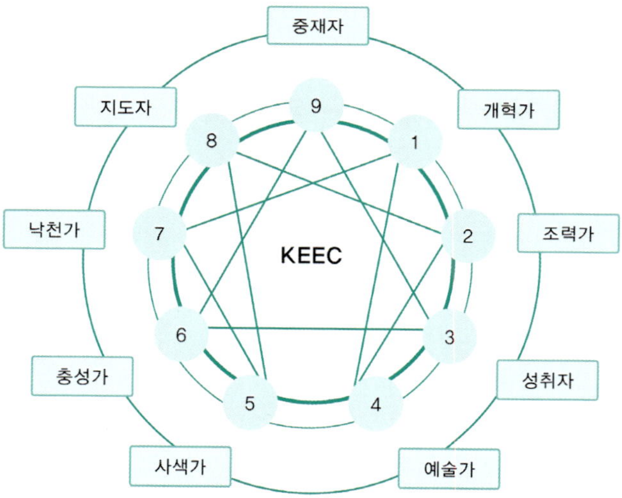

그림 4-1 중심에너지에 따른 에니어그램 성격 유형

첫째, 배형(본능 중심) 사람들은 에니어그램 성격 유형 8(지도자), 9(중재자), 1(개혁가)에 해당되고, 이들의 무게 중심은 하복부(장)와 소화계로 본능과 습관에 따라 행동하는 특성을 지니며, 에너지의 중심을 행동에 두고, 중요 감정은 분노다. 이들은 자신의 욕구에 따라 상황에 반응하고, 이들의 주된 관심은 존재, 힘과 정의이며, 현재에 관심이 있고, 진행 중인 일을 신속하고 정확하게 파악하며, 현실을 조정하고 통제하는 일에 능하다(이소희, 2008; Perry, 1996; 모아라, 2013 재인용).

둘째, 가슴형(감정 중심) 사람들은 에니어그램 성격 유형 2(조력가), 3(성취자), 4(예술가)에 해당되며, 이들의 무게 중심은 심장과 순환계에 있다. 이들은 감정과 정서를 중요시하며, 느낌을 통해 삶을 파악하고 직관과 주관적인 판단을 하는 경향이 높다. 또한 이들은 자신의 존재감을 세상에 관계하는 이미지에서 얻고 다른 사람들 기준에 비친 자아 이미지에 관심을 쏟으며, 결정 상황에서는 그에 관여된 사람이나 자기의 결정으로 영향을 받게 될 사람들에 대해 고려한다(우재현, 2006; 이소희, 2008; Goldberg, 1999: 모아라, 2013 재인용).

셋째, 머리형(사고 중심) 사람들은 에니어그램 성격 유형 5(사색가), 6(충성가), 7(낙천가)에 해당되고, 힘의 무게 중심은 머리와 신경계에 있다. 이들은 어떤 상황을 관찰, 대조, 분석, 비교의 사고과정을 통해 파악하려고 하며 감정도 분석하려고 한다. 이들의 기본 정서는 두려움과 불안으로 익숙한 사람들과는 친하게 지내지만 낯선 상황에서는 불안함이 많은 사람들이다. 이들은 존경하는 사람이나 문제에 관여하고 있는 권위자들의 의견을 매우 중요하게 여겨 결정 상황에서 자기의 결정이 논리적이고 이성적이며 타당한지, 그것이 권위자와 자기가 속한 집단에서 수용될 수 있는지에 마음을 쏟는다(우재현, 2006; 이소희, 2008; 이정순, 2005; Searle, 2001: 신나향, 2011 재인용).

에니어그램에서는 세 가지의 중심에너지를 중심으로 다시 아홉 가지의 성격 유형에 대해 설명하고 있으며, 이에 대한 구체적인 내용은 표 4-1과 같다(한국에니어그램교육연구소, 2014).

표 4-1 에니어그램 아홉 가지 성격 유형과 특성

유형	특성
1유형(개혁가) 완벽함을 추구하는 사람	• 매사에 완벽을 기하고, 스스로의 이상을 건설적인 자세로 추구하며, 이를 위한 노력을 아끼지 않는다. • 항상 공정함과 정의를 염두에 두고, 정직하고 신뢰할 수 있는 성품으로 자신의 윤리관에 자신감을 갖고 있다. • 인상이 깔끔하고 항상 자제하는 자세를 잃지 않고 '해야 한다'는 말을 자주 한다. • 자신은 '올바른 길을 걷고 있다', '매사를 정확하게 파악하고 있다'는 생각에 만족감을 느낀다. ※건강할 때-개미처럼 조직화·분권화하면서 근면하고 협동심이 강하다. ※불건강할 때-테리어 사냥개처럼 먼저 물고 짖는다. 체구가 작지만 상대에게 겁을 주거나 공격적으로 대한다.
2유형(조력가) 타인에게 도움을 주려는 사람	• 정이 많고 곤경에 빠진 사람들에게 도움의 손길을 내밀며, 주변 사람들에게 도움이 되는 일을 마다하지 않는다. • 타인이 필요로 하는 것에 몰두하지만 타인의 도움을 필요로 하고 있는 자신에 대해서는 자각하지 못한다. • 예리한 직감을 갖고 있고, 주위 사람들의 기분을 이해하고 거기에 맞출 수 있기 때문에 적응력이 뛰어나다. • 다양한 자기 모습을 갖고 있어 상대방에 따라 다른 모습을 연출할 수 있다. ※건강할 때-새터 사냥개처럼 털 색깔이 따스하고 되갚아 주기를 바라는 조건이 붙지 않은 따뜻한 사람을 베풀며 충성스럽고 사랑스럽다. ※불건강할 때-고양이처럼 다정하지만 남의 도움을 받지 않으려는 독립적인 기색을 띠고 핥는 강아지처럼 사랑에 대해 집요함을 나타낸다.
3유형(성취자) 성공을 추구하는 사람	• 항상 효율을 중시하고 성공을 위해서는 자신의 생활을 희생시키더라도 개의치 않는다. • 인생의 가치를 '실패냐 성공이냐'라는 척도로 보고 실적을 중시하는 열정적인 사람으로 일이나 인간관계에서 성공을 꿈꾼다. • 자신감이 넘치는 인상으로 주위 사람들에게 좋은 인상을 심어 주려 하며 '성공했다', '일을 효율적이고 성공적으로 완수해냈다'는 것에 가장 큰 만족을 얻는다.

	※건강할 때-독수리처럼 바람의 황제이면서 날쌔고 힘이 있다. 태양을 바라보는 유일한 새이기도 하다. ※불건강할 때-카멜레온처럼 주위 상황에 능숙하게 부응하고 공작새처럼 주위 사람의 반응을 노리고 자신을 내보이는 행동을 하게 된다.
4유형(예술가) 특별한 존재를 지향하는 사람	• 자신은 특별한 사람이라고 자부하고 있으며 무엇보다도 감동을 중시하고 평범함을 싫어한다. • 다른 사람들보다 슬픔이나 고독 등도 진하게 느낀다. • 타인에 대한 이해심이 많고 사람들을 받쳐주고 격려하는 것을 좋아한다. ※건강할 때-흑색 경주마처럼 귀족적 모습을 지니고 있고 굴처럼 진흙을 진주로 변화시키듯이 상실의 체험과 부정성을 아름답고 보편타당한 것으로 승화하는 힘이 있다. ※불건강할 때-바셋 사냥개처럼 게걸스럽게 감정을 구걸하는 듯한 모습과 슬픈 표정을 짓는다. (남과 관계 맺는 방식) 또한 야생비둘기처럼 비 오는 날 구슬피 울어댄다.
5유형(사색가) 지식을 얻어 관찰하는 사람	• 지적이며 사려 깊고 행동 전에 생각한다. • 분석력과 통찰력이 뛰어나며 객관적이고 초연한 태도를 일관되게 유지하려고 한다. • 현실을 파악하는 관찰력이 뛰어나지만 말이 적고 태도가 조심스럽다. • 어리석은 판단을 내리는 것을 두려워하며 일을 시작하기 전에 정보를 열심히 수집해 상황을 정확하게 파악하려고 한다. • 고독을 즐기는 경향이 강하고 자신만의 시간과 공간을 아주 중요하게 여긴다. • '지혜로운 사람', '현명한 사람', '무엇이든지 잘 알고 있는 사람'이라는 자신의 모습에 가장 큰 만족을 드러낸다. ※건강할 때-올빼미처럼 큰 눈을 가지고 소리 없이 비행하고 섭리를 따른다. 남의 눈에 띄지 않도록 드러내는 경향이 있다. ※불건강할 때-비단털쥐처럼 수집력이 있고 음식을 저장하고 탐욕스럽다. 여우처럼 독불장군이 되고 일의 가장자리를 맴돌게 된다.
6유형(충성가) 안전을 추구하고 충실한 사람	• 책임감이 강하고 안전을 추구하는 유형으로서 친구나 자기가 믿는 신념에 가장 충실한 사람들이다. • 전통이나 단체에 강한 충성심을 갖고 있으며 공동체에 대한 헌신이 대단하다.

	• 신중하며 거짓말을 모르는 그들은 협조적이며 조화를 이루며 믿음직스럽다. • 상대에게 호감을 주는 유형이다. • '책임감이 있다', '성실하다', '충성스럽고 믿을만하다'라는 말에 가장 큰 만족을 얻는다. ※건강할 때-사슴처럼 위험에 대비한 경계태세를 취하고 집단으로부터 활력을 이끌어 낸다. 고난 가운데서도 살아남을 수 있는 능력을 갖추고 있다 ※불건강할 때-산토끼처럼 겁이 많고 놀라서 잘 달아난다. 늑대처럼 궁지에 몰렸을 때는 오히려 공격적으로 대한다.
7유형(낙천가) 즐거움을 추구하고 계획하는 사람	• 모든 일을 낙관적으로 보려고 하며 밝고 명랑하다. • 자기 주변에서 즐거움을 찾아내는 능력이 뛰어나다. • 좋아하는 사람들이 주변에 많이 있으며 자기 자신도 매력적인 인간이 되려고 노력한다. • 아이디어와 상상력이 풍부하며 호기심이 많다. • '항상 즐겁다', '너무나 유쾌하다', '앞으로의 계획이 무궁무진하다'라는 것에 만족을 얻는다. ※건강할 때-나비처럼 고통을 겪고 자유감과 행복감을 추구하게 된다. ※불건강할 때-원숭이처럼 모험과 쾌락을 즐기면서 어릿광대처럼 산만함과 즐거움을 추구한다.
8유형(지도자) 강함을 추구하고 주장이 강한 사람	• 자신이 옳다고 생각하는 것에 대해서는 전력을 다해 싸우는 전사다. • 용기와 힘이 넘치고 허영심 등을 재빠르게 꿰뚫어 보며 그것에 결연히 대항한다. • 권력구조를 파악하는 능력이 뛰어나며 자신의 강한 힘을 발휘할 수 있는 위치를 확보하는 능력도 갖추고 있다. • 거드름을 피우지 않고 성실하며 약자를 옹호하고 보호하려고 한다. • '할 수 있다', '힘이 넘친다'라는 자신의 모습에 가장 만족을 느낀다. ※건강할 때-호랑이처럼 힘과 생명력이 있다. ※불건강할 때-코뿔소처럼 둔하고 껍질이 두껍고 일단 화가 나면 다짜고짜 공격을 한다.
9유형(중재자) 조화로운 평화를 바라는 사람	• 갈등이나 긴장을 피하는 평화주의자로 자신의 내면이 혼란스러워지는 것을 싫어한다. • 다른 사람들에게 쉽게 동화되기 때문에 주위 사람들의 영향을 받기 쉽다.

	• 좋은 환경에 있으면 마음이 넓고 동요되는 일이 없으며 강한 인내심을 보인다. • 편견이 없고 다른 사람의 기분을 이해할 줄 알기 때문에 타인의 고민을 잘 들어준다. • '안정감'과 '조화'로 넘쳐 있는 상태에 가장 큰 만족을 느낀다. ※건강할 때-돌고래처럼 놀이를 즐기고 생태계를 유지하며 인간에게 우호적인 태도를 가진다. 일명 바다의 화해자라고도 불린다. ※불건강할 때-코끼리처럼 먹이를 짓밟고 주변을 쑥대밭으로 망쳐버릴 수 있다.

(2) 의사소통기술

의사소통은 둘 이상의 사람들이 의견이나 정보, 감정 등을 교환하여 공통적인 이해를 도모하여 공동의 목표를 추구해 나가는 과정이다. 따라서 의사소통은 인간관계 형성에 있어서 가장 중요한 요소라 할 수 있다. 특히 원만한 인간관계 형성을 위한 의사소통에서는 상호 간의 공통적인 이해가 중요하다. 즉, 상호 신뢰적인 분위기 조성, 이해적인 경청, 명확한 피드백의 장려 등 세 가지 조건이 충족되는 상황하에서 다음과 같은 원칙에 따라 의사소통할 때 소통의 효과가 발휘될 수 있다(박연호 외, 2013).

첫째, 의사소통은 경청자의 눈높이 수준에서 이루어져야 한다.

둘째, 말하는 사람은 말하기 전에 자기 생각을 명료하게 정리해야 한다.

셋째, 의사소통의 참된 목표가 무엇인지 확실히 해야 한다.

넷째, 의사소통의 기본 내용뿐만 아니라 환경, 배경 등 기타 부수효과에 대해서도 배려해야 한다.

다섯째, 의사소통은 일관성이 있어야 한다. 즉, 처음과 나중에 메시지가 서로 상충되어서는 안 된다.

여섯째, 의사소통은 적정량을 기해야 한다. 메시지가 너무 많거나 너무 적은 경우에는 수용자의 이해를 방해한다.

일곱째, 의사소통은 너무 빠르게 하거나 너무 더디게 해서도 안 되며 시의적절하게 이루어져야 한다.

여덟째, 전달자는 경청자의 관심을 넓히고 그로 하여금 메시지를 받아들일 수 있는 수용성을 넓혀야 한다.

아홉째, 전달자는 의사소통을 지원하는 행동을 해야 한다.

열 번째, 전달자는 경청자를 납득시키려 할 뿐만 아니라 그를 이해하려고 하는 좋은 경청자도 되어야 한다.

가. 의사소통의 특성

의사소통이라 하면 송신자와 수신자가 어떤 기호를 통하여 전달하고자 하는 정보나 메시지를 다루며, 양자 간의 의미를 공통적으로 공유하고 그에 따라 서로의 행동에 영향을 끼치는 과정이나 행동으로 정의되고 있다. 의사소통의 형태는 언어적인 것과 비언어적인 것으로 구분되며, 공식적인 통로 및 비공식적인 통로로 전달된다. 의사소통을 하는 사람들 간의 관계는 수직적일 수도 있고 수평적일 수도 있다. 어떤 관계나 조직이 지속적이고 건강한 관계를 유지하기 위해서는 효율적인 의사소통 과정이 중요하다. 그러나 송신자와 수신자의 문화적 차이, 정보가 너무 과다할 경우, 서로 어떻게 해석하는지에 따른 문제, 고정관념이나 편견을 갖고 있을 때에는 의사소통에 문제를 가져올 수 있다. 의사소통이란 송신자가 일방적으로 메시지를 주고 수신자가 받기만 하는 역할을 하는 것이 아니라, 송신자의 메시지에 따라 수신자가 자신의 감정이나 의견을 다시 전달할 수 있는 송신자의 역할도 동시에 수행하므로 상호 역동적인 과정이다.

나. 의사소통의 방법

① 적극적인 경청하기

대부분의 사람들은 일상생활 중의 약 70%를 의사소통하는 데 시간을 보내고, 이 중 50% 이상을 듣는 데 시간을 보낸다고 한다. 의사소통을 잘

하기 위해서는 잘 듣는 것이 중요하다.

의사소통을 위한 듣기는 소리의 청각적 인식을 토대로 하여 소리를 해석하고 의미를 만드는 행위이다. 읽기가 단순하게 종이에 쓰인 텍스트를 시각적으로 인식하는 것에 그치는 것이 아니라 단어를 해석하고 단어로부터 의미를 만드는 과정인 것과 같은 맥락이다. 의사소통에서 수용언어에 해당하는 읽기와 듣기는 받아들이는 사람의 해석이 매우 중요하다.

읽기와 듣기의 가장 큰 차이점은 정보가 제공되는 시간과 유한성에 있다. 읽기를 할 때 필요하지 않은 부분은 건너뛰고 읽거나, 필요한 부분은 되돌아가서 다시 읽거나, 반복해서 여러 번 읽는 것이 가능하고 읽기 매체의 종류에 따라서는 일시적일 수도 있지만, 대체로 반영구적으로 정보가 제공된다. 하지만 듣기는 말하는 사람의 속도에 따라 그 순간에 제공받는 정보에만 집중해야 하는 제한을 받게 된다. 만약 듣는 사람이 말하는 사람의 정보에 집중하지 않는다면 의사소통 과정에서 문제가 생길 수 있다. 제대로 잘 듣지 않으면 동문서답(東問西答)을 하는 경우가 생긴다. 따라서 잘 듣기 위해서는 집중하여 적극적으로 경청하는 것이 필요하다.

듣기의 유형은 다음과 같이 분류된다(이재호, 2017).

첫째, 무시하며 듣기이다. 이런 듣기 유형은 말하는 사람 자체를 무시하거나 불신할 때 나타난다. 이 경우 말을 아예 듣지 않거나 묵살하는 태도를 보인다. 부정적이거나 비판적인 견해, 위협이나 욕설, 불쾌한 내용 등의 경우, 규칙적인 소음에 대처하는 것처럼 아무런 의미를 두지 않고 주의 또한 기울이지 않는다.

둘째, 듣는 척하며 듣기이다. 말을 듣는다는 표시는 간간이 보내지만 실제로는 거의 듣지 않는 수준이다. 딴생각을 하면서 건성으로 듣기 때문에 내용을 잘 모르고 나중에 엉뚱한 질문을 하는 경우가 많다.

셋째, 선택적 듣기이다. 듣기에 참여는 하되 자기가 듣고 싶은 것만 골라 듣는 형태이다. 예를 들면, 건강에 대해 얘기하면 귀를 기울이다가도 교육에 관한 얘기가 나오면 귀를 닫아 버리는 유형이 여기에 속한다.

넷째, 신중한 경청이다. 마치 자기의 이해가 걸린 문제를 대할 때처럼 주의 깊게 듣는 방식이다. 간간이 질문도 하고 맞장구도 친다.

다섯째, 공감적 경청이다. 정성을 기울여 듣는 수준이다. 말하는 내용에 대한 이해와 분석을 넘어 화자와 정서적으로 유대를 형성한다. 말을 귀로 듣는 것이 아니라 가슴으로 듣는 수준이라고 할 수 있다. 공감적 경청을 할 때에는 생기 있는 눈 맞춤과 적극적인 맞장구가 이루어진다. 또한 상대의 말에 긍정적 반응을 보이며 동의한다는 신호를 자주 보내게 된다.

여섯째, 거울식 경청이다. 거울식 경청은 앞서 나온 듣기 방법 가운데 가장 최상의 경청 방법이다. 거울식 경청을 잘하면 '신중한 경청'과 '공감적 경청'은 저절로 따라올 수 있다. 그만큼 강력하기 때문이다.

우리는 상대의 말을 잘 듣고 이해한다는 의미로 상대와 같은 행동을 따라 한다. 이것을 '거울 기법'이라고 하는데, '거울식 경청'은 상대의 속마음을 반사하듯이 읽어 내면서 경청하는 것을 말한다. 상대가 박수를 치면 같이 박수를 치고 어깨를 움직이면 함께 어깨를 움직이는 것은 무의식적인 기교이다. 이는 상대에게 당신의 마음을 허락했다는 표현으로 보여 상대가 무의식적으로 흡족하게 만든다.

참고

의사소통기술: 센스있는 대화를 위한 경청의 기술 4가지
(유튜브, Hirenze) https://youtu.be/7QE5xPLBBBk

수행하기 4-1

당신은 지금 어떻게 듣고 있습니까?

1. 두세 사람이 모여 서로 번갈아 가면서 말하고 들어보자.

2. 어제 있었던 일을 3분 이내로 말하고 들은 사람은 요약해서 다시 말해보자.

▶ 듣기의 6가지 유형에 비추어 나와 동료는 어떤 유형을 보이는지 이야기 나누어 봅시다.

[듣기활동 후 이야기 나누기 질문 예시]
- 나는 어떤 듣기의 유형을 보였나요? 평소 나의 듣기 행동은 어떠한가요?
- 상대방은 어떤 듣기의 유형을 보였나요? 평소 상대방의 듣기 행동은 어떠한가요?
- 이야기의 내용이나 주제, 듣는 이에 따라서 듣기의 유형이 달라졌나요?
- 잘 들어 주지 않는 사람에게 나는 어떤 느낌이 드나요?

▶ 듣기의 6가지 유형에 비추어 나와 동료는 어떤 유형을 보이는지 이야기 나누어 봅시다.

① 무시하며 듣기　② 듣는 척하며 듣기
③ 선택적 듣기　④ 신중한 경청
⑤ 공감적 경청　⑥ 거울식 경청

▶ 듣기의 6가지 유형에 비추어 나와 동료는 어떤 유형을 보이는지 이야기 나누어 봅시다.

① 무시하며 듣기　② 듣는 척하며 듣기
③ 선택적 듣기　④ 신중한 경청
⑤ 공감적 경청　⑥ 거울식 경청

출처: 박은혜 외(2019). p. 84.

② 비언어적 의사소통

의사소통은 언어적인 의사소통과 비언어적인 의사소통으로 나뉜다. 일반적으로 의사소통을 할 때 언어적으로 표출되는 말하기의 비중이 크다고 생각하지만, 실제로는 비언어적인 의사소통이 차지하는 비중이 훨씬 더 크며, 때로는 감정이나 정보를 전달하는 데 중요하고 핵심적인 역할을 한다.

아직 관례적인 언어를 완벽하게 구사할 수 없는 영유아에게는 비언어적 의사소통이 더욱 중요하다. 영유아를 가르치는 교사는 표정, 눈빛, 손동작, 머리의 움직임, 입 모양과 같은 신체언어를 잘 다루고 해석할 수 있는 능력이 필요하다. 아직 언어 사용이 서툰 아이가 자신의 욕구나 필요를 해결하기 위하여 보이는 행동을 베이비사인(baby sign)이라고 한다. 모든 영아가 동일한 몸짓언어를 보이지는 않고 각자 성인과의 상호작용 속에서 자신만의 몸짓언어를 만들어가는 것이 일반적이다. 예를 들어, 돌 무렵의 영아가 낮잠을 잘 때 엄마에게 업혀서 자는 것을 좋아할 때, 졸리면 엄마 등에 얼굴을 비빈다거나 포대기를 가지고 오는 행동을 보인다거나 하는 베이비사인을 보이면 양육자는 지금 아이가 졸리다는 것을 파악하고 재우기 위한 도움을 준다. 다음은 영아의 의사소통과 상징행동 도구(The Communication and Symbolic Behavior Scales: CSBS)를 보완하여 신애선(2014)의 연구에서 사용된 몸짓언어의 정의이다.

표 4-2 영아용 의사소통과 상징행동(CSBS)의 구성차원별 정의와 조작적 정의

구성 차원	정의	조작적 정의	
지시적 몸짓 언어	사물이나 사건이 존재할 때 나타나는 몸짓언어로 다른 사람의 관심을 끌기 위해 보이는 의사소통 의도를 표현하는 몸짓언어	당기기	영아가 사물을 영아 쪽으로 당기는 것
지시적 몸짓 언어	사물이나 사건이 존재할 때 나타나는 몸짓언어로 다른 사람의 관심을 끌기 위해 보이는 의사소통 의도를 표현하는 몸짓언어	건네주기	영아가 주위의 관심을 끌기 위해 사물을 주는 것
지시적 몸짓 언어	사물이나 사건이 존재할 때 나타나는 몸짓언어로 다른 사람의 관심을 끌기 위해 보이는 의사소통 의도를 표현하는 몸짓언어	보여주기	영아가 주위의 관심을 끌기 위해 사물을 보여주는 것
지시적 몸짓 언어	사물이나 사건이 존재할 때 나타나는 몸짓언어로 다른 사람의 관심을 끌기 위해 보이는 의사소통 의도를 표현하는 몸짓언어	뻗기	영아가 사물을 잡기 위해 손을 내미는 것
지시적 몸짓 언어	사물이나 사건이 존재할 때 나타나는 몸짓언어로 다른 사람의 관심을 끌기 위해 보이는 의사소통 의도를 표현하는 몸짓언어	밀기	영아가 사물을 밀어서 주는 것
지시적 몸짓 언어	사물이나 사건이 존재할 때 나타나는 몸짓언어로 다른 사람의 관심을 끌기 위해 보이는 의사소통 의도를 표현하는 몸짓언어	가리키기	영아가 어떤 사물이나 위치 및 사건을 향해 검지를 펴는 것
지시적 몸짓 언어	사물이나 사건이 존재할 때 나타나는 몸짓언어로 다른 사람의 관심을 끌기 위해 보이는 의사소통 의도를 표현하는 몸짓언어	상대방 쳐다보기	영아가 요구를 하거나 대답 등의 표현으로 상대방을 쳐다보는 것
관습적 몸짓 언어	문화적으로 정의된 몸짓언어	손 흔들기(안녕)	영아가 인사를 하기 위해 손을 움직이는 것
관습적 몸짓 언어	문화적으로 정의된 몸짓언어	고개 젓기(아니요)	영아가 부정의 의미로 머리를 좌우로 흔드는 것
관습적 몸짓 언어	문화적으로 정의된 몸짓언어	고개 끄덕이기(네)	영아가 긍정의 의미로 머리를 아래위로 흔드는 것
표상적 몸짓 언어	참조물의 특성을 표상하는 몸짓언어로 손, 몸의 움직임으로 대상을 묘사하는 몸짓 언어	칫솔질하기	영아가 칫솔을 가지고 본인이나 인형의 이를 닦는 것
표상적 몸짓 언어	참조물의 특성을 표상하는 몸짓언어로 손, 몸의 움직임으로 대상을 묘사하는 몸짓 언어	머리 빗기	영아가 머리빗으로 자신이나 인형의 머리를 빗겨 주는 것
표상적 몸짓 언어	참조물의 특성을 표상하는 몸짓언어로 손, 몸의 움직임으로 대상을 묘사하는 몸짓 언어	넣기	영아가 사물을 다른 사물 속에 넣는 것
표상적 몸짓 언어	참조물의 특성을 표상하는 몸짓언어로 손, 몸의 움직임으로 대상을 묘사하는 몸짓 언어	안기	영아가 인형을 안아 주는 것
표상적 몸짓 언어	참조물의 특성을 표상하는 몸짓언어로 손, 몸의 움직임으로 대상을 묘사하는 몸짓 언어	음식 먹기	영아가 우유병이나 컵, 숟가락, 그릇 등으로 본인 또는 인형에게 음식을 먹여 주는 것
표상적 몸짓 언어	참조물의 특성을 표상하는 몸짓언어로 손, 몸의 움직임으로 대상을 묘사하는 몸짓 언어	젓기	영아가 숟가락이나 포크를 컵이나 그릇에 넣어 젓는 것

출처: 신애선(2014). p. 35.

다. 교사로서 영유아와 의사소통하기

영유아는 발달 특성상 주변 세계와 현상에 대해 많은 호기심을 갖고 있어 궁금한 것이 있으면 끊임없이 질문하는 특성을 가진다. 교사는 영유아의 질문에 적절한 언어로 반응하여 의사소통할 수 있어야 한다. 교사와 영유아의 의사소통 과정에서 영유아의 사고 수준이 질적으로 달라질 수 있으므로 교사의 언어 사용은 매우 중요하다. 교육현장에서 영유아와 나누는 언어적 상호작용은 일상적일 수도 있지만 영유아의 발달과 교육을 위한 목적을 가지고 있다. 특히 어느 정도의 언어적인 의사소통이 가능한 연령의 유아에게 교사는 적절한 발문을 하면서 유아의 사고를 확장하고 호기심을 충족시켜 줄 수 있다. 발문이란 교사가 학생들의 학습활동을 위해 제기하는 물음으로, 적절한 교사의 발문은 유아가 활동에 적극적으로 참여할 수 있도록 돕는다. 유아는 교사가 던지는 발문에 따라 자신의 학습을 평가하고 조절해 나갈 수 있다. 즉, 교사는 유아에게 발문을 함으로써 유아와 긍정적인 태도로 상호작용할 수 있고, 유아의 학습 및 사고 능력을 촉진하는 동시에 언어·사회성·정서발달을 증진시킬 수 있게 된다.

교사가 유아와 상호작용 시 활용하는 발문의 유형은 활동의 목적이나 내용에 따라 매우 다양하다. 예를 들어, 동화를 들려주고 난 후 유아와 이야기를 나누면서 제시하는 교사의 발문은 과학적인 실험이나 탐구활동을 하면서 제시하는 발문과는 차이가 있을 수 있다. 또한 발문의 유형은 유아의 인지적인 수준이나 교사의 의도에 따라 달라질 수 있다(성은영, 2006; 조미영 외, 2016 재인용). "얼음이 녹으면 어떻게 될까?"라는 발문은 "물이 된다."라는 이미 알고 있는 지식이나 정보를 단순하게 묻는 질문이 될 수 있다. 때로는 사물의 성질에 대한 변화를 예측하게 하는 과학적인 사고를 확장하는 질문이 될 수도 있다. 일반적으로 교사가 활용하는 발문의 유형은 표 4-3과 같다.

표 4-3 발문의 유형

범주	정의	예
이름 알기	사물의 명칭이나 사건, 대상의 위치 등을 단순하게 확인함	• 이것은 무슨 색일까? • 그 책은 어디에 있니?
나열하기	필요한 정보를 하나씩 차례로 늘어놓게 함	• 이 그림에서 무엇을 볼 수 있니? • 「커다란 순무」에는 어떤 동물들이 나왔니?
분류하기	사물의 특성이나 어떤 조건, 기준에 따라 구분하여 다시 말하게 함	• 여기서 먹을 수 있는 것은 무엇이니? • 이것들 중에서 같이 묶일 수 있는 물건들은 무엇일까?
설명하기	어떤 사건이나 사물의 내용이 어떻게 되었는지 확인함	• 아이들은 콩을 어떻게 했니? • 다람쥐는 도토리를 주워서 어떻게 했니?
예측하기	결과를 예상하게 함	• 여기에 검은색을 섞으면 어떻게 될까? • 마른미역을 물에 담그면 어떻게 될까?
비교하기	유사점과 차이점을 묘사하도록 함	• 재원이와 재은이의 신발은 어떻게 같아? • 사자와 호랑이는 어떤 점이 다를까?
추론하기	일어날 수 있는 사실에 대해 미리 생각하게 함	• 이를 닦지 않으면 어떻게 될까? • 토끼가 왜 잠이 들었을까?
회상하기	과거에 있었던 경험을 기억하게 함	• 비행기를 타본 적이 있니? • 치과에 가본 적이 있니? 그때 치과에서 무엇을 했니?
상상하기	자신이 상상한 것을 말하게 함	• 과자나라에 가면 어떨 것 같니? • 산타 할아버지가 선물로 요술봉을 주신다면 어떤 일이 생길까?
문제 해결하기	문제를 해결할 수 있는 방법을 생각하게 함	• 시냇물을 건너가야 하는데 어떻게 할까? • 친구가 빌려준 장난감을 잃어버렸는데 어떻게 하는 게 좋을까?
대안 제시하기	다른 관점 및 방법을 찾아보게 함	• 집에서 유치원에 가는 다른 길이 있니? • 탑을 쌓는 또 다른 방법은 어떤 것이 있니?

범주	정의	예
변형하기	사물, 사람, 사건의 변화 과정을 이야기하게 함	• 그것을 돌리면 어떻게 될까? • 빨간색과 노란색을 합치면 어떻게 될까?
결합하기	공통 요소를 찾거나 유목화하게 함	• 우리는 노랑, 파랑, 초록 등을 무엇이라고 부를까? • 'ㄱ'에다가 'ㅛ'를 합치면 어떻게 될까?
일반화하기	이미 알고 있는 정보나 지식을 다른 상황·조건에 일반화시키도록 함	• 얼음과 눈은 태양이 비치면 녹는단다. 그러면 눈사람은 태양이 비치게 될 때 어떻게 될까? • 독수리와 까치는 하늘을 날 수 있어. 그러면 오리도 하늘을 날 수 있을까?
평가하기	어떤 대상의 수준, 정서 상태, 좋고 나쁨, 옳고 그름 등을 판단하게 함	• 너의 생각은 무엇이니? • 여기에 있는 퍼즐 중에 네가 가장 쉽게 할 수 있는 것은 무엇이니?

출처: 박은혜(2017). pp. 261-262.

한편 좋은 경청자가 되는 방법으로는 다음의 세 가지가 중요하다.

첫째, 상대방의 말에 주의를 집중하는 노력

관심을 나타내는 자세, 눈 맞춤, 적절한 신체적 움직임, 산만하지 않은 환경의 조성 등을 통해 상대방에게 주의를 기울이는 것이다. 잘 경청하는 사람은 여러 가지 행동적 특징을 나타낸다. 말하는 상대의 눈을 쳐다보며 이야기의 중요한 부분에서는 눈동자가 커지고 고개를 끄덕이거나 상체를 상대방 쪽으로 기울이는 행동이 나타난다. 이러한 행동은 상대방의 말에 주의를 집중하고 있으며 그의 말을 존중하고 있다는 표현이 된다. 상대방에게 자신이 진지하게 경청하고 있다는 점을 전달함으로써 상대방의 이야기를 촉진시킨다.

이에 반해, 상대방이 이야기할 때 주의를 돌려 두리번거리거나 하품을 하고 상체를 젖혀 팔짱을 끼는 행동은 상대방에게 자신의 말을 잘 경청하고 있지 않다는 느낌을 주게 되며, 때로는 불쾌감을 줄 수도 있다. 흔히, 경청할 때 시선을 처리하는 일이 어려울 수 있다. 그래서 눈 맞춤을 피하는 경우도 있으나, 시선을 적절히 옮기면서 상대방의 눈이나 얼굴에 시선을 유지하는 것이 중요하다.

둘째, 상대방의 말을 잘 따라가기

상대방이 이야기를 할 때 간헐적으로 질문을 하거나 격려를 하고 때로는 이야기를 기다리는 침묵이 필요하다. 상대방의 이야기를 일방적으로 듣기만 하는 소극적 경청(passive listening)과 달리, 적극적 경청(active listening)에는 듣는 사람의 능동적인 참여가 필요하다. 모호한 부분이나 좀 더 자세한 설명이 필요한 부분에 대해서 질문하는 것은 상대방의 이야기를 촉진하게 된다. 때로는 상대방의 이야기를 수용하고 격려하는 반응(예: "그렇지", "재미있구나", "그래서 어떻게 됐니?")이 필요하다.

이러한 과정에서 상대방이 말하는 주제에서 빗나간 질문이나 성급한 평가적 판단은 대화를 위축시키게 되므로 주의해야 한다. 때로는 상대방이 자발적으로 이야기를 이어 가도록 침묵으로 기다려 주는 것이 필요하다.

셋째, 상대방의 말에 대한 자신의 이해를 전달하기(반응하기)

상대방이 한 이야기를 간략히 요약하거나 부연하고 때로는 이야기를 들으며 느낀 감정을 전달하는 것이다. 자신이 이해한 바를 확인하며, 상대방의 말에 공감을 표현하는 등의 능동적인 반응을 나타낼 필요가 있다. 이러한 적극적 경청행동은 상대방으로 하여금 진정한 관심과 깊은 이해를 받고 있다는 느낌을 갖게 한다. 따라서 상대방은 좀 더 깊은 수준의 자기공개를 하게 됨으로써 인간관계가 심화될 수 있다.

이상에서 소개한 세 가지의 노력, 즉 상대방에게 주의집중하기, 이야기를 따라가기, 적절히 반응하기는 적극적 경청의 필수적인 요소이다. 경청은 상대방에게 화제의 주도권을 맡기는 일이다. 상대방의 이야기가 지나치게 길거나 부적절하지 않는 한, 상대방이 이야기를 마무리할 때까지 잘 듣는 것이 필요하다. 자신의 의견을 피력할 수 있는 기회는 나중에 얼마든지 가질 수 있다. 상대방의 이야기를 충분히 듣지도 않고 섣불리 이의를 제기하고 비판하는 행동은 원활한 대화를 방해하므로 주의해야 한다.

2. 영유아와의 관계

1) 영유아와의 관계의 중요성

영유아교사는 유아교육기관에서 영유아와 실질적으로 상호작용함으로써 영유아에게 가장 큰 영향을 미치는 대상이다. Sulivan(1953)의 대인관계 이론에 따르면 유아에서 청소년 초기에 이르는 시기에 성격발달의 토대가 형성되며, 이 시기에 발달된 성격이 이후 성격의 보편적인 틀을 제공한다고 보았다. 특히 유아기는 주 양육자의 행동에 근거해 자신을 독립된 개체로 인식하기 시작하며, 다른 사람과의 경험을 통해서 자아역동성을 형성하는 시기이므로, 교사와 영유아의 관계도 매우 중요한 의미를 지닌다. 즉, 이 관계는 영유아의 또래관계뿐 아니라 이후의 성장과 발달에 큰 영향을 미친다.

2) 원활한 관계를 위한 교사의 역할

유아교육기관에서 영유아교사와 영유아의 관계는 학습자인 영유아의 성장과 발달을 도와주기 위한 유목적적인 관계이다. 영유아교사가 영유아와 안정적인 신뢰관계를 형성하였을 때 영유아의 발달도 안정적으로 이루어질 수 있다.

또한 영유아교사와 영유아와의 관계는 동반자적인 관계이다. 영유아에게 영유아교사는 하루 중 많은 시간동안 함께 지내며, 자신의 기본적인 요구를 들어주는 특별한 사람이다. 영유아와 영유아교사는 하루 일과를 함께 하고, 나아가 발달적 과업을 함께 성취해 나가는 특별한 유대감을 이루어가는 관계이다.

영유아교사는 영유아를 하나의 인격체로 존중하고, 계층·성별·사회문화적 배경에 상관없이 그들의 권리를 보장하여야 한다. 따라서 영유아가 가진 개성을 존중하는 개별화된 지도방법으로 각자의 가능성을 발휘할 수 있도록 도와주어야 한다.

영유아교사가 영유아와의 관계에서 가장 주의해야 할 부분이 바로 편애이다. 특정 영유아에 대한 편애는 해당 영유아뿐 아니라 다른 영유아의 정서발달과 사회성발달에도 부정적인 영향을 미칠 수 있으므로, 모든 영유아를 편애하지 않고 공평하게 대할 수 있도록 해야 한다.

기관에서 보내는 시간이 증가하면서 영유아가 형성하는 기본생활습관, 예절과 같은 교육의 결과물에 부모가 아닌 영유아교사의 영향이 커지고 있다. 이는 영유아교사가 원에서 보이는 행동, 말투, 생활습관 등이 영유아에게 롤모델이 된다는 것이다. 영유아교사는 평소 자신의 모습이 영유아에게 큰 영향을 준다는 것을 자각하고 바르게 행동하고 바른 말투를 사용하며, 솔선수범하는 생활태도를 확립할 필요가 있다.

(1) 영아와의 관계

① 영유아교사는 영아와의 관계에서 부드럽고 따뜻한 상호작용을 해야 한다.

영유아교사는 눈 마주치기, 미소짓기, 격려하기, 우호적이고 반응적으로 이야기하기 등 영아와의 관계에서 언어적·비언어적 방법들을 고루 활용하여야 한다. 특히 영아와의 관계에서는 몸을 사용해 영아와 정서적인 유대관계를 형성할 수 있다. 만 2세 이하의 영아들은 언어 사용이 원활하지 못하므로, 제한된 언어능력으로 영유아교사와 상호작용할 때에는 몸을 통한 표현으로 의사전달을 용이하게 할 수 있다.

② 영유아교사는 영아의 요구에 민감하게 반응해야 한다.

민감성은 영유아가 양육자에게 보내는 신호를 인식하고 정확히 해석하여 그들의 신호에 적절하고 즉각적으로 반응하는 것으로(김숙령 외, 2006), 비언어적인 방식인 영아의 신호에 민감성을 갖는 것은 영유아교사의 중요한 요건 중 하나이다. 민감성을 갖기 위해 일상생활에서 영아에게 지속적인 관심을 가지며 영아의 행동, 표정을 관찰해야 한다. 영아가 하고 싶어 하는 것이 무엇인지 혹은 필요한 것이 무엇인지, 몸으로 표현하고 싶어 하는 것이 무엇인지 등에 대해 관심을 가져야 한다.

(2) 유아와의 관계

① 영유아교사는 유아와의 관계에서 일관성 있는 모습을 보여야 한다.

특히 유아의 부정적인 행동이나 언어에 대한 반응은 더욱 일관적이어야 한다. 영유아교사의 기분에 따라 혹은 개별 유아에 대한 선입견으로 인해 같은 행동이나 말이 때로는 용납되고 때로는 용납되지 않는 비일관적인 경험은 유아에게 가치관 혼란과 올바른 규칙 준수에 악영향을 미칠 수 있다.

② 영유아교사는 유아의 성장과 발달을 지원해 주어야 한다.

유아가 사물이나 현상에 대해 호기심을 가지고 질문할 때, 영유아교사는 유아가 이러한 관심을 이어 나가며 보다 깊이 탐색하고 지식을 확장할 수 있도록 상호작용해 주어야 한다. 또한 일상생활에서 유아가 스스로 생활할 수 있도록 자조능력을 갖추도록 하며, 또래 친구와의 관계에서 친사회성을 발달시킬 수 있도록 협동하고, 나누어 쓰고, 양보하는 경험을 할 수 있도록 한다.

③ 영유아교사는 문제해결자로서의 역할을 해야 한다.

유아들 간의 상호작용에서 갈등이 발생하였을 때 혹은 유아가 아프거나 상처를 입는 등의 어려운 상황에 처했을 때를 의미하며, 문제 상황에서는 문제를 해결할 수 있는 다양한 대안들을 찾아 유아에게 제시해 줄 필요가 있다.

3. 동료교사와의 관계

1) 동료교사와의 관계의 중요성

교사들에게는 각 개인의 고유한 업무가 주어지고 전문직으로서의 자율성과 자주성이 강조된다는 점에서 다른 직업과는 다른 특수성을 가진다. 교사들은 각자의 철학과 교육적 가치관을 가진 전문가이지만 때로는 유아교육기관의 교육 목적을 효율적으로 달성하기 위하여 집단의 한 구성원으로서 협동하기도 해야 한다.

교사들끼리 서로 지지해 주고 영유아들의 문제를 협의하기 위해 가지는 교사 전체 모임이 잘 이루어질 때 교사들은 그들의 직무에 만족을 느끼고 비형식적으로 사회화할 수 있는 기회를 가지게 된다. 그러나 동료교사 간의 불평불만과 의견 차이로 인해 불편함을 느끼거나 소통의 부재와 경쟁의식 등이 생기게 될 경우 상호 간에 불신감을 심어 주어 교사의 이직률을 높이고 업무의 효과성도 떨어지게 만든다.

교사의 동료관계는 기관의 전체적인 분위기를 형성하고, 이러한 분위기는 다시 영유아들의 교육에 영향을 미치기도 한다. 더구나 어린이집의 조직 특성상 영유아교사들은 출근과 더불어 퇴근할 때까지 동료교사와 끊임없이 마주하고 교류하면서 자신의 업무를 수행해 나가야 하므로 동료교사 간의 상호이해와 협력은 매우 중요하다.

2) 원활한 관계를 위한 교사의 역할

교사들은 상호 간에 기질이나 성격, 연령이나 경력, 성별, 출신학교, 선후배 관계, 동향관계, 지인관계, 조직 내에서의 직위와 직급, 근무기관 등을 포함하는 여러 요인에 의해 다양한 형태의 하위집단을 형성하며, 이로 인해 갈등이 발생하기도 한다(이윤식, 1999). 특히, 영유아교사들은 그들 나름대로의 교육철학과 교육목표를 가지고 있어 한 학급을 2~3명의 교사가 담임이 되어 함께 운영하는 체제에서 서로의 관점들이 불일치할 때 갈등이 발생할 소지가 많다. 따라서 영유아교사들은 업무와 관련하여 긴밀하게 의사소통하고 협력적인 관계를 유지하여 즐겁게 일할 수 있도록 상호 간에 노력해야 한다.

유아교육기관 동료교사 간에 바람직한 인간관계를 유지하기 위해 유의할 점은 다음과 같다.

첫째, 교사는 수업권과 자율성을 가진 전문직이다.

교사 상호 간에는 서로의 권한을 간섭해서는 안 된다. 즉, 아무리 친한 교사라 하더라도 각 학급의 교육활동과 운영, 영유아지도 등에 대해 함부로 간섭해서는 안 된다. 그러나 동료교사의 비윤리적인 행위를 발견하였을 때는 건설적이고 윤리 기준에 준하는 해결방안을 도모할 수 있어야 한다. 왜냐하면 교사는 개인적인 생각만이 아니라 전문적인 윤리 기준에 근거를 두고 동료와 관계를 맺어야 하기 때문이다.

둘째, 교사 서로 간에 존경하는 관계를 형성해야 한다.

유아교육기관은 소규모 조직의 여성으로 이루어진 집단으로 교직원 사회는 헐뜯기, 경쟁하기, 승부의식 등으로 긴장과 좌절, 불만 등이 야기될 수 있다. 또한 교사 개인의 성격적 특성, 경력, 연령, 출신학교, 근무기간 등에 따라 다양한 형태의 하위집단을 형성하기도 한다. 이러한 집단 형성은 자칫하면 교직원 간에 긴장과 불만을 야기시키고, 갈등을 유발하는 요소가 될 수 있으며, 사사로운 집단의 이기심이 공적인 부분에도 영향을 미쳐 기관의 교육목표를 달성하는 데 방해할 수 있다.

교사와 교사는 서로 돕고 서로의 장점을 인정하며 동료의 성공을 자랑스럽게 생각하고 유능한 동료와 일하는 것에 만족을 느끼며, 공동 목표를 향해 계속 노력하는 관계가 아주 중요하다. 더구나 유아교육기관의 학급 담임 구성은 동료교사와 짝을 이루어 함께 학급의 교육 과정을 구성하고 일과를 계획하여 진행하는 등 동료교사와의 협력이 매우 중요하다. 동료교사의 의견을 존중하고 믿으며, 서로를 격려하는 교사의 태도는 바람직한 관계를 형성하는 데 중요한 요인이 된다.

셋째, 동료교사 간에 예의를 지키며 동료교사를 비판하지 않아야 한다.

자신의 기준에 의해 동료교사를 판단하기보다는 동료교사의 개인적인 특성을 수용하고 존중하는 자세를 지녀야 한다. 상급학급(유아반, 유치반)의 교사가 새로운 영유아들에게 불평하고 비판하는 것도 전 학급(영아반, 유아반)의 담임교사에 대한 비판도 될 수 있으므로 주의해야 한다. 또한 각자에게 적절하게 업무를 분담하고 자신이 담당한 업무는 책임감 있는 자세로 처리해야 한다. 자신이 담당한 업무를 잘 처리하지 못할 경우 다른 동료교사들의 업무부담으로 넘겨져 상호 간에 업무

참고

인간관계를 증진시키는 소소한 것들

- 어린이집 식구들과 웃는 얼굴로 인사를 나누며 하루 시작하기
- 경력교사의 행동, 태도 등을 비판적으로 수용하기
- 경력교사의 지도와 안내를 긍정적으로 받아들이기
- 제3자의 험담보다는 긍정적인 관계를 유지하기
- 내 것만 챙기기보다는 동료교사의 것을 먼저 챙기기
- 다른 교사의 수업 내용이나 기술에 칭찬을 아끼지 말기
- 동료교사에게 사소한 것에도 감사한 마음을 전하기
- 동료 간 돈거래 하지 말기
- 동료끼리 사적인 모임을 위해 매월 일정 금액을 걷어야 하는 경우 미납하지 않기
- 공금 관리자를 결정하고, 의논하여 지출하기
- 공금에 대한 지출 금액은 장부에 날입하고 영수증을 첨부하기
- 어느 자리에서나 원장님을 최우선으로 대우해 드리기
- 퇴직할 때 원장님과 먼저 상담하기
- 퇴직이나 이직할 때 사직서, 퇴직금, 국민연금, 고용보험, 해임 날짜 확인, 업무인수인계, 어린이집에 돌려줘야 할 물건을 깔끔하게 마무리하기
- 퇴직 때는 주변 사람들에게 감사한 마음 전하기
- 다녔던 어린이집 욕하고 다니지 말기
- 아이 또는 부모와 문제 상황이 생기면 원장, 원감과 문제해결 방안을 함께 모색하기
- 같은 학교 출신과 특별한 관계가 있는 것을 드러내지 않기

출처: 황해익 외(2013); 조미영 외(2016). pp. 214-215 재인용

스트레스가 발생할 수 있기 때문이다. 이를 예방하기 위해서는 각자의 업무를 분담하여 제시하고 스스로 처리하는 능력을 지녀야 한다.

이를 위한 영유아교사들의 업무 분담의 예는 표 4-4와 같다.

표 4-4 영유아교사 업무 분장의 예

구분	담당	업무 내용	비고
주요 업무	원장	• 원의 전반적인 교육 및 운영계획 / 견학 및 행사계획 • 업무 분장, 감독, 근무평정 등 업무관리 • 시설설비 및 재정관리 / 운영 및 교육 정보 수집 • 행정당국 및 단체와의 관계유지 / 일지 취합 검사	• 전체 청소 구역관리
	교사	• 보육활동 진행 및 준비 /보육일지 작성 • 각 보육실의 환경 구성 및 청결관리 / 학부모 상담 • 영유아에 대한 관찰 일지 및 보고서 작성 • 영유아 건강 및 안전관리 / 영유아 영양 및 급식관리	• 담당 교실관리
기타 업무	교사 ○○○	• 영아반의 전반적인 교육내용 관리 • 연간 보육계획안, 주간 보육계획안, 일일 보육계획안 작성 • 원아 관리 및 관찰지도 / 소모성 교재 점검 및 신청 • 시청각 기자재 관리(O.H.P, 빔프로젝터, 비디오카메라 등) • 안전관리(소화기 점검), 비상 대피 훈련 담당	• 계단 청소 • 외부 청소
	교사 ○○○	• 입학상담 및 자원봉사자 담당 / 위생 소독 • 식단표 작성 및 주문 담당 / 화분 관리 • 게시판(주간 보육계획안, 주간 식단표, 월행사)담당 및 관리	• 화장실 수건 관리
	교사 ○○○	• 유아반의 전반적인 교육내용 관리 • 연간 보육계획안, 주간 보육계획안, 일일 보육계획안 작성 • 원아 관리 및 관찰지도 / 교재교구 정리 및 관리 • 행사 일지 작성 / 비디오 및 테이프 정리 담당	• 실외놀이터 청소
	교사 ○○○	• 사무실 도서 정리 및 관리 / 업무 일지 작성 • 종이, 시트지, 코팅지, 복사지 등 지류 정리 및 관리 • 약품장 관리 및 약품사용 대장 담당 / 생일잔치	• 현관 청소

구분	담당	업무 내용	비고
	운전사	• 차량안전 준수사항 • 차량 내 소화기 관리	• 차량 청결
	조리사	• 1층 물컵 관리 / 식자재 주문 및 관리 • 2층 정수기 물컵 관리	• 수족관, 화초

출처: 중앙육아종합지원센터(2015).

4. 학부모와의 관계

1) 학부모와의 관계의 중요성

부모와 교사는 영유아의 건강한 발달을 지원하기 위해 함께 협력하고 때로는 상호 간의 효율적인 역할을 지지하는 파트너이며 동반자관계여야 한다. 출생과 더불어 시작된 영유아와 부모의 관계는 영유아가 교육기관에 입학하게 되면서 영유아와 부모, 교사의 삼각관계로 확대되고, 영유아는 부모와의 상호작용뿐만 아니라 교사와의 상호작용을 통해서 성장과 발달을 거듭하게 된다. 이와 같은 입장에서 교사와 부모는 영유아에게 바람직한 교육환경을 제공하고 적절한 상호작용을 해야 한다는 당위성과 공통성을 가지지만, 구체적인 내용에서는 미묘한 차이를 보인다(한국부모교육학회, 1997). 이는 부모와 교사가 영유아에게 가지는 교육적 기대, 즉 교육의 목표가 미세하게 다르거나 서로의 욕구 차이에서 기인하는 것으로 볼 수 있다.

부모와 교사의 이러한 차이는 연구를 통해서 구체적으로 살펴볼 수 있다(윤기영 외, 2000). 표 4-5에서 보듯이 부모와 교사는 기능적인 측면에서 무제한성과 제한성, 애정 강도에서의 차이, 애정관계에서의 적절한 거리, 합리성, 의도성과 자연발생성, 편애, 책임영역 한계 등에서 차이가 나고 있음을 알 수 있다. 따라서 영유아교사와 학부모 간의 원만한 인간관계는 상호 간의 입장 차이와 그에 따른 역할 차이를 이해하는 데서 시작될 수 있다.

표 4-5 부모와 교사의 욕구 차이

역할	부모	교사
기능의 영역	확산적, 제한 없음	특정적, 제한적임
애정 강도	높음	낮음
애착	적절한 애착	적절한 격리
합리성	적절히 비합리적임	적절히 합리적임
자연발생성	적절히 자연발생적임	적절히 의도적임
편애	편애적임	비편애적임
책임영역	개인	전체 집단

출처: 윤기영·박상남(2000). p. 379-04.

또한 부모와 교사는 그들 간에 맺어지는 관계의 특성을 이해하는 것이 중요한데, 윤기영(2005)은 교사와 부모 간의 관계는 다음과 같은 특성을 가진다고 하였다.

첫째, 교사와 부모의 인간관계는 양자의 선택에 따라 맺어지는 관계가 아니라는 점이다. 부모가 유치원이나 어린이집에 자녀를 입학시킬 때, 부모는 자기 자녀를 담당할 교사를 선택할 수 없으며, 교사 또한 특정 영유아를 자신의 학급에 마음대로 편성할 수 없다. 따라서 이들은 기관의 선발 및 배정규정이나 교원인사규정에 따라 우연하게 맺어지는 비선택적인 결합이라는 특성을 가진다.

둘째, 교사와 부모의 인간관계는 유아를 매개로 하여 맺어지는 간접적인 관계라는 점이다. 이들은 유아가 교육기관에 입학함으로써 맺어지는 관계로 부모는 기관의 행사에 참여하거나 학부모회의, 상담 등의 특별한 활동을 제외하고는 대부분 영유아를 통해 기관의 일과나 교사에 대한 정보를 얻게 된다. 교사 또한 영유아를 통해 영유아의 가정사나 부모의 특성에 대한 정보를 제공받기 때문에 이들의 관계는 간접적인 특성을 지닌다.

셋째, 교사와 부모의 관계는 특정 부분에만 관여되어 이루어지는 부분적인 관계라는 점이다. 부모와 교사 간에 이루어지는 상호작용의 목적은 유아에 대한 교육과 발달에 관계되는 일에 한정된다. 따라서 교사와 부모는 서로에 대해 상세하게 알지 못하기 때문에 양자 사이에 상호 불신이나 오해가 싹틀 수 있으며, 이로 인해 영유아를 교육하는 데 오류를 범할 수도 있다.

넷째, 교사와 부모의 관계는 일시적인 관계로 비영구적인 특성을 지닌다. 즉, 영유아가 졸업 및 이사 등으로 어린이집을 다니지 않게 되면 그 관계는 종료된다.

다섯째, 교사와 부모의 인간관계는 이중성을 지닌다. 교사, 부모 둘 간의 관계는 영유아의 교육을 위해 보다 많은 교류를 나누어야 하지만 부모들은 어린 자녀를 장기간 맡긴다는 미안한 생각에 교사와의 접촉을 피하기도 하며, 교사들은 때로 부모의 요구를 일방적으로 들어주어야 한다는 불편함으로 부모와의 만남을 꺼리기도 한다.

2) 원활한 관계를 위한 교사의 역할

교사와 부모는 영유아의 건강한 발달이라는 하나의 목표 아래 동반자적인 관계를 가져야 한다. 이러한 관계 형성을 위해서는 교사는 부모를, 부모는 교사를 이해하고 서로를 존중하는 마음가짐을 가져야 하는데 이때 교사가 부모에게 가져야 할 태도는 다음과 같다.

첫째, 교사는 부모의 의견이나 보호자의 권리를 존중해야 한다.

교사가 아무리 전문적인 지식과 기술을 가지고 있다 할지라도 부모의 의견을 경시해서는 안 된다. 왜냐하면 교육의 대상인 유아를 가장 잘 알고 있는 사람은 교사 외에 부모밖에 없기 때문이다. 영유아에 대한 부모의 의견은 영유아 지도를 위한 가장 훌륭한 자료이므로 교사는 부모로부터 영유아에 대한 정보를 수집하여 최대한 활용하여야 한다.

둘째, 교사는 부모와 자유롭게 대화할 수 있는 분위기를 조성해야 한다.

부모의 기관 방문은 부담 없이 자발적으로 이루어지는 것이 바람직하므로 자유로운 분위기에서 교사와 유아 그리고 부모 간에 대화를 나눌 수 있는 기회를 제공해야 한다.

셋째, 교사는 자녀교육을 기관에만 의존하려는 부모의 태도를 수정해야 한다. 부모로 하여금 자녀교육을 전적으로 맡겨야 한다거나 맡기겠다는 생각을 하지 않도록 부모 역할의 중요성을 일깨워 줘야 한다. 즉, 교사 자신이 전문적인 지식과 기술을 가지고 있는 사람이지만 영유아교육에 있어서 부모의 역할이 얼마나 중요한지를 알려 주고, 상호 협력하여 교육이 이루어질 때 가지는 교육의 효과를 알려 주어야 한다(권건일·신재흡, 2006).

한편 부모도 교사에게 우호적이며 신뢰감을 가져야 하며, 이에 대한 구체적인 내용은 다음과 같이 정리해볼 수 있겠다(김종석, 2004).

첫째, 교사에 대한 긍정적인 자세가 필요하다.

부모가 교사의 자질을 의심하거나 교사를 부정적인 시각으로 바라보면 교사와 부모의 사이는 더욱 멀어지게 되며, 이러한 부모의 태도는 영유아에게 고스란히 전달되어 영유아가 교사를 무시하는 결과를 초래할 수도 있다. 이렇게 될 때 영유아는 교사에게 아무것도 배우지 못한다.

둘째, 부모는 교사에 대해 우호적이고 참여적인 태도를 가져야 한다.

부모는 교사의 의견을 경청하는 자세를 가지고 보다 더 적극적으로 기관의 일원으로서 교사를 도와야 한다.

셋째, 부모는 교사와 상이한 견해를 줄이려는 노력을 해야 한다.

가정에서 부모가 자녀에게 요구하는 습관이나 규범이 유치원이나 어린이집에서 가르치는 내용과 다를 때 영유아는 혼란을 겪게 된다. 따라서 부모는 영유아가 배우는 규범과 관습에 관심을 기울이고 가정에서와의 차이를 줄이려고 노력해야 한다.

넷째, 부모는 원에서의 생활과 가정에서의 생활이 연속적인 생활과정이 되도록 노력해야 한다. 원에서의 생활과 가정에서의 생활이 연계되지 못할 때 영유아들은 어려움을 겪게 되므로 부모는 교사와의 유기적인 연락을 통해 학습활동이나 놀이 등의 정보를 교류하는 것이 필요하다.

다섯째, 부모는 교사에 대해 부정적인 사례를 금지해야 한다.
자기 자녀에 대한 단점을 잘 알고 있는 부모는 자기 자녀가 교사에게 불리한 처분을 받지 않게 하기 위해 금전이나 선물을 보내는 경우가 종종 있다. 이는 매우 비교육적인 행동일 뿐만 아니라 교사와 부모 상호 간에 신뢰감과 존경심을 갖지 못하게 하여 바람직한 영유아교육을 저해할 수 있다.

부모와 교사가 원만한 관계를 형성하고 영유아의 건강한 발달 지원이라는 공동의 목표를 형성하기 위해서는 무엇보다도 소통이 원활하게 이루어져야 한다. 교사와 부모의 가장 적극적인 소통 방법은 면담이다. 면담을 통해 교사는 영유아의 가정환경과 성장배경을 알 수 있으며 부모는 기관에서의 영유아 생활에 대해 전반적으로 이해할 수 있다.

면담은 공식적·비공식적으로 이루어질 수 있지만, 효율적인 면담을 위해서는 교사와 부모가 서로를 신뢰하고 편안한 감정으로 대화할 수 있는 분위기의 형성과 비밀유지에 대한 원칙을 가지고 있어야 한다(교육과학기술부, 2009).

특히, 부모와 면담을 할 때는 부모와 감정이입을 통하여 공감대를 형성하고 객관적인 상황과 사실을 중심으로 뚜렷한 문제해결 방안을 제시하며 공감적 듣기를 통해 부모의 마음을 이해하려고 노력해야 한다.

다음에서 공감의 개념과 교사가 보이는 공감의 특성에 대해 알아보고자 한다.

(1) 공감의 개념

인간이 가진 공감 능력은 다른 사람의 정서 상태 또는 상황에 대해서 그 사람의 관점과 입장에서 조망할 수 있는 것이다(Hoffman, 2008). 타인 조망 수용을 통한 공감 능력을 갖기 위해서는 타인이 느끼고 생각하는 바를 이해하는 인지적(cognitive)인 공감과 타인의 정서를 간접으로 경험하는 정서적인 공감을 해야 한다(Zahn-Waxler & Radke-Yarrow, 1990).

인지적인 공감은 타인이 처한 상황을 마치 내가 그 상황을 겪는 것처럼 상상하여 감정이나 생각을 이해하고자 하는 노력을 뜻한다. 정서적인 공감은 타인의 느낌이나 감정을 이해하고 자신에게 적절하게 수용하여 고유한 방식으로 반응을 보이는 것을 의미한다. 인지적인 과정이 머릿속으로 이해하는 것이라면 정서적인 과정은 타인이 고통받거나 어려움에 처해 있을 때, 자신이 마치 그 상황에 처해 있는 것처럼 마음이 아프거나 괴로워하는 감정이입을 하는 것이다.

공감 능력은 인간에게 내재되어 있어 생물학적으로 발달하는 차원과 환경적인 영향을 받아 발달하는 차원이 있다. 뇌 과학 연구 결과에 따르면 인간의 공감적 행동은 거울 뉴런(mirror neuron)이라는 신경세포와 관련이 있어 직접 행동하는 것이 아니라 거울처럼 보는 것만으로도 세포가 활성화되고 자극을 일으키는 것이다. 또한 공감 능력을 담당하는 뇌의 특정 영역발달은 개인적인 특징이나 상황 맥락에 따라 역동적으로 작동하게 되어 환경적으로 영향을 받는다(Bernhardt & Singer, 2012). 예를 들어, 생애 초기에 양육자로부터 공감을 많이 받고 자란 영유아의 경우에는 사회화 과정 속에서 환경적 요소의 영향을 받아 공감 능력을 발달시켜 나가는 것이다. 따라서 영유아와 많은 시간을 함께 보내는 영유아교사는 영유아의 공감 능력 발달의 중요성과 책임감을 인식하고 준비해야 한다.

수행하기 4-2

성인용 공감지수(EQ)

1. 공감지수(EQ) 평가 도구의 각 문항을 읽고 자신이 동의하는 정도에 V표 시하세요.

① 전혀 그렇지 않다　　② 그렇지 않다
③ 그렇다　　④ 매우 그렇다

2. 내 점수 칸에 V 표시한 점수를 쓰고 합계 점수를 기록하세요.

3. 내 합계 점수를 동료와 비교해 보면서 어떻게 다른지 이야기 나누어 보세요.

[점수 계산 방법]

- 내 점수 칸에 '매우 그렇다'에 표시한 경우 2점, '그렇다'에 표시한 경우 1점을 쓰세요.
- (*)은 역채점 문항입니다. 역채점 문항 점수는 표기한 점수와 대비되는 점수로 계산합니다. 역채점 문항에 '전혀 그렇지 않다'라고 표기한 경우 2점, '그렇지 않다'라고 표기한 경우에는 1점입니다.
- 1번부터 40번까지 각 문항의 점수를 모두 더하여 총점을 쓰세요.

문항 번호(*는 역채점)	척도				내 점수
	①	②	③	④	
1번 문항	0점	0점	1점V	2점	1
2번 문항(*)	2점	1점V	0점	0점	1
3번 문항	0점	0점	1점	2점V	2
… 중략 …					
40번 문항	0점	0점	1점	2점V	2
총점	1번 + 2번 + 3번 + … + 40번				50점

• 점수 계산의 예

문항 내용	①	②	③	④	내 점수
1. 나는 누군가 대화에 참여하고 싶어 하는 것을 쉽게 알아챌 수 있다.	0점	0점	1점	2점	
2. 나는 내가 쉽게 이해하는 것을 다른 사람이 첫 번에 이해하지 못할 때, 그 사람에게 설명하는 데 어려움을 느낀다(*).	2점	1점	0점	0점	
3. 나는 다른 사람을 돌보는 것을 정말로 좋아한다.	0점	0점	1점	2점	
4. 나는 사람들과 함께해야 하는 상황에서 무엇을 어떻게 해야 할지 잘 모르겠다(*).	2점	1점	0점	0점	
5. 사람들은 논의 시 내가 자기주장이 너무 지나치다고 종종 이야기한다(*).	2점	1점	0점	0점	
6. 나는 친구와 만날 때 약속 시간을 못 맞춰도 크게 걱정하지 않는다(*).	2점	1점	0점	0점	
7. 나는 친구 관계나 대인관계가 너무 어려워서 그런 문제에 신경 쓰지 않으려고 한다(*).	2점	1점	0점	0점	
8. 나는 어떤 행동이 무례한지, 공손한지를 판단하기 힘들 때가 많다(*).	2점	1점	0점	0점	
9. 나는 대화할 때 상대방이 어떤 생각을 하는지에 주의하기보다는 내 생각에 더 집중할 때가 많다(*).	2점	1점	0점	0점	
10. 나는 어렸을 때, 벌레를 자르면 어떻게 될지 궁금해서 벌레를 자르는 것을 즐겼다(*).	2점	1점	0점	0점	
11. 나는 다른 사람이 한 말의 숨은 뜻을 쉽게 알아차릴 수 있다.	0점	0점	1점	2점	
12. 나는 어떤 일이 사람들을 몹시 화나게 만드는 이유를 이해하기 힘들다(*).	2점	1점	0점	0점	
13. 나는 다른 사람의 입장에서 서 보는 일이 쉽다.	0점	0점	1점	2점	
14. 나는 누군가가 어떻게 느낄지 잘 예측할 수 있다.	0점	0점	1점	2점	
15. 나는 여럿이 함께 있을 때 누군가가 어색해하거나 불편해하는 것을 빨리 알아차린다.	0점	0점	1점	2점	
16. 나는 사람들이 내가 하는 말을 듣고 공격받았다고 느낄 때, 그건 그 사람의 문제지, 내 문제가 아니라고 생각한다(*).	2점	1점	0점	0점	

문항 내용	①	②	③	④	내 점수
17. 나는 누가 자기 머리 모양이 어떤지 내게 물을 때 그 모양이 마음에 들지 않으면 사실대로 대답할 것이다(*).	2점	1점	0점	0점	
18. 나는 사람들이 논평하는 말을 왜 공격하는 것으로 받아들이는지 늘 이해할 수가 없다(*).	2점	1점	0점	0점	
19. 나는 사람들이 우는 모습을 봐도 별로 괴롭지 않다(*).	2점	1점	0점	0점	
20. 나는 상당히 무뚝뚝해서, 의도한 것은 아니지만 다른 사람들은 나를 건방지다고 생각한다(*).	2점	1점	0점	0점	
21. 나는 사람들과 어울리는 상황이 별로 혼란스럽지 않다.	0점	0점	1점	2점	
22. 사람들은 내가 자신이 어떻게 느끼고 무엇을 생각하는지 잘 이해한다고 말한다.	0점	0점	1점	2점	
23. 나는 사람들과 이야기할 때 내 자신의 경험보다는 그 사람의 경험에 대해 이야기하는 편이다(*).	2점	1점	0점	0점	
24. 나는 동물들이 고통받는 모습을 보는 것이 괴롭다.	0점	0점	1점	2점	
25. 나는 다른 사람들의 감정에 영향받지 않고 결정을 내릴 수 있다(*).	0점	0점	1점	2점	
26. 나는 상대방이 내 말을 재미있어하는지 지루해하는지 쉽게 알 수 있다.	0점	0점	1점	2점	
27. 나는 뉴스 프로그램에서 사람들이 고통받는 모습을 볼 때 마음이 아프다.	0점	0점	1점	2점	
28. 친구들은 대게 내가 아주 잘 이해해 준다며 자신의 문제를 이야기한다.	0점	0점	1점	2점	
29. 다른 사람들이 말해 주지 않아도 내가 남의 일에 지나치게 간섭하고 있는 건 아닌지 잘 느낄 수 있다.	0점	0점	1점	2점	
30. 사람들은 때때로 내가 지나치다 싶을 정도로 다른 사람을 놀린다고 말한다(*).	2점	1점	0점	0점	
31. 사람들은 종종 내가 둔감하다고 이야기한다. 하지만 나는 항상 사람들이 왜 그렇게 말하는지 잘 모르겠다(*).	2점	1점	0점	0점	
32. 나는 어떤 집단에 새로운 사람이 들어오면, 그 집단에 어울리도록 노력하는 일은 그 사람의 몫이라고 생각한다(*).	2점	1점	0점	0점	

문항 내용	①	②	③	④	내 점수
33. 나는 영화를 볼 때 대개의 경우 감정적으로 몰입하지 않는다(*).	2점	1점	0점	0점	
34. 나는 다른 사람이 어떻게 느끼는지를 재빨리 직관적으로 알 수 있다.	0점	0점	1점	2점	
35. 나는 다른 사람이 어떤 말을 하고 싶어 하는지 쉽게 알아챌 수 있다.	0점	0점	1점	2점	
36. 나는 다른 사람이 자신의 진짜 감정을 숨기고 있는지 쉽게 알아낸다.	0점	0점	1점	2점	
37. 나는 사회적 상황의 규칙을 의식적으로 파악하지 않는다.	0점	0점	1점	2점	
38. 나는 다른 사람이 무엇을 할지 잘 예측할 수 있다.	0점	0점	1점	2점	
39. 나는 친구의 문제에 대해 감정적으로 관여하는 경향이 있다.	0점	0점	1점	2점	
40. 나는 다른 사람의 관점에서 동의하지는 않더라도 그런 관점이 있다는 것을 대개 인정할 수 있다.	0점	0점	1점	2점	
합계(총점)					

(*)표시는 역채점 문항임.

▶ **나와 동료의 공감지수**

영역	나의 점수	동료 1 점수	동료 2 점수
공감 지수			

▶ **참고**

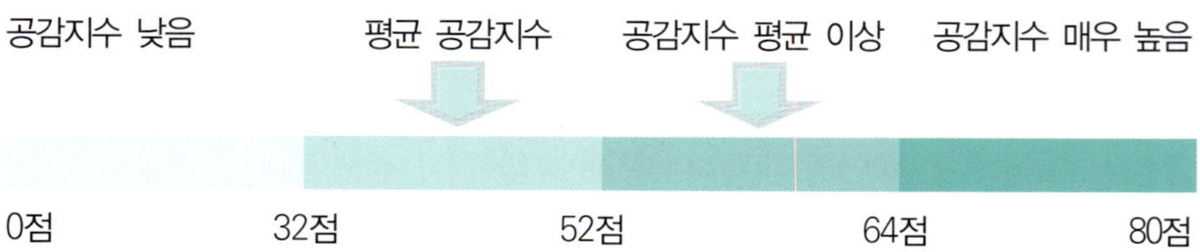

출처: Baron-Cohen, S.(2013); 박은혜 외(2019). pp. 75-77 재인용.

(2) 교사가 보이는 공감의 특성

최근 연구에 의하면 영유아교사는 교수-학습 준비, 교수-학습 실제, 교수-학습 평가, 전문성 신장, 영유아 보호, 학부모, 행사, 사무, 시설·설비, 대인관계 및 사회적 업무의 영역에서 177개 이상의 직무를 수행하고 있다(조미영 외, 2016). 수많은 업무를 담당하고 있는 영유아교사에게 공감 능력이 부족하다면 영유아에게 민감한 보육을 제공할 수 없을 것이다. 예를 들어, 친구들과 어울리지 못하고 늘 혼자 있는 아이를 본다고 가정해 보자. 인지적으로 혼자 있는 아이의 상황을 파악하고 이해하는 공감과 마음이 슬퍼지는 정서적인 공감을 하지 못한다면 영유아교사로서 또래관계 증진을 위한 지원을 하기 어렵다.

Cooper(2004)는 교사가 보이는 공감의 특성을 다음의 세 가지로 분류하였다.

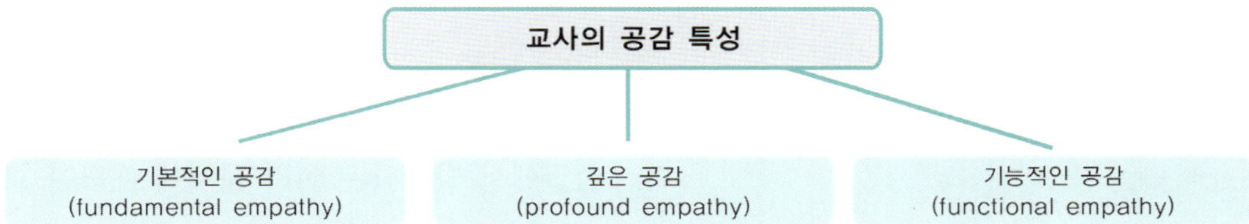

첫째, 기본적인 공감(fundamental empathy)이다. 영유아교사는 영유아와 초기 관계에서 친밀한 관계를 형성해야 한다. 이를 위해 열린 마음과 개방적인 태도로 주의를 기울이고 잘 들어 주며, 관심 있고 열정적인 태도를 보이는 것이 중요하다. 어린이집 적응에 어려움을 겪고 있는 영아가 있다고 가정해 보자. 교실에서 키우는 화분에 물을 주게 권함으로써 교사와 상호작용할 수 있는 기회를 얻고 친밀해지는 계기를 마련할 수 있다.

둘째, 깊은 공감(profound empathy)이다. 자신과 타인에 대해 이해하고 관계에 대해서 심도 있게 고찰해 보며 학문적·윤리적·도덕적 측면을 복합적으로 고려하는 특성을 말한다. 영유아교사는 깊은 공감을 통해서 사회

> 참고
>
> **공감적 듣기의 효능**
>
> • 상대의 마음의 문을 열게 한다.
> 판단을 유보하고 공감의 자세로 집중하고 들을 때, 상대는 마음의 문을 열고 자신을 편안하게 드러낼 수 있다. 청자가 판단이라는 여과장치를 해제하고 들으려는 자세를 보인다면 상대가 자신의 생각과 느낌을 여과 없이 전달하는 데 도움을 줄 것이다.
>
> • 화자로 하여금 인간적 가치에 대한 존중감을 느끼게 해준다.
> 정보를 교환하는데 국한되는 것이 아니라 공감적 듣기의 자세는 말하는 사람이 가치 있는 존재로서 존중받는다는 느낌을 제공한다. 또한 둘 사이의 신뢰와 존중감의 형성으로 장기적으로 서로의 의사소통을 원활하게 한다.
>
> • 둘 사이의 정서적 친밀감 형성에 기여한다.
> 이러한 친밀감은 대인관계의 발전에 긍정적인 영향을 미치게 된다.
>
> 출처: 박재현(2013); 조미용 외(2016). p. 219. 재인용.

적이고 관계적인 맥락 내에서 자신과 타인에 대한 이해를 토대로 행동의 변화까지 이끌어낼 수 있다. 만약 다문화 가정의 자녀가 사회성 결여나 언어발달 미흡 등의 문제로 또래관계에서 어려움을 겪고 있는 경우가 있다고 가정해 보자. 교사는 이 아이를 단순히 보호하거나 걱정만 해주기보다는 해당 영유아를 사회·문화적 맥락에서 분석해 보는 과정을 통하여 보다 전문적으로 접근하여 문제를 해결해야 한다. 부모 상담을 통하여 가정에서의 언어 사용에 대해 알아보고, 언어 증진 프로그램이나 언어 치료 프로그램을 연계할 수도 있다.

셋째, 기능적인 공감(functional empathy)이다. 학급에서 발생하는 여러 문제에 대하여 교사 개인 대 영유아 개인으로 접근하기보다는 학급 전체 영유아를 대상으로 하는 공감 영역이다. 영유아 기질, 문화적 다양성, 성, 개인적 특징 등 타인의 상황과 관점을 이해하기 위해 다 같이 토론해 보거나 의견을 공유하는 방법을 사용할 수 있다. 학급 영유아가 모두 지켜야 할 규칙을 정할 때를 생각해 보자. 만약 친구가 만든 블록을 무너뜨린다면 친구의 기분이 어떨지 생각해 보고, 어떻게 사과하면 좋을지 이야기 나누어 본다. 블록을 무너뜨린 사람은 어떻게 행동하면 좋을지, 함께 만들어 주는 것이 친구에게 도움이 될지 등을 토의해 보면서 친구의 마음에 대해 되돌아볼 수 있는 기회를 가질 수 있다.

5. 원장과의 관계

1) 원장과의 관계의 중요성

일반적으로 유아교육기관은 원장의 교육철학과 운영방침에 의해 운영되므로, 원장과의 관계는 영유아교사에게 중요한 사회적 관계이다. 몇몇 연구들에 의하면 동료교사와의 관계와 함께 원장과의 관계만족도는 영유아교사의 직무만족도에 영향을 미칠 뿐 아니라 영유아교사는 사회적 지지가 있을 때 자신이 수행하는 일에 대해 보람을 느끼는 것으로 나타나(이정현 외, 2012, 김희태, 2004), 원장으로부터 받는 지지, 격려와 같은 지원들은 영유아교사의 사기 진작과 교수능력에 긍정적인 영향을 미친다는 것을 알 수 있다.

영유아교사와 원장의 관계는 수직적인 관계이다. 원장은 교직원들의 인격을 존중하고 각자의 능력은 인정하되, 매사에 솔선수범해야 한다. 이에 비해 영유아교사는 주어진 역할에 최선을 다하고, 원장의 지시와 방침에 따라야 한다. 유치원이나 어린이집은 하나의 조직이므로 원장은 지위에 따르는 역할과 책임이 있으나, 영유아교사의 입장에서는 원장의 행동이나 결정에 대해 전적으로 동의하기에 어려운 부분이 있을 수 있다.

영유아교사와 원장은 적절한 거리감을 유지해야 하는 관계이다. 지나치게 친밀감을 표현하거나 아니면 반대로 개인적인 접촉이 전혀 없이 지내는 사이가 아닌 예절을 지키는 선에서 긍정적이고 협조적인 관계를 유지하는 것이 중요하다.

2) 원활한 관계를 위한 교사의 역할

영유아교사는 원장의 운영방침 및 교육철학을 존중해야 한다. 대부분의 유아교육기관은 원장의 교육철학과 운영방침에 따라 운영된다. 소속된 기관에서 추구하는 바와 영유아교사 본인의 교육철학이 일치하지 않는 경우에도 일단 취업한 이상 원장의 방침에 정면으로 반대하는 것은 원장과 원만한 관계를 유지하는 것뿐 아니라 교직 생활을 하는 데도 도움이 되지 않는다.

영유아교사는 업무와 관련된 일들은 원장에게 보고해야 한다. 유아교육기관이라는 특성상 영유아교사는 전체 기관에서 자신이 담당한 반을 운영하는 시스템이므로, 다른 기관에 비해 독립적인 성격을 가진다. 그러나 반 운영에 있어서 일어난 문제들은 관리자인 원장의 책임이 따르게 되므로, 기본적으로 행하는 업무 이외에도 학부모와의 관계나 영유아와의 관계에서 일어난 일상적이지 않은 일에 대해서는 별도로 원장에게 보고할 필요가 있다. 반에서 일어난 일에 대해 교사의 임의대로 일관성 없이 응대하는 경우, 기관 전체 차원에서 문제를 발생시킬 수 있으므로 원장에게 미리 보고하여 이러한 일이 없도록 주의한다. 외출, 결근, 휴가와 관련된 부분들도 미리 보고하여 사전에 허락을 받아야 한다.

영유아교사는 원장과 일정 정도 거리를 둔 관계를 유지해야 한다. 원장과의 관계는 수직적인 인간관계이므로, 지나치게 친밀한 관계를 맺거나, 반대로 심한 거리감을 두는 것은 교직 생활에 불편함을 초래할 수 있다. 만약 원장의 방침이나 의견에 이의가 있는 경우, 자신의 생각이 기관 전체의 이익을 위해 도움이 되는 내용인지를 먼저 생각해 본 후 교사로서의 본분과 위치를 잊지 않는 선에서 최대한 예의 바른 태도로 자신의 의견을 전달해야 한다.

영유아교사는 원장과의 관계에서 서로의 업무를 존중하고, 원장에게 도움이 되는 평가를 받고, 새로운 아이디어를 시도하는 것을 격려받을 수 있도록 원장과의 관계를 유지해야 한다.

수행하기 4-3

대인관계능력 진단하기

- 질문을 읽고 자신에게 해당되는 문항을 5개 골라서 V표 해주세요.
- 자신이 체크한 문항 옆에 있는 점수의 합계를 계산하세요.

	내용	V표	점수
1	친구(동료)들의 얘기를 잘 들어 주며 서로 깊은 대화를 나눌 수 있다.		④
2	말하기 전에 상대방의 입장을 한 번 고려한 뒤 말한다.		④
3	선후배, 친구, 지인들에게 꾸준히 연락하거나 짧은 안부를 전한다.		④
4	동아리, 학과, 직장 등 기타 단체에서 일을 할 때 협력하려고 노력한다.		③
5	나의 생각과 감정을 잘 표현할 수 있으며 감정을 잘 조절할 수 있다.		③
6	나와 맞지 않는 친구(동료)는 되도록 피한다.		②
7	진행 상황이 내 생각과 다르면 짜증이나 화를 내는 편이다.		②
8	많은 사람들에게 내 이야기를 하는 것이 불편하다.		②
9	조직에서 꼭 리더의 위치에 있어야만 한다.		①
10	윗사람의 시선을 크게 의식하지 않고 행동한다.		①
총점			

※ 진단해석

점수	해석
0~8점	자신에게 집중하고 있다. 다른 사람들과의 관계가 불편한 상태이다. 주변 사람들이 말을 걸거나 인사하기 어려워하고 있다.
9~13점	인간관계에 노력하고 있기 때문에 좋은 인간관계를 기대할 수 있다. 진심을 토대로 하는 것이 필요하다.
14~18점	신뢰받는 대인관계를 유지하고 있다. 인적 네트워크를 쌓고 있다.

출처: 정명화 외(2010). p. 177.

수행하기 4-4

동료교사와의 관계

• 교사로서 자신의 개인 신상에 대한 정보 공유하기

신뢰관계형성은 서로에 대한 일상적인 정보를 나누는 것에서 시작할 수 있다.

[나, ○ ○ ○ 와 ○ ○ ○ 교사는]

내가 좋아하는 사람은		
내가 좋아하는 음식은		
내가 좋아하는 색깔은		
내가 학급에서 하고 싶은 일은		
내가 좀 더 알고 싶은 것은		
내가 만나고 싶은 사람은		
내가 가고 싶은 곳은		
나의 스트레스 해소방법은		
내가 주말에 하는 일은		
나를 힘들게 하는 사람은		
나를 좋아하는 사람은		
내게 백만 원이 생긴다면 하고 싶은 일은		
내게 천만 원이 생긴다면 하고 싶은 일은		
내게 일억이 생긴다면 하고 싶은 일은		
내가 좋아하는 계절은		
내가 좋아하는 음악(노래)은		
내가 남은 시간이 하루일 때 하고 싶은 일은		
내게 요술 방망이가 있어서 주문을 한다면		
우리 학급에 지금 가장 필요한 것은		
나의 좌우명은		

• 서로의 공통점 차이점 인식하기

서로에 대한 이해는 서로의 공통점과 차이점을 인식하거나 동료의 일상을 앎으로써 보다 증진될 수 있다.

[나, ○ ○ ○와 ○ ○ ○ 교사는]

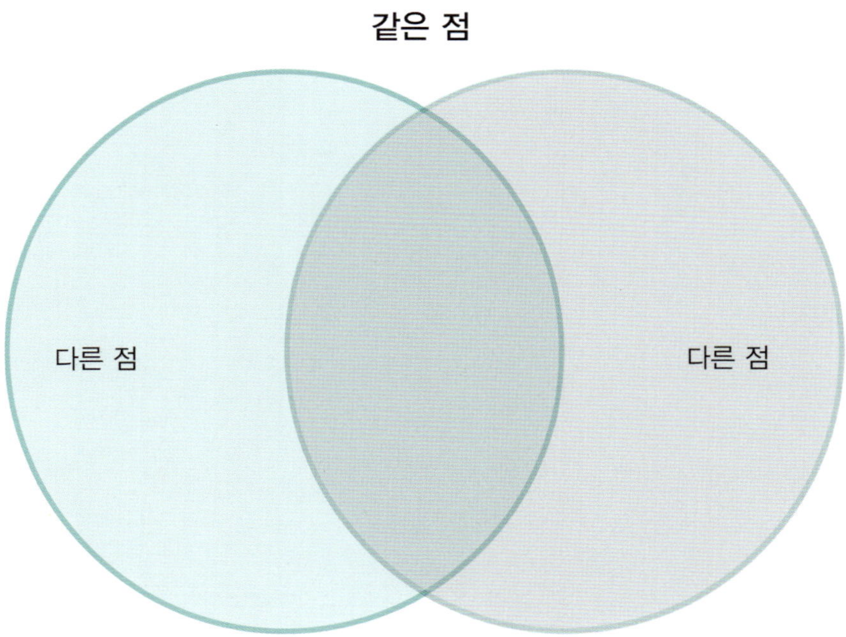

수행하기 4-5

동료 교사와의 바람직한 인간관계를 유지하기 위해 주의할 점에 대해 의견을 나누어 보자.

Chapter
05

영유아교사의 인성

1. 인성의 개념 및 요소

1) 인성의 개념

인성의 사전적 의미는 '사람의 성품' 또는 '각 개인이 가지는 사고와 태도 및 행동 특성'이다(국립국어원, 2016). 그러나 인성에 대한 정의는 성격, 개성, 인간본성, 인격, 성품, 도덕성 등으로 다양하게 규정되고 있어 학자에 따라서 개성, 기질, 성격 등 개인의 심리적 특성을 강조하기도 하고, 인간성, 사람됨, 도덕성 등 개인이 내면화해야 할 사회나 시대의 신념, 문화, 가치를 보다 강조하기도 한다. 뿐만 아니라 학문 영역에 따라 보는 관점이 달라서 교육학 분야에서는 인성(人性)으로, 정신의학 분야에서는 인격(人格)으로, 심리학 분야에서는 성격(性格)으로 다루고 있다(천세영 외, 2012).

인성에 관한 여러 학자의 견해와 주장을 종합하면 다음과 같이 다섯 가지로 정리할 수 있다(이희영 외, 2016).

첫째, 인성을 인간의 본성으로 보는 견해

둘째, 인성을 심리학적 용어인 'personality' 또는 'character'의 우리말 번역으로 보는 입장

셋째, 인성을 인격으로 이해하고자 하는 견해

넷째, 인성을 특정 학문적 배경에서 나온 이론적 개념이라기보다는 일상적인 의미로 흔히 말하는 인간의 품성 또는 마음씨를 뜻하는 것으로 보는 관점

다섯째, 미래사회의 성공적인 삶을 영위하는 데 필요한 핵심 역량(key competence)을 강조하는 입장

이와 같이 인성이라는 용어는 매우 다양한 의미로 사용되고 있으며, 그 개념을 명확히 정의하기가 쉽지 않다. 특히 우리 사회는 동양적 전통에서

보는 인성의 이해와 서구적 전통에서 보는 인성의 이해가 혼재되어 있어 인성의 개념 정의가 더욱 어려운 것이 사실이다. 동양철학적 관점에서 볼 때, 유교, 도교 및 불교는 인성이 외부에서 주어지는 것이 아니라 인간의 타고난 본성이며 인간의 내재된 본성이라고 보는 점에서 공통점을 찾을 수 있으며, 서양철학적 관점에서 볼 때, 플라톤, 아리스토텔레스, 칸트 등의 인성이해는 상이한 시각과 강조점에도 불구하고 인간의 심원한 내면성(그것을 영혼 또는 인격이라고 부르든 간에)을 계발 및 형성해 나가려는 입장으로 수렴된다(정창우, 2016).

표 5-1 연구자에 따른 인성의 개념

연구자	인성의 개념
교육과학기술부 (2012)	더불어 살아갈 수 있는 품성과 역량 개인의 독특한 특성을 바탕으로 길러지는 그 사람의 사람됨
김은설 외(2013)	개인이 속한 사회에서 인간다운 삶을 살기 위해 갖추어야 할 중요한 덕목
김경령, 서은희 (2014)	인간의 가치신념과 도덕적 행동을 포함하면서 교육이나 학습에 의해 함양될 수 있는 인간의 성품
현주 외 (2014)	긍정적이고 건강한 개인의 삶과 사회구성원으로서의 삶을 살아가기 위해 갖추어야 할 바람직한 특질과 역량
인성교육진흥법 (2015)	자신의 내면을 바르고 건전하게 가꾸고 타인·공동체·자연과 더불어 살아가는 데 필요한 인간다운 성품과 역량
정명자 (2016)	개인이 사회나 집단에서 살아가기 위해 요구되는 특별한 사고나 태도·행동·특성들

출처: 천세영 외(2012); 현주 외(2014); 김은설 외(2015) 재구성.

한편 인성을 지칭하는 용어로 'character'와 'personality'가 혼용되고 있어 그 의미를 명확히 할 필요가 있다. 어떤 이들은 인성을 'personality'로 보고 인성교육의 학문적 배경을 성격이론이나 성격심리학에서 찾으려는 경우가 있다. 그러나 성격(personality)이나 개성은 인성(character)과 다소 다른 의미로 사용된다. personality가 개인에 대해 가치중립적으로 기술하며 과학적으로 연구하기 위한 심리학적 연구에서 주로 사용되었다면, character는 인간 본성, 인간됨이나 사람됨, 인격, 인품, 성품 등 인간으로서 지향해야 할 가치 규범에 관한 학문인 도덕철학 및 교육학의 연구에서 주로 사용되었다(현주 외, 2014).

2) 인성의 요소

인성의 개념 정의가 학자들에 따라 다른 것처럼, 인성의 구성 요소에 대한 견해도 다양하다. 다양한 이론들을 크게 분류하면 인성의 요소를 덕목으로 보는 관점과 덕목과 역량의 통합체로 보는 관점으로 구분할 수 있다.

(1) 덕목으로서의 인성

플라톤이 4주덕을 겸비한 정의로운 개인의 양성을 통해 정의로운 국가를 실현하고자 한 이래로 많은 철학가와 교육자들이 덕목의 함양을 통해 인성을 완성하고자 노력해왔다. 특히 미국의 인격교육을 주도하는 학자인 Lickona는 인성을 도덕적 인성(moral character: 정직, 정의, 배려, 존중, 협력)과 수행적 인성(performance character: 인내, 근면, 진취성, 자제력, 용기)으로 구분하고, 수행적 인성과 관련된 덕목의 중요성을 강조하였다. 수행적 인성은 주어진 지지환경 안에서 지금 처한 수행환경(예를 들어, 교실이나 바깥놀이터 등)에서 끌어낼 수 있는 최대한의 가능성을 성취할 수 있도록 해 준다. 다른 말로는 옳은 것을 행하지 않도록 유혹하는 상황을 잘 견딜 수 있도록 하는 내적인 강인함을 의미하는 것이기도 하다(Lickona, 2001).

긍정심리학의 아버지라 불리는 Seligman과 'A Primer in Positive Psychology'의 저자 Peterson은 6개 덕목범주(virtue categories)와 24개 인성강점(character strengths)으로 구성된 VIA(Virtues in Action) 분류체계를 구축하

였으며, 6개 핵심덕목으로 지혜, 용기, 인간애, 정의, 절제, 초탈을 선정하였다. 여기에서 지혜는 지식의 획득과 사용을 수반하는 인지적 강점이고, 용기는 내적 또는 외적 반대에 직면하여 목표달성을 위해 의지를 행사하는 정서적 강점이다. 인간애는 타인을 배려하고 친구가 되어주는 대인 간 강점이고, 정의는 건강한 공동체 생활의 기초가 되는 시민적 강점이며, 절제란 지나침을 방지하는 강점이고, 초탈은 보다 큰 경험세계로의 연결을 구축하고 삶의 의미를 제공하는 강점이다.

각 덕목범주에 포함되는 강점들은 다음의 표 5-2와 같다(www.viacharacter.org).

표 5-2 VIA 인성 강점과 덕목

덕목범주	인성 강점
지혜(wisdom & knowledge)	창의성, 호기심, 판단력, 학구열, 식견
용기(courage)	용감성, 인내심, 정직성, 열정
인간애(humanity)	사랑, 친절, 사회지능(SI)
정의(justice)	팀워크, 공정성, 리더십
절제(temperance)	용서, 겸손, 신중함, 자기조절
초탈(transcendence)	아름다움과 탁월함에 대한 공감, 감사, 희망, 유머, 영성

미국교육부에서 발간한 책자 'Helping Your Child Become a Responsible Citizen'에서는 인성을 "인간의 사고, 행동, 반응 그리고 감정을 형성하는 일련의 가치"로 보고, 바른 인성(strong character)의 특성으로 9가지 덕목을 제시하였는데, 바른 인성을 가진 사람은 다음과 같은 특징을 가진다고 한다(U.S. Department of Education, 2005).

- 다른 사람들의 감정과 욕구에 공감하고 관심을 가진다(compassion).
- 정직하고 공정하다(honest and fair).
- 목표를 세우고 달성하는 데 자제력을 보인다(self-discipline).
- 올바른 판단을 한다(good judgments).
- 타인을 존중한다(respect to others).
- 신념을 지키는 데 용기를 보인다(courage).
- 책임감이 강하다(responsibility).
- 공동체를 염려하는 선량한 시민이다(citizenship and patriotism).
- 자신을 존중한다(self-respect).

또한 미국의 대표적인 인성교육기관인 조셉슨 연구소(Josephson Institute)도 '여섯 기둥 덕목'(6 pillar virtues)을 선정하고 발달 단계별 인성교육을 실시하고 있다(http://josephsoninstitute.org). 그리고 'Starting with character'의 저자인 Waggoner와 Herndon(2016)도 0~2세 영아들에게 지원해야 할 여섯 가지 인성 특질(character traits)로 배려(caring), 정직(honesty) 진실성(integrity: 도덕원칙과 가치의 일관성), 존중(respect), 책임(responsibility), 자제력(self-discipline)을 선정하였다.

표 5-3 조셉슨 연구소의 여섯 기둥의 덕목(T·R·R·F·C·C)

주요 덕목	하위 덕목	포함 요소
진실성 (trust-worthiness)	정직하기, 속이거나 훔치지 말기, 믿을만하기-약속 지키기, 옳은 일을 할 수 있는 용기 갖기, 좋은 평판 다지기, 충성-가족, 친구, 국가에 대하여	용기 충성
존중 (respect)	타인을 존중하기(황금률에 따라), 차이를 관용하고 수용하기, 예의를 갖추고 나쁜 말을 쓰지 말기, 다른 사람의 감정을 고려할 것, 위협하거나 때리거나 상처 입히지 말기, 화냄, 모욕, 반대에 평화롭게 대처할 것	관용 인내
책임 (responsibility)	할 일을 할 것, 미리 계획할 것, 끈기 있게 해볼 것, 항상 최선을 다할 것, 자기통제, 자기수양, 결과를 생각하고 행동할 것, 책임 있는 말과 행동, 태도를 가질 것, 좋은 모범이 될 것	인내 절제 신중함
공정성 (fairness)	규칙대로 놀기, 차례를 지키고 공유할 것, 열린 마음과 경청하기, 다른 사람을 이용하지 말 것, 다른 사람을 마구 비난하지 말 것, 모든 사람을 공정하게 대할 것	수용성 진실성
배려 (caring)	친절할 것, 공감을 갖고 배려를 보여줄 것, 감사를 표할 것, 용서할 것, 도움이 필요한 사람을 도울 것	
시민의식 (citizenship)	학교와 지역사회의 개선을 위해 동참할 것, 협력, 지역사회의 일에 참여할 것, 사회 소식에 관심을 가지고 투표할 것, 좋은 이웃이 될 것, 법과 규칙을 지킬 것, 권위를 존중할 것, 환경을 보호할 것, 자원봉사를 할 것	자연사랑

출처: http://josephsoninstitute.org; 이명준 외(2011), p. 26. 재구성.

(2) 통합적 인성

최근 우리 사회는 인성의 개념을 덕목과 역량을 포괄하는 통합적 관점에서 보려는 경향이 강하다. 덕목과 역량이 상호보완적, 상호촉진적 관계를 가질 때 진정한 의미의 인성함양이 가능하기 때문이다. 정창우(2016)는 성실이나 절제와 같은 덕목의 실천은 도덕적 자기관리능력이나 도덕적 자기성찰능력과 같은 개인 인성역량에 의해 뒷받침될 때 그 실천력(혹은 수행력)과 행위의 일관성 및 지속성이 보다 높아질 수 있다고 하였다. 마찬

가지로 바람직하고 합리적인 갈등해결능력을 포함한 도덕적 대인관계능력은 타인존중, 배려, 정의(공정성) 등의 덕목에 의해 뒷받침될 때 행위의 방향성 혹은 지향성이 보다 뚜렷해지고, 대인관계에서 행위자의 마음가짐과 태도가 어떠해야 하는가를 보다 분명하게 인식할 수 있게 된다는 것이다.

이러한 관점에서 천세영 외(2012)는 그림 5-1에서 미래 사회의 핵심역량으로 요구되고 있는 사회성과 감성능력을 기르는 데 초점을 맞추고, 여기에 실제적 삶 속에서 겪게 되는 옳고 그름에 대한 윤리적 판단 능력과 책임 있는 의사결정능력을 기를 수 있는 핵심 윤리적 가치(덕목)를 인성의 구성요인으로 설정하였다. 그리고 도덕성, 사회성, 감성의 각 차원에 대한 인식능력과 수행능력에 해당되는 6개 핵심역량을 선정하였다. 여기에서 세 가지 차원 및 각각의 차원을 구성하는 핵심역량은 서로 배타적인 것이 아니라 상호 유기적으로 연관되어 있다고 보았다.

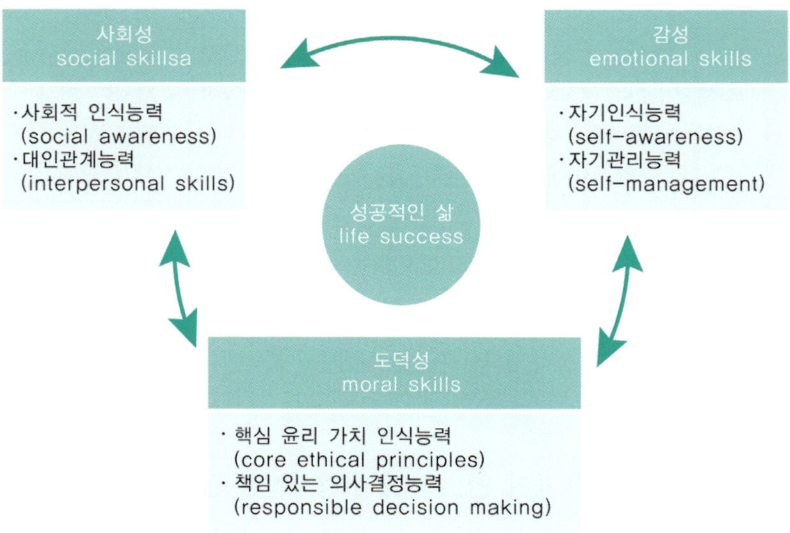

그림 5-1 인성의 3차원

표 5-4 인성의 구성요소

차원	역량	핵심덕목	주요 내용
도덕성	• 핵심가치 인식 • 책임 있는 의사결정	• 정직 • 책임	다양한 윤리적 상황에서 중요한 핵심 가치가 무엇인지를 인식하고 판단하는 능력과 책임 있는 의사결정을 하는 능력
사회성	• 사회적 인식 • 대인관계	• 공감 • 소통	다양한 상황과 장소에서 타인의 생각, 감정, 관점을 이해·파악하고, 타인과 긍정적인 관계를 형성·유지하고 소통하는 능력
감성	• 자기인식 • 자기관리	• 긍정 • 자율	자신의 강점, 약점, 흥미, 능력 등을 파악하며, 개인적 목표를 설정하고 목표달성을 위해 자신의 생각과 행동을 조절·실행하는 능력

출처: 천세영 외(2012). p. 53.

표 5-5 인성의 구성 요소

<table>
<tr><th></th><th colspan="2">인성의 차원</th><th>핵심 역량</th></tr>
<tr><td rowspan="6">개인
↕
사회</td><td rowspan="2">수행적 인성</td><td>자신의 생각, 감정, 행동을 조절·통제하고 자신의 목표와 관련된 행동을 자발적으로 지속하는 능력/바람직한 개인행동 특성</td><td rowspan="2">• 긍정적 자아개념
• 자신의 적성 발견과 진로 설정
• 자기조절(감정통제)</td></tr>
<tr><td>끈기, 인내, 근면, 노력, 자신감 등</td></tr>
<tr><td rowspan="2">도덕적 인성</td><td>다양한 윤리적 상황에서 중요한 핵심 가치가 무엇인지를 인식하고 판단하는 능력</td><td rowspan="2">• 도덕적 판단력
• 도덕성(양심, 죄의식)</td></tr>
<tr><td>정직, 공정, 정의 등</td></tr>
<tr><td rowspan="2">사회적 인성</td><td>타인의 생각, 감정, 관심을 이해하고 파악함으로써 타인과의 긍정적 관계를 형성하고 소통할 수 있는 능력</td><td rowspan="2">• 대인관계능력
• 갈등해결능력
• 타인입장이해
• 협동능력
• 민주시민의식</td></tr>
<tr><td>시민정신, 배려, 연민, 공감, 사회적 책임감, 협동 등</td></tr>
</table>

출처: 현주 외(2013). p. 36.

또한 현주와 동료들은 인성의 세 가지 차원을 수행적 인성, 도덕적 인성, 사회적 인성으로 구분하고 그 핵심역량을 규정하였다(현주 외, 2013). 이를 앞서 살펴본 천세영 외(2012)의 차원과 비교해보면, 도덕성 차원은 도덕적 인성 차원으로, 사회성 차원은 사회적 인성 차원으로 발전하였으며, 감성 차원은 수행적 인성 차원으로 그 특성이 일부 변화되었음을 알 수 있다(이완정, 2015).

2. 영유아교사 인성의 중요성

인성교육은 바람직한 품성을 기르는 것으로 전통적으로 인성교육의 1차적 책임은 가정에 있었다. 그러나 현대사회에 들어서면서 여성의 사회 진출과 맞벌이 가정의 비율이 높아짐에 따라, 어린이집에 입소하는 영유아의 연령이 점차 하향화되고 어린이집에 머무는 시간도 늘어나게 되었다.

이에 2015년에는 「인성교육진흥법」이 제정되었고, 어린이집에서의 아동학대 사건이 지속적으로 보고되면서 영유아교사가 바람직한 인성을 갖추고 있어야 하며, 이들을 대상으로 인성교육을 강화해야 한다는 주장이 일고 있다. 이처럼 영유아교사의 인성이 중요시되는 이유를 살펴보면 다음과 같다(박진희, 2014; 박찬옥 외, 2013; 이은화 외, 2009; 최미곤 외, 2016; Berk, 2006; Noddings, 2003).

첫째, 영유아교육의 목적은 전인교육으로 사람다운 사람을 길러내는 일이며, 이러한 교육을 실행하는 사람이 영유아교사이다. 교육은 곧 교사와 영유아 간의 인격적 관계를 통한 상호작용 과정이므로, 영유아교사의 인성은 교육의 궁극적인 목적을 달성하는 데 매우 중요한 요인이다.

둘째, 영유아기는 인성교육의 기초를 형성하는 데 결정적인 시기일 뿐 아니라 발달특성상 영유아는 타인을 모방하면서 발달한다. 영유아교사는 영유아에게 의미 있는 성인으로서, 영유아의 사회화 과정에 중요한 모델이 되고 장시간 영유아와 함께 생활하기 때문에 영유아의 인성을 발달시키는 데 지대한 영향을 미친다.

셋째, 영유아는 자신의 권리를 옹호하지 못하고 외부의 위협이나 강요로부터 스스로를 보호할 힘이 없다. 즉, 인성이 부족한 영유아교사가 영유아의 권리를 침해하고 잘못 다루어도 영유아는 이에 저항할 수 없기 때문에 그 피해는 더욱 심각해진다. 그러므로 초·중등교사에 비해 발달적으로 미성숙한 영유아를 다루는 영유아교사에게 인성이 더욱 요구된다.

이렇듯 영유아교사의 올바른 인성이 중요함에도 불구하고 영유아교사 양성과정에서는 보육 관련 전문지식과 기술 습득에만 중점을 두고, 자격증을 취득하면 자연스럽게 교사로서의 인성도 갖추어지는 것으로 여겨지는 실정이다(전재선, 2013). 이에 최근 보건복지부는 영유아교사인성론을 영유아교사 자격증 취득을 위한 필수교과목으로 지정하였으나, 인성이란 단기간에 형성되는 것이 아니므로 좀 더 장기적이고 체계적인 관점에서 인성교육을 실시할 필요가 있겠다.

3. 영유아교사 인성의 내용

일반적으로 바람직한 인성은 도덕적·윤리적 가치와 실천과 밀접한 관련이 있다. 영유아교사는 구체적으로 어떤 인성을 갖추고 있어야 하는지 여러 학자들의 의견을 살펴보면 표 5-6과 같다.

표 5-6 영유아교사가 갖추어야 할 인성요소

학자	인성요소
김경령, 서은희(2014)	• 보편적 인성: 자기조절, 도덕성, 사회성 • 교직 인성: 소명의식, 학생에 대한 열정, 교육적 신념
서경혜 외(2013)	자기조절, 반성적 실천, 지속적 배움, 존중, 의사소통, 협력, 윤리의식, 정의감, 책임감
이은화, 배소연, 조부경(1995)	유아에 대한 사랑, 성실성, 봉사성, 사려성, 인간에 대한 사랑, 원만한 인간관계, 자발성, 도덕성, 타인에 대한 긍정적 사고, 긍정적 자아관
인성교육진흥법(2015)	예(禮), 효(孝), 정직, 책임, 존중, 배려, 소통, 협동
전재선(2011)	인간애, 긍정적 자아개념, 사회관계, 직무수행, 창의·인성
조운주(2014)	계획성, 소명감·교직관, 문제해결력·판단력, 봉사·희생·협동성, 독립성·자주성, 창의·응용력, 성실·책임감, 언어·의사소통능력, 심리적 건강, 지식·정보력, 사려성·타인 존중, 열정
Berkowiz와 Grych(2000)	자기조절, 친사회적 성향, 타인과의 관계기술, 자아존중감, 양심, 이타성, 정직, 도덕적 추론
Jacobs와 Jacobs-Spencer (2001)	감사, 용기, 인내, 정직, 겸손, 관대함
Peterson(1999)	유아에 대한 존중감, 진실성, 애정, 개방, 공감적 이해

출처: 이경민 외(2018). p. 82.

표 5-6에서 알 수 있듯이 영유아교사의 인성요소에 대해 학자들마다 의견이 다양함을 알 수 있다. 여기에서는 이들 선행 연구를 분석한 결과를 토대로 육아정책연구소에서 제시한 영유아교사의 인성요소를 중심으로 알아보고자 한다. 이들은 영유아교사의 인성을 보편적 인성과 교사로서의 인성으로 구분한 후 각 7개씩 총 14개의 인성요소를 제시하였다(육아정책연구소, 2015). 이에 관해 자세히 살펴보면 표 5-7과 같다.

표 5-7 영유아교사 인성요소와 인성요소별 개념

구분	구성요인	정의
보편적 인성	자기 조절력	• 자신의 감정 상태를 인식하여 정서를 조절하고 통제할 수 있는 능력 • 행동 억제, 충동 억제, 만족지연, 유혹에의 저항능력
	자아존중감	• 자신이 소중한 존재이고 유능한 사람이라고 믿는 마음
	책임감·성실성	• 맡은 일을 완수하고자 하는 의욕과 자발성이 강한 정도 • 자신이 맡은 일을 열심히 하고 끝까지 마무리 짓는 상황
	도덕성	• 준법정신, 공정·공평성, 약자에 대한 우선권, 직업윤리의식 • 정직성, 공사 구분, 법 질서 준수, 옳음에 대한 판단
	사회성	• 사회적 상황에 적응하는 능력 • 적극적 참여, 협동, 원만한 관계 유지, 사교적, 친절
	타인 존중·배려	• 다른 사람의 생각이나 감정을 인정 • 상대방 입장을 먼저 생각하고 다른 사람을 돕는 행동
	심리적 건강	• 정신적 균형 유지와 정신건강과 적응의 조화 • 불안감, 우울, 편집증 등 정신건강 구성요소의 정상성
교사로서의 인성	교직관(소명의식)	• 직업적 활동에 삶의 의미와 목적 부여 • 직업을 천직으로 여기고 헌신
	수용성	• 이해하고 수용할 수 있는 열린 마음 • 선입견을 갖지 않는 것
	민감성	• 다양한 신호와 접근에 대해 이해하고, 신호와 요구에 신속하게 대처하는 것
	인내심	• 괴로움이나 어려움을 참고 견딤
	공감적 이해	• 타인이 느끼고 생각하는 바를 이해하는 인지적 공감 • 타인의 정서를 대리경험하는 정서적 공감
	영유아에 대한 열정	• 영유아의 발달과 성장에 도움이 되는 일을 적극적으로 수행 • 필요한 사항을 탐색하고, 개개인의 상황에 적합한 자원을 제공하는 것
	주도성	• 자신의 삶을 적극적으로 이끌어 가는 능력 • 리더십, 지도력

출처: 육아정책연구소(2015).

1) 보편적 인성

보편적 인성은 인간이라면 누구나 지니고 있어야 할 도덕적·윤리적·정서적 기본 특성을 의미하며, 자기조절력, 자아존중감, 책임감·성실성, 도덕성, 사회성, 타인존중·배려, 심리적 건강을 포함한다.

(1) 자기조절력

자기조절력은 사회적으로 수용 가능한 행동을 하도록 외부의 제재나 감시 없이 자신의 감정과 행동을 조절·통제할 수 있는 능력을 의미한다. 영유아교사는 속상하거나 화나는 일이 있더라도 타인을 해치거나 위협하는 행동을 하지 않고, 자신의 감정을 정확히 인식하고 이를 조절하여 상대방에게 자신의 감정을 말로 표현할 수 있어야 한다.

일반적으로 사건의 원인을 외부에서 찾는 사람의 경우, 문제가 발생했을 때 상대방 또는 환경을 탓하는 경우가 많다. 반면, 사건의 원인을 내부에서 찾는 사람의 경우 문제해결 시 자신을 먼저 반성하는 경향이 있다. 교사로서 전자의 성향이 강한 사람은 학급 운영 중에 문제가 생겼을 때 자신을 반성하기보다는 동료 교사나 유아, 부모를 탓하는 경우가 많다. 후자의 경우 유사한 상황에 처했을 때 자신을 돌아보는 반성적 사고를 함으로써 상황을 개선하고자 하는 성향이 강하다.

(2) 자아존중감

자아존중은 개인이 스스로를 어떻게 생각하고 있는지를 나타내는 것이다. 일반적으로 자아존중감이 높으면 자신이 이루고자 하는 목표에 대한 인식이 뚜렷하므로 진로를 일찍 결정하는 경향이 높다. 뿐만 아니라 자아존중감이 높으면 자신을 존중하는 만큼 타인을 배려하는 경향이 있으므로 학습자를 더욱 잘 이해하고, 동료들과의 원만한 대인관계를 형성한다.

아울러 자신에 대해 긍정적이므로 자신이 선택한 직무에도 비교적 높은 만족도를 보인다(오영희 외, 2008).

Harter과 Pike(1984)는 자아존중감은 신체적 자아존중감, 정서적 자아존중감, 정체적 자아존중감, 가족수용 자아존중감, 인지적 자아존중감으로 구성된다고 보았다(이경민 외, 2018).

신체적 자아존중감은 운동이나 실외놀이 등에서 자신의 신체를 잘 조절하고 즐겁게 참여할 수 있는 능력을 비롯한 건강, 신체적 외모에 대한 자아존중감이다. 정서적 자아존중감은 주어지는 과제수행능력에 대한 능력감, 자신감, 성취감, 독립심, 만족감 등에 대한 자아존중감을 의미하며, 정체적 자아존중감은 나 스스로 대한 만족감, 행복감 등 자아에 대한 존중감을 의미한다. 가족수용 자아존중감은 가족에게 느끼는 행복감과 부모와의 관계에서 느끼는 정서적 안녕감이며, 마지막으로 인지적 자아존중감은 기본적인 학습활동의 수행능력, 의사소통능력과 호기심, 문제해결능력에 대해 스스로가 지각하는 역량을 의미한다.

수행하기 5-1

자아존중감 검사

1. 자아존중감 검사 도구의 각 문항을 읽고, 자신을 잘 나타내는 번호에 ∨ 표시해 보자.

① 전혀 그렇지 않다　　② 대체로 그렇지 않다
③ 대체로 그렇다　　④ 항상 그렇다

2. 자아존중감 검사 도구의 내 점수 칸에 문항별 점수를 기록해 보자.

[점수 계산 방법]

- 문항의 점수를 그대로 쓴다.
- (*)은 역채점 문항이다. 역채점 문항 점수는 표기한 점수와 대비되는 점수로 계산한다. 예를 들어, 역채점 문항에 1점을 표기한 경우, 대비되는 점수인 4점으로 계산한다.
- 해당 영역의 환산 점수를 합한 것을 영역별 문항 수로 나누어 평균을 낸다.
- 점수 계산의 예

문항 번호(*는 역채점)	척도				내 점수
	①	②	③	④	
1번 문항			∨		3점
2번 문항(*)		∨			3점
3번 문항(*)	∨				4점
4번 문항(*)				∨	1점
총점	1번 + 2번 + 3번 + 4번				11점
평균	11점 ÷ 4문항				2.75점

3. 자아존중감 하위 영역별로 총점과 평균 점수를 기록해 보자.

4. 가장 점수가 높은 영역을 확인해 보자.

검사 결과를 통해 나온 영역별 평균 점수가 4점에 가까울수록 높은 역량을 갖고 있는 것을 의미하며, 1점에 가까울수록 낮은 역량을 갖고 있는 것을 의미한다.

> 한편, 영역의 총점에 대한 평균 점수는 전체 자아존중감에 대한 점수를 의미하는 것으로, 이 역시 4점에 가까울수록 자아존중감이 높은 것을 의미하며, 1점에 가까울수록 자아존중감이 낮은 것을 의미합니다.

5. 가장 점수가 높은 영역을 확인하고 자신의 지능과 동료의 점수를 비교해 보자.

▶ **자아존중감 검사 도구**

<table>
<tr><th colspan="2">내용</th><th>①</th><th>②</th><th>③</th><th>④</th><th>내 점수</th></tr>
<tr><td colspan="2">1. 내 얼굴은 다른 사람에게 호감을 준다.</td><td></td><td></td><td></td><td></td><td></td></tr>
<tr><td colspan="2">2. 나는 외모 때문에 괴롭다(*).</td><td></td><td></td><td></td><td></td><td></td></tr>
<tr><td colspan="2">3. 나는 내가 원하는 만큼 멋있다.</td><td></td><td></td><td></td><td></td><td></td></tr>
<tr><td colspan="2">4. 나의 눈은 매력적이다.</td><td></td><td></td><td></td><td></td><td></td></tr>
<tr><td colspan="2">5. 나는 지금 나의 외모에 만족한다.</td><td></td><td></td><td></td><td></td><td></td></tr>
<tr><td colspan="2">6. 나는 매력적인 사람이다.</td><td></td><td></td><td></td><td></td><td></td></tr>
<tr><td rowspan="2">신체적 자아존중감</td><td>총점</td><td colspan="5"></td></tr>
<tr><td>평균 점수(총점÷6)</td><td colspan="5"></td></tr>
<tr><td colspan="2">7. 나는 명랑한 사람이다.</td><td></td><td></td><td></td><td></td><td></td></tr>
<tr><td colspan="2">8. 나는 나 자신을 믿을 수 있는 사람이라고 생각한다.</td><td></td><td></td><td></td><td></td><td></td></tr>
<tr><td colspan="2">9. 나는 슬프다(*).</td><td></td><td></td><td></td><td></td><td></td></tr>
<tr><td colspan="2">10. 나는 나의 도덕적인 행동에 만족한다.</td><td></td><td></td><td></td><td></td><td></td></tr>
<tr><td colspan="2">11. 나는 쓸모없는 사람이라는 생각이 든다(*).</td><td></td><td></td><td></td><td></td><td></td></tr>
<tr><td colspan="2">12. 나는 존경받을 만하다고 생각한다.</td><td></td><td></td><td></td><td></td><td></td></tr>
<tr><td colspan="2">13. 나는 나쁜 사람이다(*).</td><td></td><td></td><td></td><td></td><td></td></tr>
<tr><td rowspan="2">정서적 자아존중감</td><td>총점</td><td colspan="5"></td></tr>
<tr><td>평균 점수(총점÷7)</td><td colspan="5"></td></tr>
</table>

14. 나는 세상일이 즐겁다.					
15. 나는 나 자신에 대해 자신감을 갖는 편이다.					
16. 나는 나 자신을 높게 평가한다.					
17. 나는 나 자신을 업신여긴다(*).					
18. 나는 쉽게 포기하지 않는다.					
19. 나는 '현재의 나'에 대해 만족한다.					
20. 나는 행복한 사람인 것 같다.					
21. 나는 내가 하는 일에 만족하고 있다.					
22. 나는 내가 아닌 다른 사람이 되었으면 좋겠다고 생각한다(*).					
정체적 자아존중감 **총점**					
평균 점수(총점÷9)					
내용	①	②	③	④	**내 점수**
23. 나는 행복한 가족의 한 사람이다.					
24. 나는 우리 집에서 불필요한 사람이라는 느낌이 든다(*).					
25. 나는 가족들과의 관계에 만족한다.					
26. 나는 다른 사람들과 어울리기를 좋아한다.					
27. 나는 내가 다른 사람을 대하는 태도에 만족한다.					
28. 내 친구들은 나의 행동을 좋아한다.					
29. 우리 가족들은 나를 믿는다.					
30. 친구들은 나와 함께 놀기를 좋아한다.					
31. 나는 다른 사람들과 친하게 지내기가 어렵다(*).					
32. 나는 우리 가족에게 중요한 사람이다.					
33. 나는 다른 사람과 사이좋게 지낸다.					
34. 우리 부모님은 나를 이해하신다.					
가족수용 자아존중감 **총점**					
평균 점수(총점÷12)					

35. 나는 나의 능력이 공부하는 데 적합하지 않다고 생각한다(*).					
36. 나는 과 친구들에게 중요한 사람으로 인정받고 있다.					
37. 나는 과 친구들 앞에서 발표를 잘한다.					
38. 나는 앞으로 새로운 학습 과제를 시작할 능력이 있다.					
39. 내 성적은 우리 형제들의 성적보다 우수하다.					
40. 나는 학교에 가는 것을 좋아한다.					
41. 교수님은 나에 대해 높은 기대를 하고 있다.					
42. 나는 수업 시간 중에 질문을 받을 때 긴장한다(*).					
43. 나는 형제들보다 학습능력이 우수하다.					
44. 나는 시험에서 만족스러운 점수를 받을 수 있다고 생각한다.					
45. 나는 부모님과 함께 즐거운 시간을 보낸다.					
46. 나는 나의 학교 성적이 형편없다고 생각한다(*).					
47. 나는 주어진 학습과제를 끝마칠 능력이 있다.					
48. 내 성적은 친구들의 성적보다 우수하다고 생각한다.					
49. 나는 학교 공부에 만족한다.					

(*) 표시는 역채점 문항임.

내용	①	②	③	④	내 점수
50. 나는 내가 부족한 과목들을 보충할 능력이 있다고 생각한다.					
51. 나는 내 성적표를 자랑스럽게 여긴다.					

인지적 자아존중감	총점	
	평균 점수(총점÷12)	

▶ **나와 동료의 영역별 지능 점수**

영역	나의 점수	동료 1 점수	동료 2 점수
신체적 자아존중감			
정서적 자아존중감			
정체적 자아존중감			
가족수용 자아존중감			
인지적 자아존중감			
총계			

출처: 박은혜 외(2019). pp. 38-41.

(3) 책임감 · 성실성

책임감은 맡아서 해야 할 임무를 중요하게 여기고 완수하고자 하는 의욕과 자발성의 정도이며, 성실성은 자신이 맡은 일을 열심히 끝까지 마무리 짓는 성향이다. 책임감 있고 성실한 영유아교사는 자신에게 주어진 여러 역할과 업무를 충실하게 잘 수행함으로써, 질 높은 보육을 제공하고 영유아를 비롯한 동료교사, 학부모, 지역사회로부터 신뢰감을 얻을 수 있다.

(4) 도덕성

도덕성은 준법정신, 공정성 및 공평성, 약자에 대한 우선권 부여, 직업윤리의식 등과 함께 정직성, 공사 구분, 법 질서의 준수, 옳음에 대한 판단 등을 모두 포함하는 개념이다. 도덕성이 있는 영유아교사는 약자인 영유아를 우선적으로 보호할 것이며, 영유아나 그들의 가족을 차별하지 않을 것이다. 뿐만 아니라 영유아와 함께 생활하면서 항상 도덕적으로 올바른 가치관을 갖고 판단하며, 행동하기 때문에 사회화 모델로서 영유아의 도덕성 발달에도 긍정적인 영향을 미친다.

(5) 사회성

사회성은 사회적 상황에 적응하는 능력으로, 사회활동과 집단생활에 적극적으로 참여하고 다른 사람과 친밀하고 원만한 관계를 형성·유지하는 성향이다. 영유아교사직은 사람을 대하는 직업이고, 모든 보육업무는 영유아, 학부모, 동료, 지역사회 등 타인과의 관계 형성과 협력을 기초로 이루어진다. 따라서 사교적이고 타인과 긍정적인 사회적 관계를 맺는 데 필요한 친사회적인 태도는 영유아교사에게 중요한 인성 요소이다.

(6) 타인 존중·배려

타인 존중은 다른 사람의 생각이나 감정이 나와 다를 수 있음을 인정하고 이를 인정하는 것이다. 배려는 자신보다 상대방의 입장을 먼저 생각하고 타인이 어려움에 처하거나 도움을 필요로 할 때 기꺼이 응하는 행동이다. 개별 영유아는 저마다 독특한 개성과 잠재력을 가지고 있고, 영유아와 가정의 사회·문화적 배경도 각각 다르다. 또한 영유아는 아직 발달적으로 미성숙한 존재로 성인의 도움이 필요하고, 학부모들도 자녀를 양육하는 과정에서 많은 갈등과 어려움을 느끼며 영유아교사의 전문적인 지원과 조언을 요구한다. 이러한 이유에서 영유아교사는 타인을 존중하고 배려하는 마음가짐을 가져야 한다.

(7) 심리적 건강

심리적 건강은 불안감, 우울 등 내적 감정이 불균형하고 부정적인 심리 상태가 아니라 균형과 조화를 이루며 정상적인 심리 상태를 유지하는 것이다. 영유아를 위한 교육 과정은 그 특성상 일상적인 하루 일과와 통합된 형태로 이루어진다. 따라서 영유아교사가 심리적으로 불안하다면 등원부터 하원까지 교사와 함께 생활하는 영유아에게 그 불안감이 그대로 전달된다. 뿐만 아니라 불안감이나 우울함이 있는 교사는 매사 의욕이 없고 부정적으로 사고하기 때문에 영유아의 요구에 민감하게 반응하지 않아 보육의 질이 낮아져 영유아의 성장과 발달을 저해할 수 있다.

2) 교사로서의 인성

교사로서의 인성은 보편적 인성처럼 인간이면 누구에게나 기대되는 인성이 아니라 영유아교사이기 때문에 특별히 요구되는 인성을 의미한다. 여기에는 교직관, 수용성, 민감성, 인내심, 공감적 이해, 영유아에 대한 열정, 주도성이 포함된다.

(1) 교직관(소명의식)

교직관(소명의식)은 영유아교사직에 삶의 의미와 목적을 부여하고, 영유아교사로서 사회적 기여와 책무를 인식하며, 다소 열악한 근무여건과 과도한 업무에도 불구하고 이를 기꺼이 감수하고 직업적 보람을 느끼는 것을 뜻한다. 따라서 영유아교사로서 직업적 소신과 헌신이 없다면, 직무만족도가 낮아 이직과 퇴직의 확률이 높고 교사로서 전문성을 개발하고 성장하는 데 한계가 있다.

(2) 수용성

수용성은 타인의 현재 수준을 이해하고, 고정관념과 편견을 갖지 않고, 있는 그대로 받아 들이는 태도를 의미한다. 수용성은 보편적 인성인 타인존중과도 밀접한 관련이 있는 요소로 영유아교사는 개별 영유아의 기질과 특성, 사회·문화적 차이를 일정한 기준과 잣대로 평가해서는 안 된다. 즉, 영유아교사는 인종, 국가나 민족, 종교, 장애, 성, 직업, 경제적 수준 등에 대한 고정관념과 편견을 없애고 다양성의 차원에서 열린 마음으로 수용하는 태도를 가져야 한다.

(3) 민감성

민감성은 영유아가 교사에게 전하는 다양한 언어적·비언어적인 신호와 요구를 이해하고, 이에 대해 신속하고 적절하게 대처하는 것이다. 특히 언어적 표현이 미숙한 영유아와 함께 생활하는 영유아교사에게 민감성은 매우 중요한 인성요소이다. 영유아교사는 항상 영유아를 주의 깊게 관찰하고 이들의 눈빛, 표정, 손짓, 단어 등이 의미하는 바가 무엇인지 재빨리 알아차리고, 이들의 요구에 즉각적으로 반응해 주어야 한다. 왜냐하면 영유아는 민감하게 반응하는 교사에게 신뢰감을 느끼고 애착을 갖게 되어 심리적으로 안정감을 갖고 어린이집에서 즐겁고 편안하게 생활할 수 있기 때문이다.

(4) 인내심

인내심은 괴로움이나 어려움을 참고 견디는 것을 뜻한다. 실제로 영유아와 함께 생활하는 것은 많은 인내심을 필요로 한다. 유아가 외투를 입을 때 교사가 유아의 외투 단추를 채워 주면 더 빨리 입을 수 있지만 유아가 시행착오를 거듭하며 천천히 스스로 할 수 있도록 격려하고 기다려 주어야 한다. 때로는 사용방법을 자세히 설명을 해주었더라도 반복해서 설명하기도 해야 한다. 뿐만 아니라 여러 명의 유아가 돌아가면서 동일한 질문을 하는 경우, 함께 이야기 나누고 있는 주제나 질문과 전혀 관련이 없거나 엉뚱한 대답을 하는 경우 등은 영유아교사가 일상적으로 겪는 일이다. 이처럼 영유아교사의 인내심은 영유아의 자율성과 자아존중감, 창의성 등을 발달시키는 데 영향을 미치는 중요한 인성요소이다.

(5) 공감적 이해

공감적 이해는 타인이 느끼고 생각하는 바를 이해하는 인지적 공감과 타인의 정서를 대리 경험하는 정서적 공감을 모두 포함하는 개념으로, 영유아교사는 영유아의 입장에서 느끼고 이해해야만 이들과 소통하고 요구에 적절하게 대응할 수 있다. 예를 들어, 한 유아가 친구들과 함께 양보하며 놀이하기로 한 약속을 어기고 계속 자기만 하겠다고 우기고 있다고 가정해 보자. 공감적 이해가 부족한 영유아교사는 유아의 입장에서 생각하지 않고 약속을 어긴 잘못된 점만 지적하며 상호작용할 것이다. 그러나 공감능력이 뛰어난 교사라면 "○○이(가)이 놀이를 매우 좋아하는구나. 친구들에게 양보하고 싶지 않을 만큼 계속하고 싶었나 보네."라고 말하며,

먼저 유아의 감정을 읽어 줄 것이다. 그런 후 함께 정한 놀이의 약속을 상기시키면서 그 놀이를 하고 싶어 하는 다른 유아의 입장을 생각해 보고 어떻게 해결하면 좋을지 이야기 나눌 것이다. 이렇듯 공감능력이 높은 교사는 유아의 감정도 존중하면서 갈등을 중재해 나갈 것이다.

(6) 영유아에 대한 열정

영유아에 대한 열정은 기본적으로 영유아에 대한 많은 애정과 관심을 갖고 영유아의 성장과 발달에 도움이 되는 일을 적극적으로 수행하는 것이다. 또한 영유아의 입장에서 필요한 사항을 탐색하고, 개별 영유아의 상황에 적합한 지원을 제공하는 것을 의미한다. 열정이 많은 영유아교사는 한 명의 유아라도 그 유아가 흥미를 보이는 것에 관심을 갖고, 유아의 흥미가 지속·확장될 수 있도록 안내할 것이다. 그리고 활동을 준비하는데 많은 시간과 노력이 필요할지라도 영유아에게 의미 있는 활동이라면 기꺼이 준비하고 이들과 즐겁게 활동할 것이다.

(7) 주도성

주도성은 자신의 삶을 적극적으로 이끌어 가는 능력과 자신의 삶에 스스로 책임지고, 자기행동은 자신의 의사결정에 의한 것임을 인식하는 것을 의미한다. 리더십 또는 지도성과도 관련이 있다. 영유아교사는 영유아의 성장과 발달을 위해 학부모, 지역사회와의 협력적인 관계 형성을 위해 먼저 다가가야 한다. 뿐만 아니라 영유아교사로서 전문성을 증진시키려면 끊임없이 자신의 교수행위 전반을 반성적으로 성찰하고, 다양한 교육과 연수에 적극적으로 참여한다. 컨설팅, 수업 영상 분석 등 수업 개선을 위한 노력도 기울여야 한다. 따라서 매사 적극적으로 임하는 주도성 역시 영유아교사에게 중요한 인성요소로 손꼽힌다.

수행하기 5-2

예비 영유아교사의 인성평가도구

다음의 문항들은 영유아교사 개인의 내적 특성과 관련된 질문입니다. 각 문항을 읽고 자신을 얼마나 잘 나타내는지 5점 척도(1점 = 전혀 그렇지 않다, 2점 = 거의 그렇지 않다, 3점 = 보통이다, 4점 = 대체로 그렇다, 5점 = 매우 그렇다)로 나타내 봅시다.

번호	문항	1	2	3	4	5
1	내가 아무런 가치가 없다고 느낄 때가 있다.					
2	무슨 일을 하든 정신을 집중하기가 힘들다.					
3	종종 낯선 사람들이 나를 흠 잡듯이 쳐다보는 것 같다.					
4	매사에 매우 침울하고 희망이 없어 보일 때가 있다.					
5	다른 사람들보다 더 많이 실패하는 것 같다.					
6	아무도 믿지 않는 것이 안전하다고 생각하는 편이다.					
7	다른 사람을 대할 때 실수를 저지를까 봐 두려움을 느낀다.					
8	편안하게 쉴 수 없다.					
9	걱정을 하거나 막연한 불안감을 느낀다.					
10	도무지 무엇을 시작할 기운이 나지 않을 때가 있다.					
11	잘못된 일이라는 것을 알아도 그 일을 중단할 수 없을 때가 있다.					
12	때로는 공허하고 허전한 감이 든다.					
13	사람들은 남의 일에 진정한 관심을 갖지 않는다고 생각한다.					
14	일이 잘못되었을 때 남의 탓을 하는 경향이 있다.					
15	책임감이 무거운 일을 맡기 두렵다.					
16	종종 일이 잘못될까 봐 걱정을 한다.					
17	새로운 사람을 만나는 자리에 참석하는 것이 즐겁다.					

번호	문항	1	2	3	4	5
18	많은 사람과 함께 있는 것이 좋다.					
19	익숙하지 않은 대인관계에서도 편안함을 느낀다.					
20	사람들과 쉽게 친해지고 원만한 관계를 유지할 수 있다.					
21	내가 필요할 때 도와줄 친구가 많다.					
22	인사성이 밝다.					
23	시작한 일은 끝까지 마치는 편이다.					
24	내가 해야 할 일은 책임지고 마무리한다.					
25	나는 꾸준하고 열심히 일하는 사람으로 알려져 있다.					
26	내가 할 일을 남에게 미루지 않는다.					
27	일정을 잘 맞춰서 사람들로부터 신뢰를 받는다.					
28	시간을 잘 지키는 편이다.					
29	마음이 내키지 않더라도 맡은 일은 반드시 한다.					
30	다른 사람보다 옳고 그름을 가리는 데 엄격한 편이다.					
31	규칙을 잘 지키는 편이다.					
32	사소한 일이라도 최선을 다한다.					
33	즐거움과 재미 때문에 주어진 일을 끝내지 못할 때가 있다.					
34	내가 목표한 일에서 좋은 결과를 얻을 수 있다.					
35	장기적인 목표를 위해 계획을 세워 행동하는 편이다.					
36	남에게 내 차례를 잘 양보하는 편이다.					
37	친구들로부터 따뜻한 사람이라는 말을 듣는다.					
38	남의 기분을 상하지 않도록 행동과 말을 조심하는 편이다.					
39	사람들은 나를 다정하고 상냥한 사람이라고 생각한다.					
40	남의 말을 잘 경청하는 편이다.					
41	만나는 사람에 따라 그 사람들에게 맞춰서 행동하는 편이다.					
42	다른 사람들이 좋아할 말이나 행동을 하려고 노력한다.					

번호	문항	1	2	3	4	5
43	다른 사람들을 잘 도와주는 편이다.					
44	상대방의 의견을 존중한다.					
45	다른 사람이 나와 다른 생각을 가지고 있더라도 이해해 보려고 한다.					
46	다른 사람들과의 의견을 잘 조율한다.					
47	교사는 신뢰와 존중을 받는 직업이라고 생각한다.					
48	나에게 교사라는 직업은 매우 중요한 의미를 가진다.					
49	영유아를 가르치고 돌보는 것은 가치 있는 일이라고 생각한다.					
50	교사는 일반인보다 더 높은 윤리의식을 가져야 한다고 생각한다.					
51	미래에 좋은 교사가 되기 위해 자기계발을 한다.					
52	좋아하는 음식을 먹을 때 과식하는 경향이 있다.					
53	충동적으로 일을 벌이고 나서 후회하는 경향이 있다.					
54	머릿속에 떠오르는 대로 말하는 경향이 있다.					
55	화를 참지 못하는 편이다.					
56	위기나 곤란에 처한 아이를 보면 보호해 주고 싶은 마음이 든다.					
57	환경과 배경에 따라 상대를 차별하지 않는다.					
58	다친 아이를 보면 정말 마음이 아프다.					

출처: 육아정책연구소(2015). pp. 181-182.

[검사문항의 구성 및 채점]

다음의 예비 영유아교사 인성평가도구는 보편적 인성과 교사로서의 인성의 2개 영역, 총 58개 문항으로 구성되어 있다.

구분	하위요인 (문항 수)	문항 번호 및 채점결과									총합
보편적 인성	심리적 건강 (16문항)	번호	1*	2*	3*	4*	5*	6*	7*	8	
		점수									
		번호	9	10	11	12	13	14	15	16	
		점수									
	사회성 (6문항)	번호	17	18	19	20	21	22	-	-	
		점수							-	-	
	책임감·성실성 (13문항)	번호	23	24	25	26	27	28	29	30	
		점수									
		번호	31	32	33	34	35	-	-	-	
		점수						-	-	-	
	타인 존중·배려 (11문항)	번호	36	37	38	39	40	41	42	43	
		점수									
		번호	44	45	46	-	-	-	-	-	
		점수				-	-	-	-	-	
	자기조절 (4문항)	번호	52	53	54	55	-	-	-	-	
		점수					-	-	-	-	
교사로서의 인성	교직관 (5문항)	번호	47	48	49	50	51	-	-	-	
		점수						-	-	-	
	공감·정의감 (3문항)	번호	56	57	58	-	-	-	-	-	
		점수				-	-	-	-	-	

- 표시는 역채점 문항임.

출처: 김은설 외(2017).

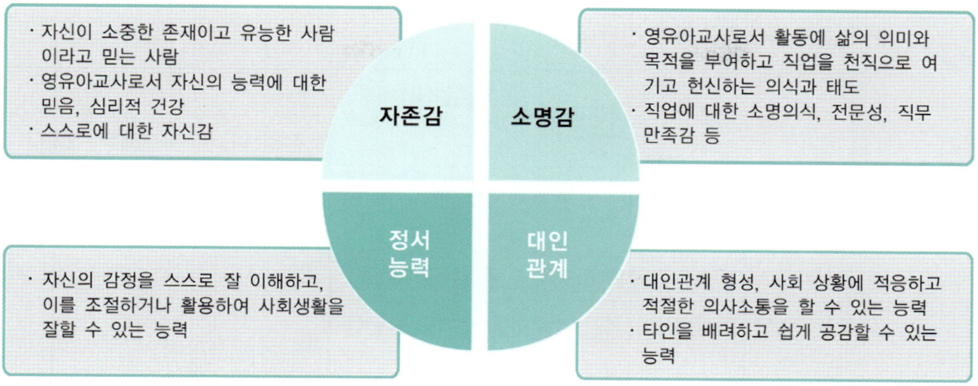

그림 5-2 영유아교사 자기이해 진단 영역

▶ **영유아교사 자기이해 진단**

1. 영유아교사 자기이해 진단 도구의 각 문항을 읽고, 자신을 잘 나타내는 번호에 ∨ 표시해 보세요.

⓪ 전혀 아니다　① 대체로 아니다　② 약간 아니다
③ 보통이다　④ 약간 그렇다　⑤ 대체로 그렇다
⑥ 매우 그렇다

2. 자존감, 정서인식과 활용, 직업 소명감, 대인관계 영역별 문항의 점수 합계와 평균 점수를 구한다.

3. 가장 점수가 높은 영역과 낮은 영역을 확인한다.

▶ 영유아교사 자기이해 진단 도구

자존감(14)							
문항	전혀 아니다 ↔ 매우 그렇다						
1. 나는 보육에 필요한 자료나 도구를 활용하는 아이디어가 많다.	⓪	①	②	③	④	⑤	⑥
2. 나는 학부모들이 잘 참여하도록 만들 수 있다.	⓪	①	②	③	④	⑤	⑥
3. 나는 영유아가 어린이집에 오는 것을 즐기도록 만들 수 있다.	⓪	①	②	③	④	⑤	⑥
4. 나는 내가 일을 잘 못하고 있는 것 같다(*).	⓪	①	②	③	④	⑤	⑥
5. 나는 예민하고 까다로운 영유아를 효과적으로 지도한다.	⓪	①	②	③	④	⑤	⑥
6. 나는 무슨 일을 하든지 정신을 집중하기가 힘들다(*).	⓪	①	②	③	④	⑤	⑥
7. 나는 위험한 상황에서 잘 대처할 수 없을 것 같아서 불안하다(*).	⓪	①	②	③	④	⑤	⑥
8. 나는 문제가 생기면 불안해져서 아무것도 할 수가 없다(*).	⓪	①	②	③	④	⑤	⑥
9. 나는 남들만큼은 일을 잘 한다고 생각한다.	⓪	①	②	③	④	⑤	⑥
10. 나는 영유아가 어린이집 생활에 자신감을 갖도록 한다.	⓪	①	②	③	④	⑤	⑥
11. 나는 하려고만 하면 무엇이든 해낼 수 있다고 생각한다.	⓪	①	②	③	④	⑤	⑥
12. 다른 사람을 대할 때 실수를 저지를까 봐 두려움을 느낀다(*).	⓪	①	②	③	④	⑤	⑥
13. 나는 매력이 없는 사람인 것 같다(*).	⓪	①	②	③	④	⑤	⑥
14. 나는 어려운 일이 생기면 당황스러워서 어찌할 바를 모른다(*).	⓪	①	②	③	④	⑤	⑥
총점							
평균 점수(총점÷14)							

정서인식과 활용(13)							
문항	전혀 아니다 ↔ 매우 그렇다						
15. 나는 내가 느끼는 것이 무슨 감정인지 이해한다.	⓪	①	②	③	④	⑤	⑥
16. 나는 대부분의 경우에 내가 느끼는 감정의 원인을 알고 있다.	⓪	①	②	③	④	⑤	⑥
17. 나는 내 기분을 조절할 수 있고 곤란한 문제도 이성적으로 처리한다.	⓪	①	②	③	④	⑤	⑥
18. 나는 내 자신의 정서를 이해한다.	⓪	①	②	③	④	⑤	⑥
19. 나는 내가 행복한지 그렇지 않은지 항상 알고 있다.	⓪	①	②	③	④	⑤	⑥
20. 영유아의 더딘 행동 때문에 일과가 지연될 때 화가 난다(*).	⓪	①	②	③	④	⑤	⑥
21. 나는 내 정서를 잘 통제하는 것이 힘들 때가 있다.	⓪	①	②	③	④	⑤	⑥
22. 머릿속에 떠오르는 대로 말하는 경향이 있다.	⓪	①	②	③	④	⑤	⑥
정서인식과 활용(13)							
문항	전혀 아니다 ↔ 매우 그렇다						
23. 충동적으로 일을 벌이고 나서 후회하는 경향이 있다.	⓪	①	②	③	④	⑤	⑥
24. 몸이 안 좋고 마음이 복잡할 때에는 영유아에게 짜증이 난다(*).	⓪	①	②	③	④	⑤	⑥
25. 때때로 슬플 때도 있지만 나는 대부분 낙관적이다.	⓪	①	②	③	④	⑤	⑥
26. 나는 아무리 기분이 나빠도 즐거운 일을 생각하려고 노력한다.	⓪	①	②	③	④	⑤	⑥
27. 영유아가 스스로 할 수 있는 일에 대해서는 시간이 걸려도 기다려 주는 편이다.	⓪	①	②	③	④	⑤	⑥
총점							
평균 점수(총점÷13)							

직업 소명감(12)							
문항	전혀 아니다 ↔ 매우 그렇다						
28. 나는 영유아교사라는 일에 열정을 가지고 임하고 있다.	⓪	①	②	③	④	⑤	⑥
29. 영유아교사로서의 나의 일은 내 인생에 큰 만족을 준다.	⓪	①	②	③	④	⑤	⑥
30. 나는 영유아교사가 지켜야 할 윤리적 실천사항에 대해 알고 있다.	⓪	①	②	③	④	⑤	⑥
31. 내가 중시하는 영유아교사직은 더 좋은 세상을 만드는 데 도움이 되는 일이다.	⓪	①	②	③	④	⑤	⑥
32. 다른 일을 선택할 수 있더라도 나는 영유아교사를 선택할 것이다.	⓪	①	②	③	④	⑤	⑥
33. 영유아교사는 전문성을 지닌 직업이라고 생각한다.	⓪	①	②	③	④	⑤	⑥
34. 나는 영유아교사로서 지켜야 할 철학과 신념이 투철하다.	⓪	①	②	③	④	⑤	⑥
35. 나는 영유아교사 일을 계속해서 하고 싶다.	⓪	①	②	③	④	⑤	⑥
36. 나는 영유아교사라는 직업을 다른 사람에게 적극 추천하고 싶다.	⓪	①	②	③	④	⑤	⑥
37. 나는 영유아교사로서 역량을 향상시키려고 노력하고 있다.	⓪	①	②	③	④	⑤	⑥
38. 나는 영유아교사 일을 하는 것이 운명으로 느껴진다.	⓪	①	②	③	④	⑤	⑥
39. 나는 영유아교사로서 책임감을 느낀다.	⓪	①	②	③	④	⑤	⑥
총점							
평균 점수(총점÷12)							

대인관계(11)							
문항	전혀 아니다 ↔ 매우 그렇다						
40. 원장과 의견이 다른 경우, 나의 의견을 제대로 전달하지 못하는 편이다(*).	⓪	①	②	③	④	⑤	⑥
41. 내가 손해를 보더라도 다른 사람을 먼저 생각하여 행동하는 편이다.	⓪	①	②	③	④	⑤	⑥
42. 주변의 약자나 곤란에 처한 사람을 잘 도와주는 편이다.	⓪	①	②	③	④	⑤	⑥
43. 나는 학부모를 만나는 것이 어쩐지 내키지 않는다(*).	⓪	①	②	③	④	⑤	⑥
44. 나는 동료 교사 등 사람들과 쉽게 어울리는 편이다.	⓪	①	②	③	④	⑤	⑥
45. 나는 원장이 나와 같은 생각과 감정을 이해하도록 이야기한다.	⓪	①	②	③	④	⑤	⑥
46. 나는 다른 사람의 기분이 상하지 않도록 말과 행동을 조심하는 편이다.	⓪	①	②	③	④	⑤	⑥
47. 나는 동료 교사와 내 생각과 감정을 터놓고 이야기한다.	⓪	①	②	③	④	⑤	⑥
48. 상대방의 의견이 내 의견과 다르더라도 상대방 의견을 존중한다.	⓪	①	②	③	④	⑤	⑥
49. 나는 상대방에게 친밀감을 느끼지만 상대방은 그렇지 않은 듯하다(*).	⓪	①	②	③	④	⑤	⑥
50. 나는 영유아나 동료 교사의 기분이나 생각을 잘 파악하는 편이다.	⓪	①	②	③	④	⑤	⑥
총점							
평균 점수(총점÷11)							

(*) 표시는 역채점 문항임.

출처: 김은설 외(2017).

[점수 계산 방법]

- 문항의 점수를 그대로 쓴다.
- (*)은 역채점 문항이다. 역채점 문항 점수는 표기한 점수와 대비되는 점수로 계산한다. 예를 들어, 역채점 문항에 1점을 표기한 경우, 대비되는 점수인 4점으로 계산한다.
- 해당 영역의 환산 점수를 합한 것을 영역별 문항 수로 나누어 평균을 낸다.
- 점수 계산의 예

문항 번호 (*는 역채점)	척도				내 점수
	①	②	③	④	
1번 문항			V		3점
2번 문항(*)		V			3점
3번 문항(*)	V				4점
4번 문항(*)				V	1점
총점	1번 + 2번 + 3번 + 4번				11점
평균	11점 ÷ 4문항				2.75점

▶ 나와 동료의 영역별 자기이해 점수

영역	나의 점수	동료 1 점수	동료 2 점수
자존감			
정서인식과 활용			
직업 소명감			
대인관계			
총계			

수행하기 5-3

각자가 생각하는 인성이란?

1. 인성 하면 생각나는 단어들을 모두 적어보자.

참고

TV특강 이제는 인성이다 - 제1회
(유튜브, NATV 국회방송) https://youtu.be/oF72_NR4oLU

2. 비슷한 단어끼리 모아보고 각자가 생각한 인성에 대해 이야기해 보자.

Chapter
06

영유아교사의 인성과 정서역량

1. 인성역량과 정서역량

최근 교육현장에서 인성교육이 화두인 이유는 여러 가지 사회 문제들, 즉, 사교육 열풍, 성적 중심의 학생 평가, 왕따, 자살, 학교폭력, 교육자들의 비윤리적 행동 등이 인성교육의 부재에서 나타난 폐해라는 문제의식에서 출발한 것으로, 지나친 경쟁교육에 치중하면서 효, 예의, 정직, 책임, 소통, 협력, 배려 등의 가치를 가르치는 인성교육에 소홀했다는 자성의 목소리가 나오면서 인성교육의 필요성이 대두되었다.

우리나라에서는 2014년 「인성교육법」을 제정하고, 인성교육 5개년 종합계획(교육부, 2016)에서 미래인재 육성을 위한 최우선 과제로 인성교육을 더욱 강화할 것이라고 발표하였다. 인성교육이 교육현장에서 적용되고 효과적으로 실행되기 위해서는 무엇보다 교사의 인성교육 역량이 매우 중요하다. 특히 유아는 교사의 행동, 말투, 태도 등을 보고 모방하면서 배우기 때문에 유아들에게 좋은 모델이 되도록 교사 개인의 인성적 자질과 교사로서의 전문적 자질이 매우 중요하다.

1) 인성교육이란?

2014년 제정된 「인성교육진흥법」은 '건전하고 올바른 인성(人性)을 갖춘 국민을 육성하여 국가 사회의 발전에 이바지함을 목적(제1조)'으로 하는 법이다. 세계적으로 인성교육을 의무교육으로 규정한 세계 최초의 법이다. 「인성교육진흥법」 제2조에 따르면 인성교육이란 '자신의 내면을 바르고 건전하게 가꾸고 타인, 공동체, 자연과 더불어 살아가는 데 필요한 인간다운 성품과 역량을 기르는 것을 목적으로 하는 교육'으로, 그림 6-1과 같다.

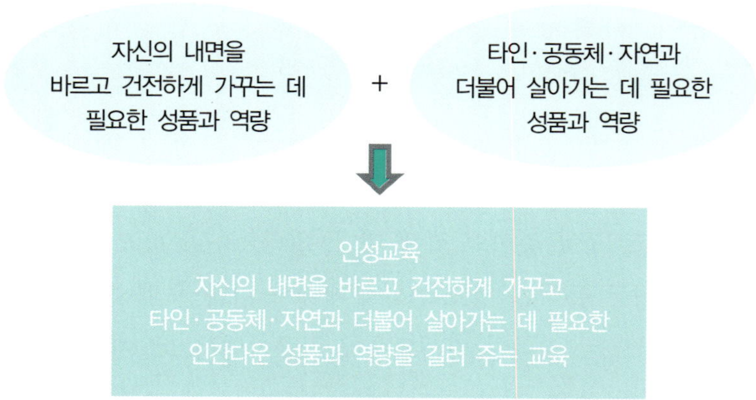

그림 6-1 인성교육의 개념

인성이란 인간이 인간답게 살아가기 위한 '인간다운' 특성, 품성이며(김순환 외, 2014), 「인성교육진흥법」에서는 인성의 요소를 예, 효, 정직, 책임, 존중, 배려, 소통, 협동 등의 마음가짐이나 사람됨과 관련된 핵심적인 가치 또는 덕목으로 제시하고 있다(제2조). 이러한 핵심가치와 덕목을 적극적이고 능동적으로 실천 또는 실행하는 데 필요한 역량이 인성역량이며, 핵심 인성역량으로 자기관리역량, 심미적·감성역량, 의사소통역량, 갈등관리역량, 공동체 역량을 제시하고 있다.

또한 교육부(2016)에서는 인성교육의 방향으로 인성 가치와 덕목을 학생들에게 주입식으로 지도하기보다는 '앎을 삶 속에서 실천'하도록 교육활동을 체계적으로 조직, 운영할 것을 그림 6-2와 같이 제안하고 있다.

참고

21세기 인성교육이란 이런 것!
(유튜브, CJ DONORSCAMP) https://youtu.be/lEyUhYKPR84

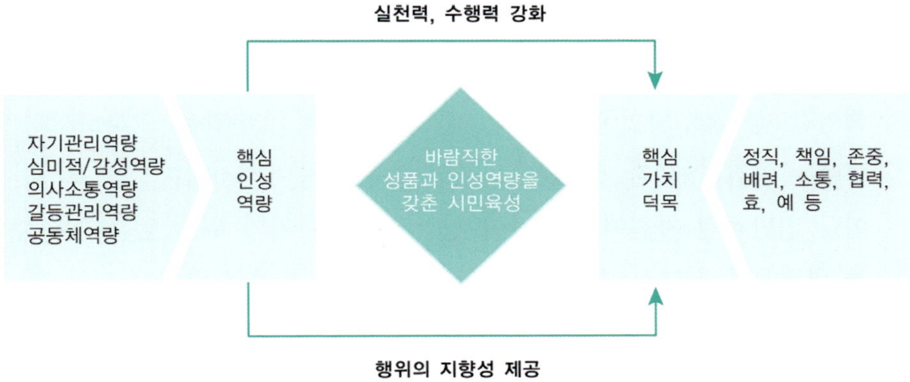

그림 6-2 인성교육의 방향

2) 교사의 인성교육역량과 정서역량

인성교육이 교육현장에서 적용되고 효과적으로 실행되기 위해서는 무엇보다 교사의 인성교육역량이 매우 중요하다. 교사의 자질이 유아의 인성과 인성교육의 목적과 방향, 방법 등을 결정하는 중요한 요소라는 것을 인식하고, 교사는 유아들에게 좋은 모델이 되도록 개인의 인성적 자질과 교사로서의 전문적 자질을 갖추어야 한다. 따라서 유아교사들은 인성과 인성교육의 개념 및 교육내용 등을 알고 자신의 개인적 성품과 교직을 수행할 때 필요한 인성이 무엇인가를 파악하는 노력이 필요하다. 김은설 외(2015)는 영유아교사에게 필요한 인성요소를 보편적 인성과 교사로서의 인성으로 구분하여 표 6-1과 같이 제시하였다.

표 6-1 유아교사 인성의 구성 요소

교사인성	구성 요소
보편적 인성	사회성, 책임감·성실성, 타인존중·배려, 자기조절, 심리적 건강
교사로서의 인성	공감·정의감, 교직관, 민감성·수용성

표 6-1에서 유아교사에게 필요한 인성요소를 보편적 인성과 교사로서의 인성으로 구분하여 8개 요소를 제시하였다. 보편적 인성에는 사회성, 책임감·성실성, 타인존중·배려, 자기조절, 심리적 건강을, 교사로서의 인성에는 공감·정의감, 교직관, 민감성·수용성을 제시하였다. 즉, 교사인성이란 일반적인 차원에서 인간이 인간답게 살아가기 위한 인간다운 품성을 바탕으로 하면서, 동시에 교사라는 직업을 가진 사람이 가져야 할 가치 있는 인격적 특성을 보다 맥락화하여 적용한 개념이라 할 수 있다(서경혜 외, 2013). 이 중 사회성, 타인존중·배려, 자기조절, 심리적 건강, 공감, 민감성·수용성 등은 자신의 정서를 인식하고 조절하는 능력, 타인의 정서를 공감하고 관계관리를 할 수 있는 능력인 정서역량의 하위요인들과 일치함을 알 수 있다.

교육부(2016)에서는 교원의 인성교육 지도역량을 기를 수 있도록 교원 양성과정에서부터 현직교사교육까지 교직 생애주기별로 교원의 인성교육 지도역량을 제고하는 것을 강조하고 있다. 유아에게 인성교육을 가르치는 내용, 방법 등에 대한 직무연수를 실시할 것과 교원의 감성, 인문소양, 정서함양을 위한 연수를 실시할 것을 제시하고 있다.

교사의 인성교육역량이란 인성교육이 교육현장에서 효과적으로 실행되기 위해서 교사에게 요구되는 역량으로, 인성교육역량에는 유아인성교육 실행을 위한 '전문적 자질'로서 교사의 지식·기술과 함께 유아들에게 좋은 모델이 되기 위한 '인성적 자질'로서 교사의 정서적 역량이 필요하며, 이는 그림 6-3과 같다.

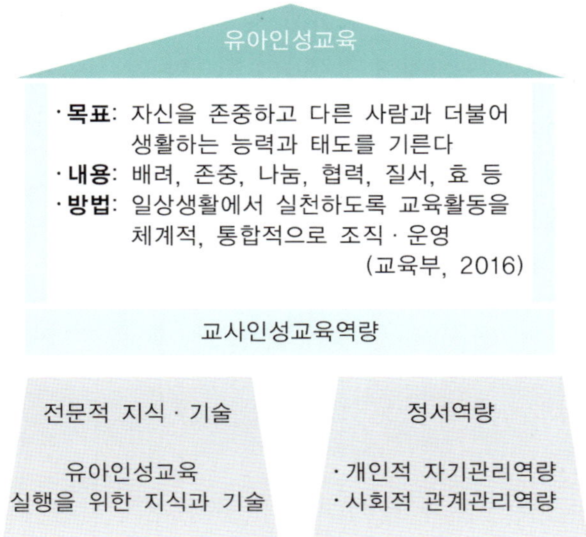

그림 6-3 교사의 인성교육역량의 개념

그림 6-3에 제시한 바와 같이 교사의 인성교육역량은 유아인성교육을 실행하기 위한 기반이 되는 전문적 자질과 인성적 자질로서, 교사에게 필요한 전문적 지식·기술과 함께 교사의 정서역량이 중요한 요소이다. 수업시간에 인성가치와 관련된 것을 유아들에게 가르치는 것도 중요하지만, 일상생활에서 교사가 자신의 감정을 조절하고 타인의 감정을 공감·존중하면서 의사소통하는 것이 학습자에게 더 중요한 영향을 미치는 잠재적 교육 과정이 될 것이기 때문이다. 예를 들어, 교사가 유아의 문제행동이나 부정적 정서표현에도 당황하지 않고 수용하며 긍정적인 태도로 반응한다면 유아도 비슷한 상황에서 긍정적으로 자신의 정서를 조절할 수 있는 정서조절능력과 함께 다른 사람의 감정을 공감하고 소통하는 능력을 기르게 될 것이다.

따라서 유아에게 효과적으로 인성교육을 실행하기 위해서는 교사가 자신의 정서를 이해하고 관리하면서 타인의 정서를 공감하고 유아, 학부모,

교직원과의 교육공동체 안에서 효과적으로 소통하고 관계를 관리할 수 있는 정서역량을 기르는 것이 첫걸음이 되어야 할 것이다. 결국 유아인성교육을 위해서는 인성교육 실행을 위한 교사의 전문적 자질로서 지식·기술과 함께 인성적 자질로서 자기인식, 자기관리, 공감 및 존중, 관계관리를 포함하는 정서역량이 기반이 되어야 한다.

2. 정서역량의 필요성

좋은 교사의 자질과 전문적인 능력에 관해 과거에는 교사의 인지적 측면에 주로 초점을 두고 논의했으나, 최근에는 교사의 전문성을 다각적인 관점에서 조명하면서 교사의 정서 및 교실에서 일어나는 교사와 유아 간의 상호작용, 정서적인 교류에도 관심을 두고 있다. 이러한 이유는 실제 교육현장에서 이루어지는 교수 행위는 단순히 머리로만 이루어지는 것이 아니며, 교사와 학생들 간의 관계 속에서 나타나는 마음, 정서적 교류를 통해 이루어지기 때문이다.

국외의 경우, 영국을 비롯한 유럽연합 국가에서는 교사의 정서역량이 교사 개인의 안녕은 물론 학습자의 사회정서발달을 위해서 필수적인 능력이라고 보고 이러한 역량을 예비교사양성과정에서부터 발달시키기 위해 교육을 실행하고 있다(Palomera, Fernandez-Berrocal, & Brackett, 2008). 미국의 경우에도 이미 20년 전부터 많은 학교와 기관에서 정서지능 훈련 프로그램을 개발하여 공식적인 교육 과정으로 실행하고 있다(문용린, 2011).

최근 국내에서도 교사의 정서역량교육 필요성을 인식하고, 현직교사를 대상으로 정서역량 증진을 위한 프로그램(마혜진, 2014; 이춘복, 2012; 하은옥 외, 2008) 연구들이 실행되고 있고, 예비교사를 대상으로 한 인성교육 프로그램(김순환 외, 2014; 이경민 외, 2013)과 정서역량교육 프로그램(조혜진 외, 2016) 연구도 실행되었다. 교사의 역량 개발은 직전교육과 현직교육이 연계성을 가지고 연속적, 통합적으로 이루어져야 하므로 유아교사양성과정에서부터 현직교육 과정까지 교사를 위한 정서역량교육은 시급히 이루어져야 할 과제이다. 정서역량은 인지능력과 마찬가지로 교육을 통해 개발 가능한 능력(Gole-man, 2008)이지만 다른 인지적 능력보다 많은 연습과 노력이 필요하기 때문이다.

따라서 장기적 관점에서 직전교육과 현직교육에서 교사들이 정서적 갈등 상황에서 자신의 정서를 조절하고, 관리할 수 있는 방법들을 학습하고 교육공동체 안에서 유아를 비롯한 성인들과 효과적으로 의사소통하고 원만한 관계를 유지할 수 있는 정서역량교육과 훈련이 필요하다. 유아교사에게 정서역량이 필요한 이유를 구체적으로 살펴보면 다음과 같다(조혜진, 2017).

첫째, 교사 정서의 영향력

교사의 정서는 유아와 교실 전체 분위기에 영향을 미치고 교사는 유아에게 정서표현의 모델이 되기 때문에 자신의 부정적 정서를 다룰 수 있는 정서조절능력이 필요하다.

즉, 유아교사들은 매일 일상에서 유아들로 인해 행복이나 기쁨, 보람 등의 긍정적 정서부터 긴장, 화, 짜증, 우울 등의 부정적 정서에 이르기까지 다양한 정서를 경험하게 된다. 교사교육 연구자들은 이러한 교사의 다양한 정서가 교실상황에서 교사의 교수행위와 합리적인 의사결정에 중요한 영향을 미친다고 보고 있다. Rowe, Early와 Loubier(1999)는 영아들이 교사의 비언어적 표현을 빨리 알아차리기 때문에 교사의 부정적인 정서는 학급을 혼란에 빠뜨릴 수 있지만, 교사의 긍정적 분위기와 태도는 학급의 안정에 중요한 영향을 미친다고 하였다. Day(2007)도 교사의 정서가 가르치는 일의 중심이 되기 때문에 교사는 부정적인 정서보다 긍정적인 정서를 많이 가지고 있어야 한다고 보았다. 또한 유아는 일상생활이나 문제 상황에서 교사의 정서표현방식을 보고 배우기 때문에 교사는 유아의 정서 사회화에도 중요한 영향을 미친다. 따라서 교사들은 유아교육현장에서 경험하게 되는 긴장이나 불안, 화, 슬픔 등의 부정적 정서를 조절하고 정서적 안정감을 유지할 수 있는 정서조절능력이 필요하다.

둘째, 영유아의 다양한 정서의 공감 필요성

정서표현의 기복이 심하고 언어적 표현의 한계가 있는 영유아의 다양한 정서를 이해하고 공감하기 위해서 필요한 역량이다.

즉, 영유아들은 발달 특성상 정서표현의 기복이 심하고 자신의 정서 상태를 구분하여 명확하게 언어로 표현하지 못하기 때문에 슬픔, 분노, 짜증을 느낄 때 울음으로 표현하기도 하지만, 때론 공격적 행동으로 표현하기도 한다. 어떤 아이가 울고 있다고 했을 때 그 아이는 엄마와 헤어져서, 친구가 놀잇감을 뺏어가서 또는 선생님한테 혼이 날까 봐 자신의 슬픔, 화, 두려움 등을 울음으로 표현하는 것이다. 교사가 이러한 영유아의 울음, 짜증, 분노 등의 정서표현을 발달과정에서 나타나는 자연스러운 현상으로 받아들이지 못할 경우 영유아의 부정적 정서표현에 대해 스트레스를 경험하고 어떻게 대처해야 하는지에 대해 어려움을 느끼게 된다(오정순, 2010). 또한 정서적 공감을 받지 못한 유아는 그런 감정을 느끼는 자신이 잘못되었다고 생각하게 되기 때문에 자아존중감이 낮아지고 자신의 감정을 적절히 조절하는 것을 어려워하게 된다(최성애, 조벽, 존 가트맨, 2011). 따라서 교사는 유아의 울음, 짜증, 공격적 행동 등이 무슨 의미인지 유아가 보이는 부정적 정서와 행동 이면의 마음을 공감해서 긍정적으로 상호작용할 수 있어야 하며, 이를 위해서는 타인의 정서를 인식하고 공감할 수 있는 정서역량이 필요하다.

셋째, 효과적인 소통측면

학부모, 교사와의 교육공동체 안에서 효과적으로 소통하고 관계를 관리하기 위해서 필요한 역량이다. 즉, 교사는 유아교육기관이라는 조직 속에서 유아 외에도 부모, 동료교사, 원장 등의 성인들과 인간관계를 맺게 된다. 특히 초임교사들의 경우에는 성인과의 관계에 대한 부담(조운주 · 최일선, 2004), 부모와의 갈등으로 인한 스트레스(조혜진, 2007) 등의 대인관계 문제가 주된 어려움으로 보고되고 있다. 이와 같이 유아교육현장에서 교사로서 맺게 되는 부모, 동료교사, 원장 등 성인과의 관계는 직장생활의 성공을 결정하는 중요한 관계이며, 효과적으로 성인과의 관계를 관리하는 능력이 필요하다. 이를 위해서는 교사-부모 간, 교사-동료교사 및 원장 간 관계의 특성을 이해하고 효과적으로 의사소통하기 위한 기술, 갈등이 생겼을 때 효과적으로 갈등을 관리하기 위한 전략과 협력적인 관계를 형성하고 유지하는 능력이 필요하다.

넷째, 교사의 스트레스관리

유아교사직은 정서노동이 많은 직업으로, 교사 스스로 자신의 스트레스와 소진을 관리하고 심리적 안녕감을 높이기 위해서 정서역량이 필요하다. 즉, 영유아교사는 유아, 학부모, 원장 및 동료교사 등 많은 사람들과 영향을 주고받으며, 긍정적인 정서뿐만 아니라 불안, 화, 긴장, 회의감 등의 부정적인 정서도 경험하게 된다. 하지만 교사는 자신이 느끼는 정서를 언제나 있는 그대로 표현하는 것은 아니며, 상황에 적절한 정서를 만들어 표현하게 된다. 즉, 교사는 유아교육기관에서 기대하는 정서표현 규범에 따라 부정적인 정서보다 긍정적인 정서를 많이 표현해야 하기 때문에 실제로 느끼는 정서와 표현되는 정서가 다른 상황에 놓이게 되는데, 이러한 상황을 Hochschild(1983)는 최초로 정서노동(emotional labor)이라는 개념으로 설명하였다. 특히 유아교사와 같이 인간관계를 매개로 타인을 돕는 조력직(helping professions)인 경우에는 일방적으로 상대를 배려하고 보살핌을 제공해야 하는 조력관계의 특수성으로 인해 스트레스와 심리적 소진을 경험할 위험이 크다(Campbell, 1992).

정서노동 중 실제로 느끼는 정서가 부정적이더라도 그 상황에 적합한 긍정적 정서행동으로 가장해서 표현하는 표면행동은 교사의 스트레스와 정서적 소진을 일으키고(이진화, 2007), 직무만족(김수연·조혜진, 2015)은 물론 행복감(차정주·이효림, 2015)에도 부정적인 영향을 미친다고 선행연구들이 공통적으로 보고하고 있다. 그런데 최근 동일한 근무환경에서 정서노동을 많이 하는 근로자라도 정서노동의 영향을 동일하게 경험하는 것은 아니며, 정서노동이 스트레스, 직무만족 등에 미치는 부정적 영향을 완화 또는 조절해 줄 수 있는 변인으로 정서지능에 주목하고 있다. 실제 교사의 정서지능은 직무스트레스가 소진에 미치는 영향을 완화해 줌으로써 심리적 탈진상태까지 진행되는 것을 예방하였고(조혜진·김수연, 2011) 교사의 정서노동이 직무만족에 미치는 부정적 영향을 완충하는 조절효과가 있는 것으로 나타났다(조혜진·박효진, 2012). 따라서 유아를 가르치고 돌보는 교사직의 특성상 교사가 영유아의 다양한 정서표현에 끊임없이 자신의 정서표현을 조절해야 하는 정서노동을 계속해야 한다면, 교사 스스로 정서노동이 심리적 안녕에 미치는 부정적 영향을 최소화할 수 있도록 조직상황에서 자신과 타인의 정서를 인식하고 긍정적인 방향으로 자신의 정서를 조절할 수 있는 정서역량을 개발하는 것이 필요하겠다.

3. 정서역량 이해

1) 정서의 개념과 기능

(1) 어원 및 개념

정서에 해당하는 영어 'emotion'은 움직이다(move)와 휘젓다(stir up)를 의미하는 라틴어 'movere'에서 유래되었다. 즉, 정서는 단지 정적인 마음의 상태가 아니라 '무엇인가가 움직이는 것'을 의미한다(Schilling, 2001). 정서는 우리의 주의를 움직여서 여러 가지 생물학적 반응들, 즉 얼굴표정, 근육의 강도, 음성, 신경, 호르몬을 이용하여 행동으로 옮기도록 하고 우리가 반응을 보일 수 있는 최적의 상태에 있도록 한다.

Parrott(2001)는 '정서는 인지적, 신체적, 행동적 증상으로 뚜렷하게 표현되는 지속적인 마음의 상태'라고 정의하였다. Kleinginna와 Kleinginna(1981)는 '정서는 신경·호르몬 계에 의해 중재되는 주관적·객관적 요인들의 복잡한 상호작용'이라고 정의하였다. 이는 첫째, 각성이나 쾌·불쾌의 감정과 같은 감정적 경험을 유발하고, 둘째, 정서와 관련된 지각, 평가, 명명과정과 같은 인지적 과정을 유발하며, 셋째, 각성상황에 대한 광범위한 생리적 적응을 활성화하고, 넷째, 표현적, 목표지향적, 적응적인 행동을 유도할 수 있다고 하였다.

(2) 정서와 유사한 단어들

정서라는 용어는 기분(mood)과 감정(affect) 등과 같은 용어와 혼동해서 사용되고 있으나, 이들 용어는 개념상 다소 차이가 있다.

정서는 정서가 유발되는 시점에서 상황에 대한 인지적 평가와 기분에 영향을 받으며, 기분은 정서적 반응을 유발하는 데 영향을 미친다. 예를 들어, 시간적으로 여유 있을 때보다 아침에 시간에 쫓기는 상황에서 버스사고가 나면 더 화가 날 수 있고, 이렇게 짜증스러운 기분일 때 아이들끼리 놀잇감 때문에 다툰다면 아이들을 지도하면서 쉽게 화를 낼 수 있을 것이다. 또한 정서와 기분을 대상지향성과 지속성 측면에서 비교하면, 정서는 대상지향적인 반응으로, 무엇에 대해서 혹은 무엇으로 인하여 유발되는 것인 반면에, 기분은 대상이 없거나 대상이 있더라도 전반적인 일상생활상의 상황이나 포괄적인 대상에 대한 것이다. 또한 정서는 비교적 쉽게 변하는 속성을 가지고 있으나, 기분은 보다 오래 지속되는 속성을 가지고 있다. 정서는 정지된 현상이 아니라 시간이 경과함에 따라 변화하는 현상으로, 최초의 원인이 된 정서에 이어 일련의 정서반응이 일어난다.

반면 감정은 정서와 그 의미에서 보다 구분이 모호할 뿐 아니라 호환적으로 사용되고 있다. 일반적으로 학문적 영역에서는 정서라는 용어를 보다 보편적으로 사용하지만, 임상영역에서는 감정이라는 용어를 보다 많이 사용하고 있다(정옥분 외, 2008).

- 정서: 사람의 마음에 일어나는 여러 가지 감정 또는 감정을 불러일으키는 기분이나 분위기
- 감정: 자극에 대한 그 사람의 실제 반응, 태도이며, 생리적 측면을 강조할 때 많이 사용함
- 기분: 대상·환경 따위에 따라 마음에 절로 생기며 한동안 지속되는 유쾌함이나 불쾌함 따위의 감정. 비교적 오랜 기간 약하게 지속되며 시작이나 끝이 불분명함

참고

[다큐플렉스] IQ보다 중요한 EQ! 인지역량과 정서역량의 상관관계
(유튜브, 엠뚜루마뚜루/ MBC 공식종합채널)
https://youtu.be/ERMcrr3Bse0

(3) 정서의 기능

감정은 감추고 이성적으로 행동하는 사람이 현명한가? 고대 철학자들은 대부분 정서를 이성적인 심리적 과정을 방해하는 비합리적이고 본능적인 현상으로 이해했다. 이러한 태도는 현재까지 이어지면서 정서가 합리적인 사고와 행동을 방해하는 요인이라고 생각하여, '이성적으로 행동해라', '넌 왜 그렇게 매사에 감정적이니?', '다른 사람에게 너의 감정을 노출하지 마'라고 이야기한다. 그렇다면 정서는 정말 비합리적이고 불필요한 것인지 정서가 어떠한 역할을 하는지 살펴보고자 한다.

① 정서는 상황에 필요한 행동을 유발하여 생존과 적응을 돕는다.

Darwin(1872)은 진화론적 입장에서 정서는 유기체가 환경에 적응해 나가는 것을 도와주는 기능을 한다고 정서의 긍정적인 기능을 제시하였다. 정서는 인간이 생존하고 환경에 적응할 수 있도록 돕는 적응적인 것으로, 인간의 생존에 결정적인 역할을 하면서 진화해 왔다. 예를 들어, 분노는 개체로 하여금 공격하는 행동을 하게 하여 위협으로부터 자신을 보호하게 하는 것이다.

② 정서는 정보를 제공한다.

정서는 우리에게 정서를 유발한 자극이나 상황에 대한 정보를 제공해준다. 즉, 정서를 유발한 자극이 자신에게 유쾌한 것인지 불쾌한 것인지 또는 그 자극에 다가가야 할 것인지 회피하거나 물러서야 하는 것인지에 대한 정보를 제공해 준다. Plutchik(1980)가 제시한 정서의 자극사건과 반응행동을 정리하면 표 6-2와 같다.

표 6-2 정서의 자극사건과 반응행동

자극사건	인지	정서	행동
위험	위험	공포	달리기, 달아나기
장애물	적	분노	깨물기, 치기
잠재적인 배우자	소유	기쁨	구애, 짝짓기
가치 있는 대상의 상실	포기	슬픔	재결합을 위해 울기
집단구성원	친구	수용	치장하기, 나누기
소름 끼치는 물건	독	혐오	토하기, 밀기
새로운 영역	무엇이 있지?	기대	탐색·표시·조직하기
예기치 못한 사건	무엇이지?	놀람	멈추기, 신경 곤두세우기

③ 정서는 의사소통이다.

사람들은 대인관계에서 표정과 몸짓을 통해서 정서 상태에 관한 신호를 주고받는다. 아기는 울음이나 웃음 등으로 보호자에게 배고픔이나 졸림, 불편함 등의 다양한 메시지를 전달한다. 성인들도 화를 냄으로써 다른 사람들에게 혼자 있게 해달라거나 심기가 불편하다는 신호를 보내고, 웃음으로 현재 마음을 열고 있으며 접근해도 된다는 메시지를 보낸다. 이처럼 정서는 의사소통을 위한 강력한 수단이다.

④ 정서는 의사결정에 영향을 미친다.

어떤 사람들은 합리적인 의사결정을 하는 데 감정이 방해가 된다고 한다. 하지만 이것은 정서를 느끼는 것 자체의 문제가 아니라 정서를 적절히 조절하지 못하고 활용하지 못하는 데서 비롯된 오해이다. 어떤 의사결정도 감정 없이 이루어질 수 없다. 감정은 이성보다 훨씬 위력적이며 인간의 행동은 머리가 아니라 가슴이 지배한다(조벽, 2016). 예를 들어, 담배가 건강에 나쁘다는 사실을 머리로는 잘 알지만 피우고 싶은 마음이 더 강하기 때문에 끊기가 쉽지 않은 것이다. 직장생활에 적용해 보면, 긍정적인 감정은 생각과 행동의 폭을 넓혀 주고 새로운 아이디어를 생각해 내도록 도와주며 과감하게 새로운 행동을 시도하게 만든다. 반면에 두려움, 불안 등의 부정적인 감정은 좀 더 정확한 집중력을 갖게 하고 세부적인 것을 검토하게 하며 실수들을 효율적으로 찾아내도록 한다(Caruso & Salovey, 2009). 즉, 행복한 감정을 느끼는 평화로운 때도 있지만 부정적인 감정을 느끼며 신중해야 할 때도 있다. 따라서 효과적인 의사결정을 위해 정서를 잘 활용하는 것이 필요하다.

2) 정서지능과 정서역량

역량(competence)이란 '조직 환경 속에서 탁월하고 효과적으로 업무를 수행할 수 있는 조직원의 행동특성으로, 그들에게 요구되는 지식, 기술, 태도의 총체'이다(김진모, 2001). 역량이라는 개념이 본격적으로 논의되기 시작한 것은 하버드 대학의 심리학자인 MeClelland(1973)가 「지능보다는 역량검사(Testing for competence Rather Than for Intelligence)」라는 논문에서 IQ테스트와 같은 전통적 의미의 지능검사나 심리테스트보다 역량의 측정이 한 개인의 직무수행을 보다 타당하게 예측할 수 있다고 주장하면서부터이다. 이어 Spencer와 Spencer(2005)는 「직무에서의 역량(Competence at work)」이라는 저서에서 역량의 구조를 빙산모형으로 제시하였다. 역량을 개발 가능성 정도에 따라 특질, 동기, 자기개념(태도, 가치관), 지식, 기술의 다섯 가지 유형으로 구분하면서 특질, 동기, 자기개념 등은 빙산 아래 감추어져 있어 파악하거나 개발하기 어려운 요소이고, 지식과 기술은 가시적인 것으로 교육훈련 등에 의해 상대적으로 개발이 용이하다고 하였다. 이러한 역량 개념은 개인이 어떤 역량을 가지고 있는가에 따라 직무의 성과를 예측할 수 있기 때문에 중요하다.

역량의 중요성이 강조되면서 개인차원의 정서지능을 조직상황에서 직무성과를 발휘하기 위한 역량으로 해석한 것이 Goleman(1998)의 정서역량 개념이다. Goleman은 직장에서 정서지능이 자신과 타인의 정서를 관리하고, 그와 연관된 능력과 업무수행에서 우수한 성과를 예견하는 능력과 상당히 연관되어 있다고 보았으며, 정서지능과 정서역량을 구분하였다.

정서지능이란 '자신과 타인의 정서를 평가하고 표현할 줄 아는 능력, 자신과 타인의 정서를 효과적으로 조절할 줄 아는 능력 그리고 자신의 삶을 계획하고 성취하기 위해서 그러한 정서를 활용할 줄 아는 능력'이며(Salovey & Mayer, 1990), 자신과 대인관계를 관리하는 능력의 원천이 되는 지능요인(Nolan, 2007)이다. 이에 대해 Goleman은 정서역량을 '업무에서 훌륭한 성과를 만들어낼 수 있는 능력으로, 정서지능에 기반을 둔 학습된 능력'이라고 정의하였다. 박동건, 최대정, 이은정(2006)도 정서역량을 '정서지능에 바탕을 둔 학습된 능력으로, 조직 내에서 감정과 관련된 다양하고 복잡한 문제가 발생했을 때 효과적으로 문제를 해결할 수 있고, 우수한 업무수행을 할 수 있는 능력'으로 정의하였다.

이와 같이 정서역량이란 정서지능을 바탕으로 조직상황에서 발현되는 능력으로, 정서지능과 정서역량은 서로 연관되어 있지만 같은 개념은 아니다. 즉, 정서지능이 높을 경우 조직에서 정서역량을 발휘할 잠재력이 있음을 의미하는 것이지 정서지능이 높다고 해서 업무에서 정서역량이 높은 것은 아니라는 것이다. 하은옥과 황해익(2008)은 조직 내에서 정서지능이 높은 사람들은 업무에서 높은 성과를 창출할 수 있는 잠재력을 갖고 있지만, 그 자체가 업무에서 자연히 표출되는 것은 아니며 실제 업무를 수행하는 과정에서 정서지능이 나타날 수 있도록 정서역량을 기르는 것이 필요하다고 주장하였다. 또한 다른 연구자들(곽윤정, 2004; Goleman, 2008; Schilling, 2001)도 개인차원의 정서지능이 조직상황에서 발현되기 위해서는 정서역량의 개발이 요구되며 교육을 통해 향상시킬 수 있다고 강조하고 있다. 이런 맥락에서 유아교사의 정서역량이란 '정서지능이 유아교육현장에서 활용될 수 있는 정도'이며, '정서지능을 바탕으로 유아교육현장에서 영유아를 가르치고 돌보는 데 필요한 정서적 자질을 효과적으로 활용할 수 있는 능력'이라고 볼 수 있다.

이상의 내용을 종합하여 역량과 정서지능, 정서역량의 개념을 비교하여 도식화하면 그림 6-4와 같다.

① 역량: 조직 환경 속에서 성공적으로 업무를 수행하기 위해 필요한 지식, 기술, 태도의 총체

② 정서지능: 자신과 대인관계를 관리하는 능력의 원천이 되는 개인차원의 지능요인

③ 정서역량: 정서지능을 바탕으로 조직상황에서 발현되는 능력, 정서지능에 바탕을 둔 학습된 능력
조직 내에서 감정과 관련된 문제가 발생했을 때 효과적으로 문제를 해결할 수 있는 능력

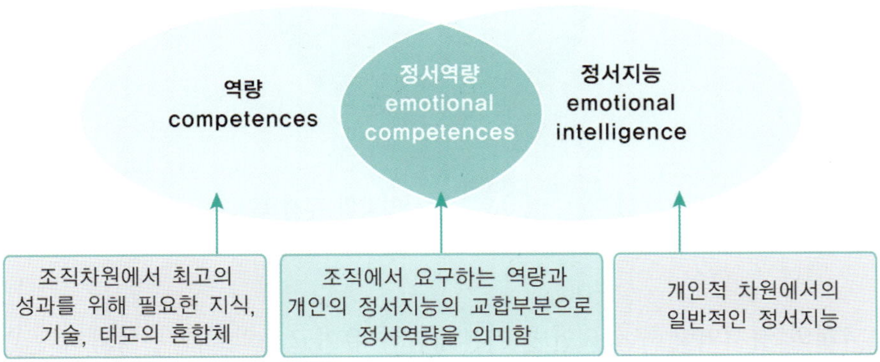

그림 6-4 정서지능과 정서역량의 관계

출처: 한지현 외(2003). p. 25 재인용.

3) 정서역량의 네 가지 하위역량

Goleman, Boyatzis 그리고 Mckee(2003)는 정서역량을 크게 개인적 역량과 사회적 역량으로 구분하고 구성요소로 자기인식능력, 자기관리능력, 사회인식능력, 관계관리능력을 제시하였다. 개인적 역량(personal competence)은 한 개인이 자신을 조절하고 통제할 수 있는 능력을 말하고, 사회적 역량(social competence)은 타인과의 관계를 관리할 수 있는 역량을 의미하며, 이는 그림 6-5와 같다.

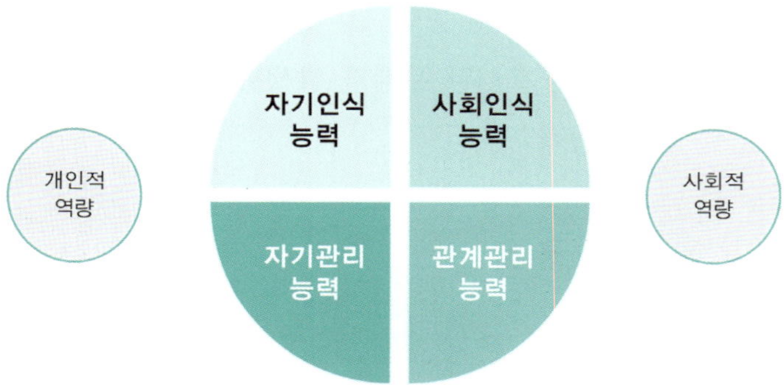

그림 6-5 정서역량의 구성요인

4개의 정서역량 구성요인별 기본개념과 유아교사의 역할수행과의 관련성을 구체적으로 살펴보면 다음과 같다(이춘복, 2012; 전주영, 2014; Goleman et al., 2003; Kress & Elias, 2006).

(1) 자기인식능력: 자기 자신을 잘 파악하는 능력

자기인식능력(self awareness)은 자신의 감정, 능력, 한계, 가치, 목적에 대해 이해할 수 있는 능력으로, 자기 자신에 대해 정확히 파악할 수 있는 능력을 말한다. 자기인식능력의 하위요인에는 정서적 자기인식능력, 자신의 장단점과 한계를 아는 자기평가능력, 자신감 등이 포함된다.

자기인식은 직업 환경에서 정서역량을 증진하기 위한 가장 기본적인 능력인데, 유아교사가 자신의 감정을 먼저 이해해야 스스로 조절할 수 있고, 자신의 강점이나 한계를 파악할 수 있기 때문이다. 따라서 유아교사가 역할을 수행하는 과정에서 자신이 어떠한 감정 상태에 있는지, 그로 인해 어떠한 일이 발생하는지, 자신의 장단점과 선호하는 것은 무엇인지 자신의 내면상태에 귀를 기울이는 자기인식능력이 필요하다.

(2) 자기관리능력: 자신의 감정을 잘 관리할 수 있는 능력

자기관리능력(self management)은 자신의 감정을 조절하고 자신이 무엇을 하려고 하는지를 분명히 하는 능력으로, 충동조절, 스트레스관리, 자기동기, 개인적 훈육, 적절한 목표를 수립하고 그 목표를 달성하기 위한 행위를 조직하는 능력 등이 포함된다.

유아교사의 정서조절은 직무를 수행하는 과정에서 일상적으로 발생하는 스트레스와 문제 상황에서 자신의 정서를 조절하고 관리하는 능력이다. 유아교사의 정서조절에 의한 정서표현들은 유아에게 다양한 정서적 모델링이 될 수 있고, 유아교사의 자아존중감과 긍정적인 태도에 효과가 있으므로 교사의 역할 수행에서 정서조절능력은 매우 중요한 능력이다. 따라서 유아교사가 부정적 정서와 충동을 조절하고 스트레스를 관리하는 능력, 목표를 위해 시간과 자원을 관리하는 능력은 유아교사의 성공적인 역할수행을 위해 반드시 필요한 능력이다.

참고

정서지능의 본질 - 감정관리능력
(유튜브, 인생멘토 임작가) https://youtu.be/XGYbx2gEPXY

(3) 사회인식능력: 타인의 감정이나 상태를 이해할 수 있는 능력

사회인식능력(social awareness)은 타인의 상태를 파악하고 이해할 수 있는 능력으로, 타인의 감정, 느낌이나 타인이 처해 있는 상황을 이해할 수 있음을 의미한다. 사회인식능력의 하위요인에는 타인의 관점을 취하고 공감할 수 있는 능력, 인간의 다원성에 대한 이해, 타인에 대한 건강하고 적절한 존중을 포함한다.

유아교사의 공감은 유아나 동료교사, 부모들 간의 감정, 욕구, 상황을 인식하고 이해하는 능력이다. 공감을 잘한다는 것은 다른 사람의 얼굴 표정이나 태도를 올바르게 해석하고 그들의 시선에서 상황을 바라보고, 그들의 감정을 예견할 수 있다는 것을 전제로 한다. 따라서 유아교사가 타인의 감정이나 상태에 관심을 갖고 공감하는 것은 상호신뢰에 기본이 되며, 갈등해결과 원만한 관계를 이끌어내는 데 필수적인 능력이다.

(4) 관계관리능력: 타인과 원만한 관계를 형성하고 유지하는 능력

관계관리능력(relationship management)은 타인과 대화, 설득, 협력의 과정을 통하여 효과적으로 일을 처리할 수 있는 능력으로, 타인과 원만한 관계를 형성하고 유지할 수 있는 능력을 의미한다. 관계관리능력의 하위요인에는 타인과 의사소통하는 능력, 갈등을 관리하는 능력, 타인과 관계를 형성하고 협력해서 도움을 주고받을 수 있는 능력을 포함한다. 관계관리능력은 앞서 제시한 자기인식, 자기관리, 사회인식이라는 세 가지 정서 역량이 기초가 되어 발휘되는 종합적인 역량이다.

유아교사의 관계관리능력은 유아, 동료교사, 부모들과 효과적으로 소통하고 원만하게 관계를 유지할 수 있는 능력으로, 관계관리를 위하여 자기인식, 정서조절능력, 감정이입, 경청, 비언어적인 메시지의 이해, 다른 사람의 감정을 다루는 능력, 관계형성능력, 의사소통, 갈등관리 등의 능력이 필요하다.

수행하기 6-1

요즘 나는…

자신의 감정상태가 어떠한지 내면을 들여다보도록 한다. 각각에 대해 오래 생각할 필요는 없다. 그냥 자신을 들여다볼 수 있는 시간으로 누구와 무엇을, 어떻게 했을 때 그런 감정을 느꼈는지 제일 먼저 떠오르는 생각대로 적어 보자.

요즘 나는 ______________________________

______________________________때 행복하다.

요즘 나는 ______________________________

______________________________때 상처받는다.

요즘 나는 ______________________________

______________________________때 사랑받는 느낌을 갖는다.

요즘 나는 ______________________________

______________________________때 화가 난다.

요즘 나는 ______________________________

______________________________때 하다.

출처: 조혜진(2018). p. 231.

수행하기 6-2

배려에 대해 알아보자.

1. 남에게 베풀었던 경험이나 내가 받았던 경험들에 대해 이야기해 보자.

2. 영유아들에게 배려심을 가르칠 수 있는 방법들에 대해 이야기해 보자.

▶ **내가 속한 조직에서 배려가 필요한 상황과 내가 실천할 수 있는 것은 어떤 것이 있을까?**

☞

☞

☞

수행하기 6-3

생각해 봅시다.

1. 그림책 〈피터의 의자〉를 읽어보세요.

참고

(유튜브, 책읽어주는쌤 하이)
https://youtu.be/xlHl3FwXQWk

2. 동생이 태어난 뒤 심술을 부리고 가출을 하게 된 피터의 감정은 어떨지 생각해 보세요.

3. 혹시 형제자매로 인하여 이러한 감정을 느껴 본 적이 있는지 이야기해 보세요.

4. 피터, 동생, 피터 부모님 입장으로 나누어 역할놀이 해보고 이야기 나누어 보세요.

주인공 피터는 시끄럽게 논다고 엄마에게 꾸지람을 듣습니다. 얼마 전에 태어난 동생이 잠들어 있기 때문입니다. 아빠는 피터의 식탁 의자를 분홍색으로 색칠하며 동생이 쓸 것이라고 말합니다. 화가 난 피터는 자신이 아끼는 물건들을 가지고 가출을 합니다. 자신의 의자에 앉으려던 피터는 의자가 작아서 앉을 수가 없다는 것을 발견하고 스스로 동생에게 의자를 주기로 결심합니다.

▶ 피터, 동생, 피터 부모님의 입장으로 나누어 역할놀이를 해보고 각자 느꼈던 감정과 입장에 대하여 써 보세요.

☞ 피터의 감정 :

☞ 동생의 입장 :

☞ 피터의 부모님 :

▶ 영유아 예비교사로서 동생이 태어나 퇴행행동을 보이며 스트레스를 받는 영유아가 있을 경우 어떻게 말해주면 좋을지 써 보세요.

Chapter
07

영유아교사의 행복

1. 영유아교사의 행복 찾기

1) 행복의 의미

행복의 사전적인 의미를 살펴보면 표준국어대사전(2015)에서는 행복이란 '생활에서 충분한 만족과 기쁨을 느끼어 흐뭇함 또는 그러한 상태'로 정의한다. 그렇다면 어떻게 이러한 행복을 느낄 수 있을까? 순조로우면서 아무 시련이 없는 삶이 행복의 좋은 예일까? 행복에 대한 견해는 시대나 문화 또는 학자에 따라서 의미하는 바는 다르겠지만, 심리적 행복은 시련을 피하는 상태를 말하는 것이 아니다(Hopper, 2012, 2013). 삶을 살아가다가 좌절, 실패 또는 불의의 사고 등으로 자신이 원하는 삶을 살지 못하는 사람이 꼭 불행한 것은 아니다. 어떠한 상황 속에서도 자신의 삶에 대하여 긍정적으로 평가하고 만족하는 사람이 행복한 것이다.

2) 행복의 요인

행복은 유전적 요소가 50%, 환경적 조건이 10% 정도 작용하고 나머지 40%는 행복한 삶을 살고자 하는 개인적 노력 여부에 따라 행복감의 정도가 달라질 수 있다(Lyubomirsky, Sheldon, & Schkade, 2005). 따라서 긍정적인 마음상태를 개발하기 위해 노력하는 태도는 지속가능한 행복을 도모할 수 있도록 돕는다고 할 수 있다(황해익 외, 2014).

참고

[2018년 행복인사이트] 행복은 언제, 왜 느끼는가? /
서은국 연세대학교 심리학과 교수
https://youtu.be/tuOgSMsu4Zg

영유아교사가 행복을 느낄 수 있는 상태가 어떠한 것인지를 알아보기 위해 행복에 대해 과학적으로 접근하여 주목받고 있는 긍정심리학(positive psychology)을 토대로, 영유아교사를 행복하게 만드는 요인에 대해 살펴보고자 한다.

긍정심리학은 그동안 인간의 부정적인 상태에 대해 지나치게 강조되어 왔던 것에 대한 반성으로, 인간의 긍정적인 상태에 초점을 두며 삶을 풍요롭게 하는 것을 목적으로 두고 있다(Lyubomirsky, 2012).

긍정심리학의 대표적인 학자인 Seligman(2011)은 진정한 행복에 이르는 핵심 요소로 긍정적 정서(positive emotions), 몰입(engagement), 의미(meaning), 관계(relationship), 성취(accomplishment)의 5가지 요소를 강조하고 있다. 행복의 요인에 대한 정의와 행복한 삶에 대한 구체적인 예는 표 7-1과 같다.

표 7-1 행복의 요인

행복의 요인	정의	행복한 삶의 예
긍정적 정서	기쁨, 긍정적인 느낌, 삶의 만족도에 관한 내용	• 괜찮아 다 잘 될 거야. • 가끔 나에게 일어나는 일이야. • 내가 잘해서 우승한 것 같아. • 이번 시험을 망친 건 특이한 일이야.
몰입	자신이 하는 일에 대한 흥미와 관심 및 몰입 정도에 관한 내용	• 시간 가는 줄 몰랐어, 이것만 하면 시간이 빨리 가네. • 그 일에 완전히 빠져서 전혀 자각하지 못했어. • (그 상태를 돌이켜보며) 재밌었어. 정말 굉장했어. • 나는 그때 그 순간 그 자체가 너무 좋았어.
의미	의미 있는 삶의 주도, 자신의 일에 대한 가치와 의미부여, 삶의 방향성 설정에 관한 내용	• 저번에 기숙사에서 밤새워 이야기했을 때만큼 의미 있는 대화를 한 적이 없었지? • 내 삶의 주인공은 나! • 내가 선택한 길은 내가 주도적으로 이끌어 나갈 거야.

행복의 요인	정의	행복한 삶의 예
관계	타인으로부터의 도움 및 지원 정도, 개인적 인간관계의 만족도에 관한 내용	• 아빠가 목마를 태워줄 때가 더 좋아. • 너랑 같이 있으니까 좋아. • 너의 도움으로 일을 잘 마무리할 수 있었어. • 너와 같이 이 일을 할 수 있어서 나는 힘이 나.
성취	목적 성취를 향한 진보, 스스로 설정한 목표 달성 및 책무 완수에 관한 내용	• 오늘도 다친 아이들 없이 하루를 잘 보냈구나. • 내가 이 일을 멋지게 마무리하다니 난 정말 멋져. • 이 일을 성취하기 위해 난 최선을 다했어. • 이번 일을 끝내고 나니 한층 더 많이 성장한 것 같아.

수행하기 7-2에서 '다차원적 행복척도(Multidimensional Measure of Flourishing: MMF)'를 사용하여 예비영유아교사로서 행복 증진 정도를 측정할 수 있다. MMF는 Butler와 Kern(2014)이 개발하였으며, 이를 한국의 현실에 맞게 김미진(2015)이 번안하였다.

Seligman(2011)이 제시한 행복의 다섯 요소인 긍정적 정서, 몰입, 관계, 의미, 성취의 5가지 요소에 대해 각 3문항씩 그리고 전반적 행복(overall well-being)에 관한 1문항을 추가하여 총 16개 문항으로 구성되어 있다. 각 문항은 '전혀 그렇지 않다/매우 나쁘다(0점)'부터 '완전히 그렇다/항상 그렇다/매우 좋다(10점)'까지의 11점 척도로 구성되어 있다.

수행하기 7-1

행복이란?

행복의 사전적 의미는?

내가 생각하는 행복이란?

내가 가장 행복했던 순간은?

수행하기 7-2

당신은 얼마나 행복한가요?

다차원적 행복 척도

1. 당신은 전반적으로 어느 정도로 목적의식이 있고 의미 있는 삶을 주도합니까?

0	1	2	3	4	5	6	7	8	9	10

전혀 그렇지 않다 완전히 그렇다

2. 당신은 얼마나 자주 목적 성취를 향해 진보해가고 있다고 느낍니까?

0	1	2	3	4	5	6	7	8	9	10

전혀 그렇지 않다 완전히 그렇다

3. 당신은 얼마나 자주 하고 있는 일에 몰입합니까?

0	1	2	3	4	5	6	7	8	9	10

전혀 그렇지 않다 완전히 그렇다

4. 전반적으로 당신은 얼마나 자주 기쁨을 느낍니까?

0	1	2	3	4	5	6	7	8	9	10

전혀 그렇지 않다 완전히 그렇다

5. 당신은 도움이 필요한 때 남들로부터 어느 정도의 도움 및 지원을 받습니까?

0	1	2	3	4	5	6	7	8	9	10

전혀 그렇지 않다 완전히 그렇다

6. 당신은 얼마나 자주 스스로 설정한 중요한 목표를 달성합니까?

0	1	2	3	4	5	6	7	8	9	10

전혀 그렇지 않다 완전히 그렇다

7. 전반적으로 당신의 삶에서 당신이 하는 일이 어느 정도로 가치와 의미가 있다고 느낍니까?

0	1	2	3	4	5	6	7	8	9	10

전혀 그렇지 않다 완전히 그렇다

8. 전반적으로 당신은 얼마나 자주 긍정적인 느낌을 갖습니까?

0	1	2	3	4	5	6	7	8	9	10

전혀 그렇지 않다 완전히 그렇다

9. 전반적으로 당신은 어떠한 일에 있어서 어느 정도 흥미와 관심을 갖습니까?

0	1	2	3	4	5	6	7	8	9	10

전혀 그렇지 않다 완전히 그렇다

10. 당신은 어느 정도로 사랑받고 있다고 느낍니까?

0	1	2	3	4	5	6	7	8	9	10

전혀 그렇지 않다 완전히 그렇다

11. 당신은 얼마나 자주 당신의 책무를 완수합니까?

0	1	2	3	4	5	6	7	8	9	10

전혀 그렇지 않다 완전히 그렇다

12. 당신은 어느 정도로 삶의 방향성을 갖고 살고 있다고 느낍니까?

0	1	2	3	4	5	6	7	8	9	10

전혀 그렇지 않다 완전히 그렇다

13. 당신은 개인적 인간관계에 얼마나 만족합니까?

0	1	2	3	4	5	6	7	8	9	10

전혀 그렇지 않다 완전히 그렇다

14. 당신이 즐기는 무엇인가를 하는 동안 얼마나 자주 시간이 가는 줄 모르고 합니까?

0	1	2	3	4	5	6	7	8	9	10

전혀 그렇지 않다 완전히 그렇다

15. 전반적으로 당신은 어느 정도로 삶의 만족감을 느낍니까?

0	1	2	3	4	5	6	7	8	9	10

전혀 그렇지 않다 완전히 그렇다

16. 모든 것을 종합해서 볼 때 당신은 자신이 얼마나 행복하다고 생각합니까?

0	1	2	3	4	5	6	7	8	9	10

전혀 그렇지 않다 완전히 그렇다

행복의 요인	문항별 점수				총점
긍정적 정서	문항	4	8	15	
	점수				
몰입	문항	3	9	14	
	점수				
의미	문항	1	7	12	
	점수				
관계	문항	5	10	13	
	점수				
성취	문항	2	6	11	
	점수				
전반적 행복	문항	16			
	점수				

행복 총점은 긍정적 정서, 몰입, 관계, 의미, 성취와 관련된 요인을 측정하는 15문항과 모든 것을 종합할 때 당신은 얼마나 행복한지를 묻는 전반적 행복 1문항의 합계를 통해 산출되는데, 점수가 높을수록 행복 수준이 높다고 할 수 있다(김미진, 2015).

현재 당신의 행복 총점은 얼마인가? 행복의 요소 중 제일 점수가 높은 것은 무엇이며, 제일 점수가 낮은 것은 무엇인가? 다음은 지금보다 조금 더 행복해지기 위해 할 수 있는 일 중 마음만 먹으면 오늘 당장 할 수 있는 일들을 작성해 보자. 행복을 위해 특별하게 할 수 있는 일이라기보다는 예전에 했던 활동인데 잠시 잊고 있었던 것이나, 하려고 했었으나 잠시 미루어 둔 것도 좋다. 작성한 3가지 일들을 오늘 중으로 꼭 실천한 후 실천결과와 실천소감을 함께 기록해 보자.

수행하기 7-3

행복해지기 위해 오늘 당장 할 수 있는 일들을 적어보자.

	행복을 위한 오늘의 과제 ____년 ____월 ____일	실천결과 (O, X)	실천소감
1			
2			

2. 영유아교사의 행복 키우기

영유아교사는 교사의 직무 중 상당 부분이 보육과 교육 외에 행정적인 업무까지 그 영역이 매우 넓고 다양할 뿐만 아니라 부모, 동료, 행정, 영유아와 상호작용 속에서 동시다발적으로 다양한 행동 및 의사결정을 해야 하는 것과 관련된 스트레스를 겪고 있는 것으로 나타났다(황해익 외, 2012). 이와 같은 영유아교사가 경험하는 과중한 직무스트레스는 보육의 질에 부정적인 영향을 크게 미칠 뿐만 아니라(구은미, 2004), 소진과 우울에 영향을 끼친다는 결과도 있으며(홍길회, 2017), 스트레스의 장기 누적은 교사의 퇴직이나 이직률을 높이는 원인이 되기도 한다(박선해 외, 2013).

영유아교사의 직무스트레스를 줄이기 위한 방법으로 기존에는 스트레스 대처방안 및 완화 기제가 주를 이루었으나, 직무스트레스를 줄이는 방안으로 우울을 감소시키려는 노력이 우선 필요하다고 할 수 있다는 연구결과(홍길회 외, 2013)를 비롯하여 긍정심리학 등장 이후에는 교사의 스트레스를 완화시키는 개입보다는 행복을 증진시키는 방법이 삶의 질 향상에 더 효과적인 것으로 나타났다(김미진, 2015).

교사들의 부정적 정서를 완화시키기 위해서 스트레스를 줄이기 위한 노력보다는 긍정적 정서를 높이기 위한 노력을 선행하는 한편, 스트레스 상황을 긍정적인 측면에서 바라보고 상황을 재평가하는 것이 유용한 대처 방식이 될 수 있다(Folkman, 1997).

좀 더 긍정적으로 일상생활 및 직무스트레스를 줄이기 위해 지금부터 행복을 증진시키는 몇 가지 활동을 직접해 보자.

1) 긍정적으로 생각하기

동일한 상황 속에 있어도 어떤 사람은 '괜찮을 거야'라며 희망을 가지고 긍정적으로 생각하는 반면, 어떤 사람은 '망했어'라며 좌절하면서 부정적으로 생각하기도 한다. 즉, 상황을 바라보는 관점에 따라 서로 다른 결과를 가지고 오는 것이다. 행복한 삶을 살기 위해서는 긍정적인 프레임으로 세상과 자신을 이해하는 과정은 현실의 스트레스를 줄이는 방법일 뿐만 아니라 미래에 대한 낙관적인 기대를 높여줄 것이다(권석만, 2011). 이렇게 긍정적으로 사고할 때 주의해야 할 점은 현실에 입각한 낙관적 사고를 해야 한다는 것이다(Selligman, 2008). 즉, 현실의 상황을 무시하거나 왜곡된 태도로 접근할 경우 미래를 낙관하는 과정에 문제가 발생할 수 있음을 유의해야 한다.

수행하기 7-4

긍정적으로 생각하기

최근에 자신에게 생긴 좋은 일과 나쁜 일 한 가지씩을 기록한 후 그런 결과가 발생한 원인에 대해서 아래 표를 이용하여 판단해 보자.

• 최근 자신에게 생긴 좋은 일은 무엇인가요?

자신에게 좋은 일이 발생한 원인은 무엇 때문인가요?						
전적으로 내 탓	1	2	3	4	5	전적으로 타인이나 상황 탓
항상 그럴 것	1	2	3	4	5	이번 한 번으로 끝날 것
이 상황에만 적용됨	1	2	3	4	5	전반적으로 다른 상황에 적용됨

• 최근 자신에게 생긴 나쁜 일은 무엇인가요?

자신에게 좋은 일이 발생한 원인은 무엇 때문인가요?						
전적으로 내 탓	1	2	3	4	5	전적으로 타인이나 상황 탓
항상 그럴 것	1	2	3	4	5	이번 한 번으로 끝날 것
이 상황에만 적용됨	1	2	3	4	5	전반적으로 다른 상황에 적용됨

출처: 대동대학교 교수학습센터(2014). p. 81.

좋은 일이 일어났을 때 '다른 사람 덕분에' 또는 '그냥 운이 좋아서'라고 생각한 적이 있거나 나쁜 일이 일어났을 때 '나 때문에' 또는 '내가 늘 그렇지'라고 생각한 적이 있다면, 당신은 부정적으로 생각하는 사람이다.

긍정적인 삶을 살기 위해서는 어떠한 결과이든 그 원인에 대해서 긍정적으로 판단하는 능력이 필요하며, 자신에게 일어난 성공과 실패상황에서 표 7-2와 같이 생각하는 것은 낙관성을 키우는 데 도움이 된다(권석만, 2011).

표 7-2 성공과 실패에 대한 귀인방식

나쁜 일이 생겼을 때			어제 길모퉁이에 주차한 차를 누가 긁었을 때
비관적인 사람	→	전적으로 내 탓 항상 그럴 것 전반적으로 다른 상황에 적용됨	• 왜 나에게만 이런 재수 없는 일이 생길까? 여기 세워둔 내가 잘못이지. • 왜 내게는 늘 이런 재수 없는 일이 일어날까? • 왜 나는 매사에 이렇게 운이 없을까?
낙관적인 사람	→	전적으로 타인이나 상황 탓 이번 한 번으로 끝날 것 이 상황에만 적용됨	• 차를 긁고 그냥 가다니 양심도 없는 나쁜 사람이구만. 하지만 이런 일은 누구나 당하는 법 • 오늘은 어쩌다 운이 나쁜 날이구나. • 주차와 관련해서는 내가 운이 나쁘구나.

좋은 일이 생겼을 때			시험에서 예상보다 훨씬 더 좋은 성적을 받았을 때
낙관적인 사람	→	전적으로 타인이나 상황 탓 이번 한 번으로 끝날 것 이 상황에만 적용됨	• 내게 이렇게 좋은 성적을 주다니 채점을 후하게 했군. 누구나 다 성적을 잘 받았겠군. • 어쩌다 이번 시험 운은 좋았구나. • 이 시험 하나는 어쩌다 잘 봤지만 다른 시험은 아마 망칠 거야.
비관적인 사람	→	전적으로 내 탓 항상 그럴 것 전반적으로 다른 상황에 적용됨	• 역시 나는 노력하면 되는구나. • 역시 나는 시험 운은 늘 좋은 편이야 • 역시 나는 다른 시험도 다 잘 보게 될 거야.

2) 감사하기

영유아교사로서 행복을 증진시키는 또 다른 방법으로는 '감사'가 있다. 감사란 '자신에게 베풀어진 다른 사람의 수고와 배려를 인식하고 고마움을 느낄 뿐만 아니라, 그에 보답하려는 개인적 성향'을 의미한다(권석만, 2011). 일상생활 주변에서 사소한 것에 대해서도 감사함을 잘 찾아내는 사람들이 훨씬 더 행복하다는 실험결과가 있다. 즉, 감사를 통해 다양한 긍정적 정서를 경험하게 됨으로써 심리적 행복감이 증진될 뿐만 아니라 자신이 가진 모든 것이 축복이라고 생각하기 때문에 자아존중감 또한 상승한다(황해익 외, 2015). '조금도 쉴 틈 없이 겨우 하루가 흘렀네'라기보다는 '바쁜 일과 속에서도 아이들의 웃음 속에서 교사로서 함께 웃고, 오늘도 다친 아이 아무도 없이 하루를 마무리할 수 있어서 좋다'라고 생각한다면 그 다음날 출근했을 때 교사의 마음가짐은 다를 것이다.

참고

낙관주의자의 특성

- 나는 어려움에 닥쳐도 미래에 대해서 항상 희망적이다.
- 나는 항상 밝은 면을 보려고 노력한다.
- 내 삶의 방식은 최상의 결과를 가져올 것으로 자신한다.
- 내가 세운 목표는 이루어질 것이다.
- 희망은 항상 좌절을 이긴다.
- 게임이나 시합을 할 때 질 것이라고 생각은 하지 않는다.
- 시험성적이 좋지 않더라도 다음에 더 잘할 수 있도록 계획을 세운다.

출처: 권석만(2011). p. 465.

수행하기 7-5

감사일기 쓰기

1주일 동안 하루에 감사한 일을 구체적으로 기록해 보고, 일주일 동안 감사일기를 쓰면서 변화된 나의 모습에 대해 생각해 보자.

날짜	감사한 일
	• • •
	• • •
	• • •
	• • •
	• • •
	• • •
	• • •

감사 일기를 쓴 소감

3. 영유아교사의 행복한 의사소통

유아교육기관이라는 조직 속에서 교사는 영유아, 학부모, 동료 교사, 지역사회 등 다양한 대상과 관계를 맺게 된다. 즉, 영유아교사는 보육의 대상인 영유아와의 따뜻하고 신뢰로운 관계 맺기가 필요할 뿐만 아니라 학부모와의 상호신뢰를 구축하고, 동료 교사와 긍정적인 관계를 맺고 협력하며, 지역사회와 협력적인 관계를 형성해야 한다(이순형 외, 2013). 행복한 관계 형성을 위해서는 존중과 이해를 기반으로 한 효과적인 의사소통은 필수적인 요소이다.

1) 나의 의사소통 스타일 진단하기

인간관계를 잘 형성해 나가기 위해서 본인 자신에 대한 이해는 매우 중요하다. 즉, 자신을 다른 사람에게 내보이는 일은 매우 비중 있는 부분으로 다른 사람에게 자신을 드러내고, 이에 대한 피드백을 얻음으로써 자기이해가 깊어지고 자신의 행동에 대한 조절능력이 커진다(김종운, 2013). 행복한 의사소통을 위해 우선 자신의 의사소통 스타일은 어떠한지 살펴보기로 하자.

수행하기 7-6

조해리의 창: 내 마음의 창은 어떤 모습일까?

조해리의 창을 이용해서 자신의 의사소통 스타일을 진단해 보자. 조해리의 마음의 창(Johari's Window of mind)은 심리학자인 Joseph Luft와 Harry Ingham에 의해서 1955년에 개발되었으며, 두 사람의 이름을 합성하여 조해리(Joe + Harry = Johari)의 창이라고 명명되었다(김종운, 2013).

다음의 각 문항을 읽고 자신과 가장 일치되는 칸에 체크(V)해 보자.

문항	내용	전혀 아니다	아니다	보통 이다	그렇다	매우 그렇다
1	나는 잘 몰랐을 경우에는 그 사실을 바로 인정한다.	①	②	③	④	⑤
2	나는 다른 사람의 잘못을 보면 직접 말해주는 편이다.	①	②	③	④	⑤
3	나는 받아들이기 어려운 지시를 받을 경우 이유를 물어본다.	①	②	③	④	⑤
4	나의 의견에 대해 남들이 어떻게 생각하는지 물어본다.	①	②	③	④	⑤
5	나는 나의 느낌을 솔직하게 표현한다.	①	②	③	④	⑤
6	나는 다른 사람의 감정을 존중한다.	①	②	③	④	⑤
7	나는 걱정거리가 생길 경우 다른 사람에게 터놓고 의논한다.	①	②	③	④	⑤
8	나 혼자 이야기를 계속하여 남을 짜증나게 하지 않는다.	①	②	③	④	⑤
9	나는 진심으로 남의 이야기를 들어준다.	①	②	③	④	⑤
10	나는 새로운 의견을 잘 받아들이고 내 주장만 하지 않는다.	①	②	③	④	⑤
11	내 잘못을 숨기거나 남의 탓으로 돌리지 않는다.	①	②	③	④	⑤

문항	내용	전혀 아니다	아니다	보통 이다	그렇다	매우 그렇다
12	나는 다른 사람의 충고를 잘 받아들인다.	①	②	③	④	⑤
13	나는 안 좋은 일이라도 남들이 알아야 한다고 생각되면 알려준다.	①	②	③	④	⑤
14	남의 의견이 나와 다를 경우 나의 생각을 말하고 함께 검토한다.	①	②	③	④	⑤
15	나는 남들이 말하기 어려운 것도 잘 말한다.	①	②	③	④	⑤
16	나는 변명을 하지 않고 비판에 귀를 기울인다.	①	②	③	④	⑤
17	나는 있는 그대로를 나타내며 꾸밈이 없는 편이다.	①	②	③	④	⑤
18	나에게 찬성하지 않는다고 남의 마음을 상하게 하지 않는다.	①	②	③	④	⑤
19	나는 다른 사람에게 그들의 생각을 발표하게 한다.	①	②	③	④	⑤
20	나는 확신하는 것을 굽히지 않고 말한다.	①	②	③	④	⑤

자신의 점수를 번호에 맞게 적어보고, 한 줄씩 점수를 더해 총점을 적어보자.

번호	1	2	5	7	11	13	14	15	17	20	총점(L)
점수											
번호	3	4	6	8	9	10	12	16	18	19	총점(S)
점수											

출처: 전민경(2012). pp. 180-183.

앞에서 더한 합계를 다음 표에 각각 표시해 보자. S(말하기) 점수를 가로선에 긋고, L(듣기) 점수를 세로선으로 그으면 4분면의 영역이 생긴다. 가장 넓은 영역에 해당하는 것은 무엇인가?

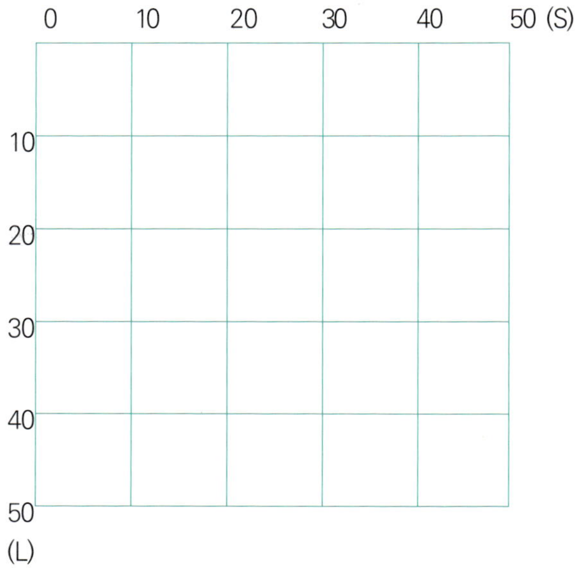

조해리의 창은 '나도 알고 남도 아는 나의 영역'인 공개적 영역, '나는 모르고 남들은 알고 있는 나의 영역'인 맹목적 영역, '나만 알고 남에게 알려지지 않아 남이 모르는 나의 영역'인 숨겨진 영역, '나도 모르고 남도 모르는 나의 영역'인 미지의 영역으로 구분된다. 공개적 영역이 넓을수록 개방형, 맹목의 영역이 넓을수록 자기주장형, 숨겨진 영역이 넓을수록 신중형, 미지의 영역이 넓을수록 고립형에 해당한다. 표 7-3을 참고하여 자신의 의사소통 유형은 무엇이며, 그 유형의 특성은 어떠한지 점검해 보자.

나의 의사소통 유형은 ______________________________ 입니다.

다양한 연령과 분야의 사람들을 만나게 되는 영유아교사는 효과적인 의사소통을 위해서 고정된 자신의 조해리의 창에서 벗어나 창의 크기와 형태를 변화시키는 노력을 할 필요가 있다. 자신이 느끼는 생각이나 감정을 솔직하게 상대방에게 먼저 알리는 한편, 상대방이 자발적으로 자신의 이야기를 적극적으로 할 수 있는 개방적인 태도를 가져야 할 것이다.

표 7-3 의사소통의 유형

문항	유형	특징
개방형	공개적 영역 | 맹목의 영역 숨겨진 영역 | 미지의 영역	공개적 영역이 가장 넓은 사람. 대체로 인간관계가 원만하다. 적절하게 자기표현을 잘할 뿐만 아니라 다른 사람의 말도 잘 경청한다. 다른 사람에게 호감과 친밀감을 주어 인기가 많다. 그러나 지나치게 공개적 영역이 넓은 사람은 말이 많고 주책없는 경박한 사람으로 비칠 수 있다.
자기 주장형	공개적 영역 | 맹목의 영역 숨겨진 영역 | 미지의 영역	맹목적 영역이 가장 넓은 사람. 자신의 기분이나 의견을 잘 표현한다. 나름대로 자신감을 지닌 솔직하고 시원시원한 사람이다. 그러나 다른 사람의 반응에 무관심하거나 둔감하여 때로는 독단적이며 독선적인 모습으로 비칠 수 있다. 다른 사람의 말에 좀 더 진지하게 귀를 기울이는 노력이 필요하다.
신중형	공개적 영역 | 맹목의 영역 숨겨진 영역 | 미지의 영역	숨겨진 영역이 가장 넓은 사람. 다른 사람에 대해서 수용적이다. 속이 깊고 신중하다. 다른 사람의 이야기는 잘 경청하지만 자신의 이야기는 잘 하지 않는다. 자신의 속마음을 잘 드러내지 않고 계산적이고 실리적인 경향이 있다. 사회에 잘 적응하지만 내면적으로는 고독감을 느낀다. 자기개방을 통해 다른 사람과 좀 더 넓고 깊이 있는 교류가 필요하다.
고립형	공개적 영역 | 맹목의 영역 숨겨진 영역 | 미지의 영역	미지의 영역이 가장 넓은 사람. 인간관계에 소극적이며 혼자 있는 것을 좋아한다. 다른 사람과 접촉하는 것을 불편해하거나 무관심하다. 고집이 세고 주관이 지나치게 강한 사람도 있으나 대체로 심리적인 고민이 많다. 인간관계에서 좀 더 적극적이고 긍정적인 태도를 가질 필요가 있다.

출처: 대동대학교 교수학습센터(2014). p. 114.

2) 서로 존중하는 의사소통하기

서로 존중하는 의사소통이란 어떻게 하는 것이 좋을까를 알아보기 위해 영유아, 학부모, 동료 교사 등 다양한 사람에게 공통적으로 적용될 수 있는 의사소통의 기본을 살펴보겠다.

(1) 적극적으로 경청하기

영유아교사에게 필요한 의사소통의 첫 번째 방법은 적극적으로 경청하기이다. 경청이란 상대방이 이해해주길 바라는 것을 이해하려고 하는 것이며, 상대방의 독자적인 관점이나 생각, 기분이나 감정에 대해 적극적으로 귀를 기울이는 것으로, 이러한 태도는 상대방에 대한 적극적인 관심과 공감을 전달하는 효과가 있다(현정환, 2013).

적극적 경청에서 중요한 점은 상대방의 이야기를 잘 듣고 있다는 사실을 상대방에게 다양한 형태로 보여주어야 한다는 점으로, 음성언어를 통해 상대방이 말한 내용을 반복해주거나 다른 말로 요약해주는 것뿐만 아니라 단순한 음성반응, 예를 들면 "아, 예", "네, 그렇군요", "음~", "아 저런~"이나 장단 맞추기 등을 통해서 상대방의 이야기에 귀 기울이고 있다는 것을 전달할 수 있다.

또한 적극적 경청은 상대방의 비언어적인 태도에서도 나타날 수 있다. 혹시 일상생활에서 대화를 나눌 때, 상대방이 나를 바로 쳐다보지 않거나 창밖을 응시하거나 팔짱을 끼고는 시선을 돌리는 것을 경험한 적이 있는가? 상대방이 자신의 이야기에 경청하지 않았을 때 당황, 허전함, 분노 등을 느꼈을 것이다. 이와 같이 상대방의 표정, 시선, 자세 등 비언어적인 표현을 통해서도 상대방이 나의 이야기에 적극적으로 경청하는 것을 알 수 있다(현정환, 2013).

다음의 경청 연습하기 활동을 통해 평소 자신도 일상적 대화 가운데서 상대방의 이야기를 경청하지 않는 행동을 하지는 않았는지 반성하는 기회를 가져볼 수 있다.

수행하기 7-7

경청 연습하기

한 팀을 3명으로 구성하여 적극적 경청하기 연습을 해보자. 팀원 중 한 사람은 듣는 사람(상담자), 한 사람은 말하는 사람(내담자)이 되어 자신의 가벼운 고민을 주제로 이야기를 나누어 보자. 나머지 한 사람은 관찰자가 되어 다음의 표를 참고하여 말하는 사람의 비언어적인 행동이 나타났을 때 체크(V)해 보자.

대화가 끝난 뒤 관찰자는 자신이 평가한 점수를 바탕으로 상담자의 역할을 한 사람에게 피드백을 해주자. 평정척도의 총점은 10점에서 50점까지이며, 총점이 높을수록 적극적 경청의 태도를 가진 것으로 해석한다. 또한, 내담자의 역할을 한 사람도 이야기를 나누는 동안 받은 느낌이나 생각 등을 바탕으로 상담자의 역할을 한 사람에게 피드백을 해주자.

유형	내용	반응				
		전혀 아니다	아니다	보통이다	그렇다	매우 그렇다
시선	일관성 있는 시선 접촉을 함	1	2	3	4	5
	상대방을 자연스럽게 쳐다봄	1	2	3	4	5
표정	이야기에 따라서 표정 변화를 함	1	2	3	4	5
	안정된 편안한 표정을 함	1	2	3	4	5
자세	상대방 쪽으로 향하는 자세임	1	2	3	4	5
	몸 전체가 편안함	1	2	3	4	5
	이야기에 적절한 몸짓을 함	1	2	3	4	5
	고개를 적절히 끄덕임	1	2	3	4	5
음성	따뜻하고 자연스러운 목소리를 함	1	2	3	4	5
	적당한 속도로 함	1	2	3	4	5
상담자: 내담자: 관찰자:		총점 :				점

출처: 김종운(2013). p. 74.

적극적인 경청을 할 때 주의할 점
• 내 뜻대로 지도하려 하거나 통제하지 말자. • 대화의 문을 열어주고는 다시 닫지 말자. • 앵무새처럼 말을 되받기만 하지 말자. • 공감적 이해를 하면서 듣도록 하자. • 당신의 머릿속에 이미 자리 잡고 있는 상대방에 대한 부정적 편견을 없애자. • 자신을 상대방으로부터 지나치게 방어하려는 태도를 버려라. 열등감을 버리자. • 상대방에게 대화에 필요한 시간을 주자.

출처: 이상복(2012). p. 340.

(2) 칭찬하기

어린아이이든 성인이든 인간관계 속에서 긍정적 관심이나 격려 그리고 칭찬받는 것을 싫어하는 사람은 없다. 칭찬하기는 인간관계 속에서 긍정의 에너지를 끌어올릴 수 있는 방법이다. 하지만 실제로 보육현장에서 어린 영유아에게 무엇인가를 가르쳐야 한다는 잘못된 압박감에 칭찬에 인색하기도 하고, 때로는 의무감에 영유아의 말이나 행동에 무의식적으로 진심이 담기지 않은 칭찬을 하기도 한다. 또한 바쁜 일과 속에서 놓치지 않아야 하는 많은 업무로 인해 교사들이 직장생활에서 서로에게 긍정적 관심을 가지고 지속적으로 칭찬하고 격려하는 일은 드물다. 오히려 대부분의 사람들은 가정이나 직장에서 다른 사람들이 일을 잘하고 있을 때는 무관심하다가 잘못된 일이 생겼을 때만 질책하는 경우가 많은지도 모른다(Ken, Thad, Chuck, & Jim, 2010).

수행하기 7-8

칭찬 경험 이야기하기

'EBS 지식프라임: 심리/인성교육(2009년 9월 DVD 출시)' 중 '칭찬의 기술'을 감상한 후 칭찬과 관련된 자신의 경험을 이야기해 보자.

칭찬이란 상대방을 잘 알기 전에 그에 대한 호감을 표현할 수 있는 방법이고, 상대방을 자발적으로 변화시킬 수 있는 비밀의 열쇠이며, 상대를 내 편으로 만드는 최고의 협상기술이다(Beck, 2012). 또한 모든 사람은 인정받고 싶은 욕구가 있으며 누군가가 나를 인정해줬을 때 자신감과 성취감뿐만 아니라 더 열심히 하고 일을 하고 싶은 욕구도 높아지게 된다. 이때 중요한 것은 어떤 내용의 칭찬이든 칭찬하는 사람의 진정성을 상대방이 느낄 때 비로소 성공한 칭찬이 된다.

그렇다면 긍정적인 의사소통을 위해 어떻게 진정성 있는 칭찬을 해야 할까? 칭찬기술의 기본유형을 참고하여 상대방의 마음을 움직일 수 있는 칭찬하기를 연습해 보자.

(3) 나-전달법

나-전달법(I-message)이란 '나'를 주어로 상대방의 행동에 대한 자신의 생각이나 감정을 나타내는 대화방식이다. 즉, 상대방의 행동 자체가 아닌 그에 대한 나의 반응을 판단이나 평가 없이 알려주는 대화방식으로 상대방의 감정을 상하지 않게 하면서 자신의 생각이나 감정을 표현하여 상대방 스스로 행동을 수정할 수 있도록 하는 방법이다(이상복, 2012).

참고

상대방의 마음을 움직이는 칭찬의 기술

- 공정하고 객관적으로 칭찬하라. 상대는 공정한 칭찬이라고 느낄수록 더 신뢰감을 갖는다. (☞객관적으로 당신은 그림을 잘 그리는 것 같아.)
- 상대와의 관계가 멀수록 객관적으로 칭찬하라. 낯선 사람의 칭찬일수록 공정함에 더 예민한 법이다.(☞내 생각에 당신은 일을 참 잘하는 것 같아.)
- 가끔은 불확실한 듯 머뭇거리는 말투로 칭찬하라. 머뭇거리는 제스처는 상대에게 진심 어린 고백이라는 느낌을 준다. (☞당신에 대해 어떻게 표현해야 할지는 잘 모르겠지만, 당신은 정말 괜찮은 사람인 것 같아요.)
- 상대가 예상하지 못한 순간에 칭찬하라. 갑작스런 칭찬은 신뢰도를 높이는 동시에 강한 여운을 남긴다. (☞[어떤 TV프로그램에서 방송이 끝나기 2초 전에] 이 프로그램을 100번이나 했는데 오늘이 최고였어요. 고맙습니다!)
- 즉흥적으로 내뱉는 감탄사를 이용해 칭찬하라. 상대는 '저 사람은 내 매력에 완전히 사로잡혔구나'라고 느낀다. (☞우와, 멋지네요! 정말 대단한 실력이에요!)
- 재치있게 말하라. 일반적인 내용에 비해 칭찬 문장을 돋보이게 하는 효과가 있다. (☞당신이 말씀해주셨던 내용은 정말 유익했어요. 아, 그런데 이런 걸 말씀드려도 되나요? 저는 정말 당신의 창의력에 감동했답니다!)
- 자신이 한 말을 고쳐서 다시 하라. 때론 자신이 한 말을 고쳐서 다시 말하는 것 역시 듣는 사람에게 신뢰감을 주는 방법이다. (☞당신은 정말 대단해요. 아, 아니다. 대단하다는 단어로는 부족해요. 당신은 정말 특별해요.)

출처: Beck(2012). pp. 164-173.

예를 들면, 어린이집 행사를 진행하다가 아직 준비되지 않은 부분을 발견했을 때 "김 선생님, 왜 그러세요?", "제가 미리미리 준비하라고 했었죠?", "김 선생님은 왜 이렇게 조심성이 없나요?" 등과 같이 말한다면 이것은 너-전달법(You-message)이 된다. 이 경우 나-전달법으로 다시 표현해 보면, "김 선생님이 그 부분을 미리 점검해주지 않아서 행사 진행하다가 중간에 저 많이 당황했었답니다"와 같다. 이처럼 너-전달법과 나-전달법의 가장 큰 차이점은 의미상의 주어가 누구냐 하는 것이다. 즉, 너-전달법에서는 주어가 상대방인 반면, 나-전달법에서의 주어는 자신이 된다. 따라서 너-전달법에서는 부정적인 '~해라' 등의 지시어의 사용이 많지만 나-전달법에서는 '너의 행동으로 인한 나의 느낌을 네가 잘 들어 주길 바란다'는 부탁의 의미가 포함되어 있다.

나-전달법은 표 7-4와 같이 한 가지 상황에 대해 행동서술, 느낌서술, 이유서술의 3가지 단계로 구조화될 수 있다(이경우 외, 2010). 첫째, 문제가 되는 상대의 행동에 대해 구체적으로 말하는데 이때 주의해야 할 점은 단순히 서술만 해야지 비난해서는 안 된다. 둘째, 행동의 결과 때문에 생긴 자신의 느낌을 말한다. 셋째, 이유에 대해서 구체적으로 서술한다. 이러한 나-전달법에서는 상대방의 행동 자체가 아니라 그 행동으로 인한 결과와 관계있는 나의 느낌을 상대방이 잘 들어 주었으면 하는 의미가 포함되어 있다.

표 7-4 나-전달법의 단계

단계	내용
행동서술 (네가 ~하면)	문제가 되는 상대의 행동의 결과에 대해 구체적으로 말한다. (☞네가 학교가 끝나도 전화도 없이 안 돌아오면)
느낌서술 (나는 ~라고 느낀다)	행동의 결과 때문에 생긴 자신의 느낌을 말한다. (☞내가 무슨 일이 생겼는지 걱정된단다.)
이유서술 (왜냐하면 ~하기 때문이다)	이유를 말한다. (☞왜냐하면 나는 네가 어디 있는지 모르기 때문이야.)

수행하기 7-9

나-전달법을 연습해 보자.

나-전달법의 3단계인 행동, 느낌, 이유를 다음의 각 상황에 따라 작성해 보자.

1. 네가 약속시간에 늦어서(행동), 나는 너무 힘들고 피곤해 (느낌)
   왜냐하면, 오늘은 날씨도 너무 춥고 오래 서 있어서 다리도 많이 아팠어. (이유)

2. 네가 물감을 사용한 후 제자리에 정리해놓지 않아서(행동), ______ (느낌)
   왜냐하면, ______ (이유)

3. 네가 말도 없이 내 물건을 사용해서(행동), ______ (느낌)
   왜냐하면, ______ (이유)

4. 수업시간에 시끄럽게 떠들어서(행동), ______ (느낌)
   왜냐하면, ______ (이유)

5. 내 물건을 빌려간 후 돌려주지 않아서(행동), ______ (느낌)
   왜냐하면, ______ (이유)

6. 네가 해야 할 일을 나에게 미루어서(행동), ______ (느낌)
   왜냐하면, ______ (이유)

7. 네가 방을 깨끗하게 정리하지 않아서(행동), ______ (느낌)
   왜냐하면, ______ (이유)

8. 네가 나에게 욕설을 해서(행동), ______________________________ (느낌)

왜냐하면, ____ (이유)

9. 네가 나의 일을 방해해서(행동), ______________________________ (느낌)

왜냐하면, ____ (이유)

10. 네가 나의 비밀을 다른 사람에게 말해서(행동), ___________________ (느낌)

왜냐하면, ____ (이유)

출처: 대동대학교 교수학습센터(2014). p. 165.

Chapter
08

영유아교사의 정신건강과 스트레스

1. 정신건강의 개념

정신건강이란 단순히 정신적 질병이 없는 상태만이 아닌, 개인의 정신기능이 고유한 기능을 발휘하여 만족스러운 인간관계를 맺을 수 있고, 일상생활 속에서 발생하는 평균적인 수준의 스트레스에 적절히 대처할 수 있으며, 생산적으로 일하며 자신이 속한 공동체사회에 기여할 수 있는 안녕 상태를 의미한다(서울대학교 교육연구소, 2011; WHO, 2004).

과거 그 어느 때보다 건강하고 행복한 삶을 최고의 가치로 추구하는 현대사회에서 개인의 정신건강은 사회적으로도 중요한 관심사가 되고 있다. WHO(2004)의 보고에 의하면 정신건강 상태가 좋지 않을수록 위험행동 비율이 더 높은 것으로 나타났고, 이로 인해 개인은 물론 사회 전체의 행복이 위협받을 수 있음을 경고한다. 가령, 분노조절 장애가 있는 영유아교사가 있다고 가정하자. 이로 인해 보육활동 중에 심각한 문제가 발생하게 될 경우, 영유아교사 본인은 사회적 낙인이나 실업으로 사회생활과 경제활동에 제한을 받게 되고, 그 가족은 치료와 보호를 위한 유무형의 희생과 헌신에 따른 소진으로 건강한 가정생활을 영위하기 어려울 수 있다. 원장은 원 운영에 심각한 타격을 입게 되며, 국가는 실업급여 지급, 사회적 안녕과 정신건강 증진을 위한 제반 소요 비용 증가 등으로 엄청난 손실을 감수해야 한다. 이처럼 직장에서의 정신건강 문제는 근로자 본인의 삶의 질뿐만 아니라 가족, 고용주, 정부 등 여러 이해관계자에게 부정적 영향을 미친다(송진희 외, 2009)는 점에서 그 심각성이 크게 부각되고 있다.

최근 아동학대 문제가 심각하게 대두되면서 영유아교사의 정신건강에 대한 논란이 새삼스럽게 불거진 것처럼 보이기도 한다. 사실 정신건강은 지금까지 교사에게 필요한 다양한 자질 가운데 하나로 인식되었을 뿐 다른 전문적 자질과 비교하여 상대적으로 소홀하게 다루어진 측면이 없지 않다. 그동안 영유아교사의 정신건강이란, 신체건강과 함께 영유아교사라면 기본적으로 갖추고 있어야 하는 자질 정도로만 여겨져 왔다.

그러나 영유아교사의 정신건강은 영유아의 정신건강과 직결되어 있다는 점에서 영유아교사는 교사로서의 사명감과 책임감을 가지고 자신의 정신건강을 잘 관리할 필요가 있다. 영유아기는 발달 특성상 교사 변인의 영향을 가장 크게 받는 시기다. 영유아는 영유아교사와 가장 가까이서, 가장 오랫동안 하루 대부분의 시간을 함께 생활한다. 따라서 교사의 정서 상태 및 행동 하나하나는 영유아에게 절대적인 영향을 미친다.

더불어 영유아교사직의 특성상 정신건강을 위협받기 쉽다는 점에서 영유아교사는 자신의 정신건강을 유지하고 증진시키기 위해 부단히 노력해야 한다. 영유아교사는 하루 종일 영유아들과 생활하며 끊임없이 상호작용하다 보면 에너지 소비가 많아지고, 이로 인해 극심한 피로를 느끼기 쉽다. 이러한 피로가 축적되면 신경질, 우울 상태, 불면, 집중력 상실 등의 징후를 수반하게 되므로 정신건강에 위협받기 쉽다.

2. 영유아교사의 정신건강과 스트레스

어떤 영유아교사는 “보육일지를 작성하는 게 나한테는 스트레스야”라고 말하는가 하면, 어떤 영유아교사는 “아이들이 밥을 늦게 먹는 것 때문에 스트레스가 쌓여”라고 말한다. 여기서 전자는 스트레스를 일으키는 유발 자극을 의미하며, 후자는 불안, 우울, 초조와 같은 심리적 반응 및 식욕 저하 등의 신체적 반응과 같은 스트레스에 대한 반응을 의미하는데, 스트레스라고 할 때 이 두 가지 개념이 혼용되는 것으로 보면 된다. 물론 스트레스에는 몸에 좋은 스트레스(유스트레스)도 있지만, 사람들이 일반적으로 스트레스라는 말을 사용할 때는 나쁜 스트레스(디스트레스)의 의미로 사용한다. 이러한 맥락에서 Lazarus(1993)는 스트레스를 인간이 심리적 혹은 신체적으로 감당하기 어려운 상황에 처했을 때 느끼는 불안과 위협의 감정으로 정의한 바 있다.

스트레스에 적절하게 대처할 수 있는 개인의 능력이 개인의 정신건강을 좌우한다(WHO, 2004)는 측면에서 정신건강과 스트레스는 밀접하게 연결되어 있으며, 실제로 정신건강의 문제는 스트레스와 높은 상관관계를 나타낸다(홍경자 외, 2002). 관련 연구들에 의하면 개인의 정신건강은 개인적 요인(예: 신체 특성, 성격, 행동 특성 등), 사회적 요인(예: 가족, 친구, 직장동료와의 인간관계 등), 환경적 요인(예: 소득 수준, 근무환경 등)의 영향을 받게 되는데, 이렇게 다양한 요인은 개인의 정신기능에 부담을 주는 스트레스 자극의 직접적인 원인이 되어 정신건강에 부정적인 영향을 미치는 것으로 보고된다(House, Landis & Umberson, 1988; Patel & Kleinman, 2003; WHO, 2004). 가령, 아무때나 기분 내키는 대로 비체계적인 업무를 지시하는 직장상사가 있을 경우, 이러한 상사와 함께 일해야 하는 상황 자체가 스트레스 지수를 높임으로써 개인의 정신건강에 지대한 영향을 미치게 된다.

3. 영유아교사의 직무스트레스

1) 직무스트레스 수준

직무스트레스란 개인이 소속된 조직에서 직무를 수행하면서 받는 스트레스로, 영유아교사들에게 직무스트레스란 유치원이나 어린이집에서 영유아교사로서의 직무를 수행하면서 받는 스트레스를 의미한다. 예를 들어, 부적응 행동을 보이는 담임 학급의 유아를 지도하는 과정에서 부모와 생긴 오해를 제대로 풀지 못했을 때, 평가인증 등을 준비하는 과정에서 과다한 행정업무를 수행해야 할 때 받는 스트레스 등이 이에 해당된다.

직업별 스트레스와 정신건강 문제를 다룬 연구들에 의하면, 특히 돌봄 서비스를 제공하는 간호사 집단과 교육을 담당하는 교사 집단의 스트레스 수준이 가장 높으며, 이들의 직무스트레스는 정신건강에 직접적인 영향을 미치는 것으로 나타났다(Penning & Wu, 2015; Troman, 2000). 이에 따라 돌봄 서비스와 교육을 함께 담당하는 영유아교사의 직무 특성을 고려할 때 영유아교사의 직무스트레스 수준이 매우 높을 것으로 미루어 짐작할 수 있다. 더욱이 영유아교사는 초·중·고등학교 교사에 비해 임금 수준이나 직업 안정성이 낮은 반면에 근무환경은 더 열악한 현실을 고려하면, 영유아교사의 직무스트레스 수준은 그 어느 직종보다 높은 수준임을 예측할 수 있다. 뿐만 아니라, 일반적으로 여성 근로자의 경우 남성 근로자보다 스트레스에 더 취약한 것으로 나타나 종사자의 대부분이 여성인 영유아교사의 스트레스 수준은 더 높다고 보아야 할 것이다.

이처럼 영유아교사직의 특성상 스트레스 수준이 매우 높기 때문에 영유아교사는 스트레스를 잘 관리할 필요가 있다. 이제 영유아교사가 갖추어야 할 능력은 교수 능력, 직무수행 능력, 커뮤니케이션 능력만이 아니다. 그 능력들이 제대로 성과로 이어질 수 있게 해 주는 것은 스트레스 관리능력임을 직시하고 현명하게 스트레스를 관리해야 한다.

2) 직무스트레스에 영향을 미치는 요인

직무와 관련하여 스트레스를 유발하는 요인에 대한 분류는 학자들마다 다양하게 이루어져 왔다. Ivancevich & Matteson(1980)은 직무스트레스 유발 요인을 물리적 환경(예: 조명, 소음, 공기오염), 조직 특성(예: 조직풍토, 조직구조, 집단 응집력, 집단 내 갈등), 직무 특성(예: 역할 갈등, 역할 모호성), 개인 특성(예: 가족, 경제력) 요인으로 구분하였으며, Jex & Britt(2008)는 그동안 이루어진 직무스트레스 요인과 관련된 선행연구들에 대한 고찰을 통해 역할스트레스,

업무부하, 대인갈등, 조직의 제약, 지각된 통제감과 더불어 비교적 최근에 크게 주목받고 있는 일-가정 갈등, 인수합병, 해고와 직무 불안정성, 정서노동 요인을 추가로 제시하였다. 한편, Rahim & Psenicka(1996)는 스트레스를 유발하는 직무의 특성을 역할 과부하(업무 요구가 과다하다고 느끼는 경우에 생기는 스트레스원), 역할 불충분(교육 및 훈련, 경험의 정도가 직무수행에 충분하지 못해 생기는 스트레스원), 역할 모호성(자신이 해야 할 일이 무엇인지 확실하지 않아 생기는 스트레스원), 역할 갈등(동시에 여러 가지 역할이 기대될 때 갈등적인 요구사항으로 인해 생기는 스트레스원)의 네 가지로 분류하기도 하였다.

교사들을 대상으로 직무스트레스의 영향 요인을 살펴본 연구들에 의하면, 교사들은 대체로 훈육 문제, 업무 과중, 동료관계, 열악한 근무환경, 동료교사들로부터의 지지 자원 부족, 역할 모호성, 타인에게 평가받기 등이 주요 스트레스 자극 요인이 되는 것으로 보고된다(Eres & Atanasoska, 2011). 영유아교사들도 크게 다르지 않아 영유아교사들의 직무스트레스는 열악한 근무환경과 낮은 보수, 과중한 업무, 불안정한 신분보장, 원장, 동료교사, 부모와의 갈등, 어린이집에 대한 사회적 인식 등의 요인에 의해 유발되는 것으로 나타났다(김정휘 외, 2003; 조성연 외, 2005). 다양한 요인 가운데, 영유아교사로서의 직무수행 특성상 그 중요성이 특별히 더 부각되는 요인을 중심으로 살펴보면 다음과 같다.

▸ 직무스트레스 수준 측정하기

개인의 직무스트레스 수준을 측정하는 가장 일반적인 방법은 진단도구를 사용하는 것이다. 표 8-1에 제시된 각각의 항목은 직무스트레스의 수준을 파악하기 위한 내용으로, 직무스트레스 점수에 따라 직무스트레스 수준이 달라진다. 총점이 18점 이하인 경우는 직무로 인한 스트레스가 거의 없는 수준으로 걱정할 필요가 없다. 그러나 총점이 19점 이상 38점 이하인 경우에는 직무스트레스가 약간 있는 것으로 스트레스 관리가 필요한 수준이며, 39점 이상 48점 이하인 경우에는 스트레스 위기 상황으로 적절한 대처 능력이 필요한 수준이다. 그리고 총점이 49점 이상인 경우에는 전문의와의 상담이 필요한 상태로 볼 수 있으며, 61점 이상인 경우 스트레스 수준이 매우 높아 위험한 상태로 즉각적인 조치가 필요한 상태로 파악된다.

표 8-1 직무스트레스 자가측정

구분	항목	① 거의 그렇지 않다	② 약간 그렇다	③ 자주 그렇다	④ 거의 그렇다
1	직장에 출근하는 것이 부담스럽거나 두렵다.				
2	일에 흥미가 없고 지겹게 느껴진다.				
3	최근 업무와 관련해서 문제가 발생한 적이 있다.				
4	업무 능력이 다른 사람보다 떨어지는 것 같다.				
5	직장에서 업무에 집중하기 힘들다.				
6	항상 시간에 쫓긴다.				
7	업무 책임이 많다고 느낀다.				
8	일을 집에 가져가서 할 때가 많다.				
9	미래에 대한 비전이 별로 없다고 생각한다.				
10	요즘 우울하다.				
11	짜증이 자주 난다.				
12	사람들과 어울리지 않고 혼자 지내는 시간이 많다.				
13	대인관계가 원만하지 못할 때가 있다.				
14	최근 지나치게 체중이 줄거나 늘었다.				
15	쉽게 피로를 느낀다.				
16	무기력감을 느낀다.				
17	하루하루가 만족스럽지 못하고 신통치 않다.				
18	내가 하는 일에 시간과 에너지를 쏟는 것이 아깝다.				
비고	'거의 그렇지 않다' 1점, '약간 그렇다' 2점, '자주 그렇다' 3점, '거의 그렇다' 4점 부여				

출처: 한광일(2008). p. 88.

참고

어린이집 선생님, 나만 이렇게 힘드니?/
영유아교사로 오래 살아남기 위한 멘탈 관리
(유튜브, 꼬미쌤 TV) https://youtu.be/XUT9ugxU6lE

(1) 근무환경

근무환경은 자신이 책임을 맡고 있는 직무를 효율적으로 수행할 수 있도록 하는 환경 전반을 지칭하는 것으로, 근무량, 근무시간, 보수체계, 후생복지, 직업 안정성 등이 근무환경의 범주에 포함된다. 일반적으로 급여 수준이 높으며 급여 대비 업무량이 적고 근무시간이 짧을수록, 다양한 후생복지제도가 활성화되어 있을수록, 정년이 보장되는 직업일수록 근무환경이 좋은 것으로 인식된다. 그리고 근무환경에 대한 인식이 부정적일수록 직무스트레스 수준이 높으며, 이는 결과적으로 신체적·정신적 건강에 부정적인 영향을 미친다(남영신 외, 2011; 이혜자 외, 2011).

현재 우리나라 영유아교사의 근무환경은 매우 열악한 수준인 것으로 보고되고 있다. 우선, 어린이집 영유아교사는 하루 근무시간이 매우 긴 편이다. 「근로기준법」에 의하면 모든 근로자는 1일 8시간 근무를 원칙으로 하며 8시간 이상 근무 시 1시간의 휴게시간이 주어지지만, 영유아교사는 휴게시간도 없이 1일 평균 10시간 정도를 근무한다(육아정책연구소, 2013). 부모참여 행사의 대부분이 주말에 이루어짐으로써 근무시간이 주말까지 연장되기도 한다. 또한 영유아교사는 영유아보육이라는 본연의 업무 이외에도 부가적으로 수행해야 하는 업무량이 과도할 정도로 많다. 보육활동과 관련된 사무업무는 물론 영유아 등하원을 위한 차량지도 업무, 평가인증을 위한 평가 준비 업무 등을 영유아교사가 모두 소화해야 한다. 영유아교사의 급여 수준이 점차 개선되고 있다고는 하지만 여전히 직업적 헌신에 비해서는 지나치게 낮은 수준인 것으로 인식된다.

특히 많은 영유아교사는 보수가 직업적 가치를 대변하고 있는 현대사회에서 지나치게 낮게 책정되는 보수로 인해, 영유아교사로서의 직무수행 과정에서 심적 갈등을 많이 겪는 것으로 보고된다. 더욱이 영유아교사들의 복지 및 고용 안정성에 대한 욕구는 점점 커지고 있는 반면, 규모가 작은 어린이집 조직의 특성상 후생복지제도가 제대로 갖추어져 있지 않다는 점, 고용 안정성을 보장하기 어려운 구조라는 점이 영유아교사들을 더욱 힘들게 한다. 이렇게 열악한 근무환경은 영유아교사의 근무 사기를 떨어뜨리고 쉽게 지치게 함으로써 영유아교사의 정신건강에 부정적인 영향을 미칠 수밖에 없다.

(2) 대인관계

대인관계란 두 사람 이상의 상호 간에 일어나는 관계로서, 인간은 누구나 태어나면서부터 어떤 집단에 소속되어 살게 되며, 이 소속된 집단 속의 인간 사이에서 일어나는 여러 가지 관계, 즉 대인관계를 경험하게 된다(조경덕 외, 2012).

대인관계는 타인에 대해 어떻게 생각하고 어떻게 느끼고 어떻게 지각하는가에 영향을 미치게 되어 원만한 대인관계를 형성하고 있는 사람들은 조직 속에서 다른 구성원들과 쉽게 화합할 수 있다. 반면에, 대인관계가 원만치 못한 사람들은 조직 속에서 다른 구성원들에게 수용되지 못하고 우울과 불안, 절망과 같은 부정적인 감정을 경험하게 된다. 이로 인해 대인관계는 개인의 사회적 성공과 실패를 가르는 잣대가 되기도 하지만, 타인과 더불어 살아가야 하는 인간의 특성상 개인에게 다른 무엇보다 가장 큰 스트레스 요인이 되기도 한다. 실제로 20~30대 직장인을 대상으로 대인관계스트레스와 업무스트레스를 비교 조사한 결과, 많은 직장인이 회사에서 일보다 대인관계로 인한 스트레스가 더 큰 것으로 나타났다(아주경제, 2011. 03. 24).

영유아교사 또한 근무하면서 다양한 대인관계를 경험한다. 예를 들어, 원장이나 원감과는 지휘하고 명령하면 복종하고 따르는 수직의 인간관계를, 동료교사와는 현장에서 발생하는 문제들을 협력적으로 해결해 나가는 수평의 인간관계를 경험한다. 그리고 영유아의 부모와는 영유아의 건강한 성장·발달을 위해 함께 협력해 나가는 수평적 인간관계와 보육서비스의 대상으로서 부모가 요구하면 따라야 하는 수직의 인간관계를 함께 경험한다. 이러한 다양한 인간관계의 경험이 교사를 성장하게도 하지만, 좌절을 안겨 주기도 한다. 특히 어린이집의 특성상 조직의 규모가 크지 않아 교사들 간의 사적인 관계가 쉽게 형성되어 친밀감은 높은 반면, 원장 및 원감과는 물론 교사들 간에도 경력에 따른 위계질서가 강하다 보니 공적인 관계를 유지하는 과정 또는 공동 작업을 수행하는 과정에서 갈등관계가 쉽게 조장되며, 이는 영유아교사에게 높은 스트레스를 유발하는 요인이 된다.

최근에는 부모와의 관계로 인한 스트레스 또한 매우 높다. 영유아교사는 자녀양육의 일차적 책임자인 부모와 보육의 동반자로서 영유아에게 양질의 보육서비스를 제공하기 위해 서로 긴밀하게 협력하고 돕는 관계가 되어야 하지만, 서로에 대한 편견과 잘못된 인식으로 인해 갈등관계가 유발되는 경우가 많다. 이에 영유아교사들 중에는 영유아교사 생활을 하며 부딪히는 문제의 대부분이 부모관계에서 시작된다고 호소하며, 부모와의 원만치 못한 관계 때문에 사직을 결정하는 이들도 적지 않다.

(3) 성격 특성

성격이란 시간과 상황의 변화에도 불구하고 비교적 안정되게 유지되는 개인 고유의 특성으로, 한 개인을 다른 사람과 구별해 주는 특징적인 사고, 정서, 행동양식을 의미한다.

▸ 나의 성격 특성 판단하기

다음의 체크리스트를 통해 나는 스트레스를 잘 받는 성격의 교사인지를 파악해 보자. 표 8-2에 제시된 내용은 Friedman & Rosenman(1974)이 개발한 A형 행동유형과 B형 행동유형을 진단하는 성격유형 테스트다. 각 항목에 대해 일상생활에서 자신의 행동이 어느 쪽에 가까운지 1~10까지의 숫자 중에서 체크하며 항목별 해당 점수를 모두 합산하여 총 점수를 계산한다.

표 8-2 개인의 성격유형 테스트

※ 일상생활에서 자신의 행동이 어느 쪽에 가까운지 1~10까지의 숫자 중에서 체크한다.			
1	약속시간에 늦는 것에 대해 편안하게 생각한다.	1 2 3 4 5 6 7 8 9 10	늦는 것에 대해 걱정이 많다.
2	경쟁적이지 않다.	1 2 3 4 5 6 7 8 9 10	매우 경쟁적이다.
3	타인의 말을 끝까지 경청한다.	1 2 3 4 5 6 7 8 9 10	다른 사람의 말을 중간에 자른다.
4	성급하지 않다.	1 2 3 4 5 6 7 8 9 10	항상 서두른다.
5	참을성 있게 기다릴 수 있다.	1 2 3 4 5 6 7 8 9 10	기다릴 때는 항상 초조하다.
6	한 번에 한 가지 일만 한다.	1 2 3 4 5 6 7 8 9 10	한 번에 여러 가지 일을 하려고 하고 다음에 할 일까지 생각한다.
7	말하는 속도가 빠르지 않고 잘 전달하려고 한다.	1 2 3 4 5 6 7 8 9 10	말을 빨리하며 힘 있고 확실한 어조로 말한다.
8	일을 할 때 편안하게 한다.	1 2 3 4 5 6 7 8 9 10	일을 할 때 나와 다른 사람을 과도하게 밀어붙인다.
9	남이 어떻게 생각하든 나 자신을 만족시키는 일에 관심을 기울인다.	1 2 3 4 5 6 7 8 9 10	타인으로부터 인정받기 위해 노력한다.
10	무슨 일이든 여유 있게 하는 편이다.	1 2 3 4 5 6 7 8 9 10	무슨 일이든 서둘러서 하는 편이다.
11	감정을 그대로 표현한다.	1 2 3 4 5 6 7 8 9 10	감정을 숨긴다.
12	흥미 분야가 다양하다.	1 2 3 4 5 6 7 8 9 10	일 이외에는 흥미가 없다.
13	야심이 없다.	1 2 3 4 5 6 7 8 9 10	직장에서 성공하려는 야망이 크다.
14	일을 할 때 여유가 있고 느긋하다.	1 2 3 4 5 6 7 8 9 10	일을 할 때 서둘러서 해치우려 한다.

☞ 총점이 70점 미만일 경우 스트레스를 덜 받는 성격인 B형 행동유형에 해당하며, 110점 이상일 경우 스트레스 수준이 매우 높은 성격인 A형 행동유형에 해당한다. 70점 이상 90점 미만은 스트레스에 적절히 대응하고 있지만, A형 행동유형으로 변할 수 있는 잠재성을 가지고 있는 상태이며, 90점 이상 110점 미만은 당장 심각한 수준은 아니지만 언제든 A형 행동유형으로 변할 수 있는 위험한 상태인 것으로 진단한다.

출처: 공인숙 외(2017). p. 316. 재인용.

Friedman & Rosenman(1974)은 심혈관 질환과의 관련성을 주장하며 스트레스에 영향을 미치는 중요한 요인으로 성격 특성을 제안했다. 이들은 개인의 성격 특성을 A형 행동유형과 B형 행동유형으로 구분할 수 있다고 보았다. A형 행동유형은 매우 성취지향적이고 경쟁에서 지는 것을 싫어하며 어떤 특정 상황에 직면하게 되면 참을성이 없어지고 공격적인 성향을 보이며, B형 행동유형은 A형 행동유형과 반대로 매사에 태평하고 덜 경쟁적이며 여유 있는 행동을 보인다. A형 행동유형의 사람들은 일어나지 않은 일에 대해서도 미리 걱정과 근심을 사서 하는 스타일로 자신에게 통제권이 없는 환경이나 자신이 상대방보다 열등하다고 느껴지는 상황에서 쉽게 스트레스를 받으며, 스트레스 수준이 상당히 높은 특성을 보인다. 반면, B형 행동유형의 사람들은 낙천적이고 주변에 잘 순응하는 편이라 웬만한 일로는 크게 스트레스를 받지 않는다.

실제로 초·중·고등학교 교사를 대상으로 행동유형과 스트레스의 관련성을 살펴본 결과, A형 행동유형의 교사가 B형 행동유형의 교사보다 스트레스 수준이 높은 것으로 나타났다(류현미, 2003; 신승욱, 2008).

한편, A형도 B형도 아닌 중간에 있는 C형 행동유형이 있다. Eysenck(1994)에 의하면 C형 행동유형의 사람들은 겉으로는 평안하고 밝아 보이지만 항상 화, 분노 등의 부정적 감정을 표현하지 않고 삭이는 특성을 가지고 있으며, 자신이 싫어하는 일에도 잘 표현하지 못하고 주변 사람들의 요구대로 따른다. 이러한 C형 행동유형은 친절하고 자기희생적이며 협조적이라 주변에서 좋은 평판을 들을 수 있지만, 스트레스를 많이 받기 때문에 암에 걸릴 가능성이 높으며 우울증과 같은 정신질환에 매우 취약한 것으로 보고되고 있다. 실제로 이 유형의 사람들에게 암 발생 위험률이 높은 것으로 나타나 cancer type으로 부르기도 한다. 최근에는 A형 성격과 심혈관 질환과의 관련성을 입증하기 어렵다는 논란이 일며, D형 행동유형이 새롭게 제안되었다. D형 행동유형은 부정적 감정과 사회적 억압의 특성이 다른 유형에 비해 강하게 나타나는 특성을 보이며, 심혈관 질환은 물론 우울증 등의 정신과 질환 위험도가 매우 높은 것으로 나타난다.

최근 영유아교사를 대상으로 살펴본 연구(홍길회 외, 2018, 2019)에서는 성격유형에 따라 스트레스 유발요인과 스트레스 대처 방식의 차이가 있다는 것이 밝혀져 영유아교사도 개인이 가지고 있는 성격 특성에 따라 개인에게 이어나는 생활사건이나 대인관계, 주어진 환경 여건 등과 같이 스트레스를 유발하는 자극들에 대해 스트레스 유발 수준이 다를 뿐 아니라 유발된 스트레스에 대응하는 방식 또한 다를 수 있다는 측면에서 성격 특성은 영유아교사의 정신건강을 좌우하는 중요한 요인이 될 것으로 예측해 볼 수 있다.

(4) 부정적 정서: 분노

개인의 긍정적·부정적 정서성은 개인의 스트레스 수준을 좌우하는 직접적인 선행 요인이 된다. Cann & Etzel(2008)은 연구를 통해 기쁨, 즐거움, 행복감과 같은 개인의 긍정적 정서성이 스트레스를 감소시키는 직접적인 선행요인임을 입증함으로써, 슬픔, 불안, 공포, 두려움과 같은 부정적 정서는 스트레스를 증진시키는 선행요인이라는 것을 시사했다.

최근 사회적으로 분노범죄가 늘어나면서 부정적 정서 중에서도 특히 가장 파괴적인 에너지를 지니고 있는 분노 감정에 대한 관심이 높다. 일반적으로 분노 성향이 높은 사람은 항상 자신을 희생자로 생각하고 자신이 외부세계로부터 공격을 받고 있다고 인식하면서 분노할 수 있는 주변의 모든 일에 빠짐없이 분노하며 엄청난 스트레스를 받는다(신경희, 2015). 보통 분노 감정을 억압하지 않고 어떠한 방식으로든 표출해 내면 마음속 응어리를 풀어 감정이 순화된다고 생각한다. 그러나 연구에 따르면 분노 감정을 화내기와 같이 건강하지 못한 방법으로 표출해 내면 뇌에서 스트레스 호르몬이 분비되고 분비된 호르몬이 다시 뇌를 자극해서 분노 감정이 확대 재생산되는 악순환의 고리가 만들어지는 것으로 보고된다(이충헌, 2015).

영유아교사 또한 다양한 정서를 경험하는데 영유아들과 함께하면서 기쁨과 즐거움, 행복감 등의 긍정적 정서를 경험하기도 하지만, 분노의 정서를 경험할 때도 많다. 특정 상황에서 분노와 같은 부정적인 감정을 느끼는 것 자체가 잘못된 것이 아니다. 다만, 분노의 감정을 느꼈을 때, 운동, 명상, 수다 떨기와 같은 건강한 방법으로 해소하지 못하고 아동학대와 같은 부적절한 방법으로 분노를 표현하기 때문에 문제가 되는 것이다. 부적절한 방법으로 분노를 표출하는 것은 교사 자신의 심신을 파괴할 뿐만 아니라, 교사가 맺었던 사회적 인간관계를 파괴하고, 더 나아가 사회 전체에 크나큰 해악을 초래하므로 분노의 감정을 건강하게 표출할 수 있는 방법을 찾아서 실천하는 것은 매우 중요하다. 한편, 다른 동료교사들과 비교하여 사소한 일에 쉽게 자극받고 격앙되는 성향이 있으며, 표 8-3에 제시된 자가 진단표를 통해 분노조절 장애가 있는 것으로 나타났다면, 즉시 전문적인 상담을 받을 필요가 있다.

▸ 분노조절 장애 자가 진단하기

다음의 분노조절 장애 증상을 진단하는 체크리스트를 통해 나의 분노조절능력 수준을 파악해 보자. 그리고 분노조절능력을 갖춘 영유아교사가 되기 위해 어떠한 노력을 할 것인지 이야기해 보자.

표 8-3 분노조절 장애 자가 진단표

구분	항목	예	아니오
1	모든 일에 분노하지는 않지만, 화를 낼 땐 조심스럽다.		
2	타인이 내게 잘못한 일을 생각하면 여전히 분이 풀리지 않는다.		
3	줄을 서거나 다른 사람을 기다릴 때 짜증을 참기 힘들다.		
4	조그만 일에도 버럭 화를 내는 경우가 많다.		
5	배우자나 가족 등 가장 가까운 사람과 흥분해 다투는 경우가 많다.		
6	이따금 낮에 화가 치밀었던 일을 잊지 못해 잠을 설친다.		
7	속으로는 화가 났는데 상대방에게 반응을 보이지 않았던 것을 오랫동안 후회한다.		
8	내게 잘못한 사람을 용서하는 것이 매우 어렵다.		
9	분노를 주체할 수 없었던 나 자신에게 화가 난다.		
10	마땅히 해야 하는 방식으로 행동하지 않는 사람을 보면 정말 짜증이 난다.		
11	분노에 휩싸이면 위장 통증이나 두통, 실신할 것 같은 느낌이 든다.		
12	믿었던 사람에게서 좌절감이나 분노, 배신감을 느끼는 경우가 많다.		
13	일이 잘 풀리지 않으면 우울해진다.		
14	쉽게 심한 좌절감에 빠져 잘 헤어나오지 못한다.		
15	너무 화가 난 나머지 내가 저지른 일이나 한 말을 기억하지 못할 때가 있다.		
16	누군가와 다투고 나면 나 자신이 너무 싫다.		
17	급하고 쉽게 흥분하는 성격 때문에 일에 지장을 받은 적이 있다.		
18	화가 나면 나중에 후회할 말을 내뱉는 경우가 많다.		
19	욱하는 내 성질을 두려워하는 사람이 많다.		

구분	항목	예	아니오
20	화가 나거나 좌절하면 폭식을 하거나 술을 마셔 해소한다.		
21	누군가 내게 상처를 주면 그대로 되갚아 주고 싶다.		
22	가끔 너무 화가 나서 물건을 때려 부수거나 폭력을 휘두른 적이 있다.		
23	이따금 상대를 죽이고 싶을 만큼 분노를 느낀다.		
24	때때로 너무 상처받고 외로워 자살을 생각한다.		
25	분노가 일어나면 주체할 수 없고, 이미 많은 문제를 일으킨 적이 있어서 분노조절 방법을 배우고 싶다.		

☞ **진단 결과 해석**

구분	진단
다음 두 가지 중에 하나라도 해당된다면 • 1번부터 21번까지 21문항 중 '예'라고 응답한 문항이 10개 이상 • 22번부터 25번 문항 중에 하나라도 '예'라고 응답한 문항이 있음	분노조절 장애
1번부터 21번까지의 21문항 중 '예'라고 응답한 문항 5~9개	분노조절이 조금 부족하지만 정상 수준
1번부터 21번까지의 21문항 중 '예'라고 응답한 문항 4개 이하	분노조절이 잘되고 있음

출처: Rosellini & Worden(1997); 공인숙 외(2017). p. 319 재인용.

참고

몸과 마음은 매우 밀접해서 마음의 상태나 마음가짐이 얼굴 표정으로 나타나기도 하지만, 얼굴 표정이 마음가짐에 영향을 주기도 한다. 심리학에서 정서에 관한 제임스-랑게(James-Lange) 이론에 의하면, 신체적 변화의 지각이 정서의 주관적 경험을 결정한다. 즉, '슬프니까 울고, 기쁘니까 웃는다'가 아니라 '우니까 슬프고, 웃으니까 기쁘다'가 맞는 표현이라는 것이다. 이를 증명하는 몇 가지 실험을 소개하면 다음과 같다.
첫 번째 실험은 여러 가지 향기를 제공하고 그 향기가 얼마나 좋은지 평가하도록 하는 실험이었다. 한 집단의 사람들에게는 미소를 짓고 있도록 했고, 다른 집단의 사람들에게는 얼굴을 찌푸리도록 했다. 그 결과, 얼굴에 미소를 지은 상태에서 향기를 평가한 집단의 사람들이 얼굴을 찌푸린 상태에서 평가한 집단의 사람들보다 각 향기에 대해 더 좋은 점수를 주었다.
두 번째 실험은 여러 만화를 놓고 그 재미 정도를 평가하도록 하는 실험이었다. 실험자에게 한번은 연필을 이로 물고 있도록 했고, 한번은 입술로 물고 있도록 했다. 해 보면 알겠지만 연필로 이를 물면 얼굴 표정이 미소 짓는 것처럼 되고, 입술로 물면 찌푸린 얼굴이 된다. 실험 결과, 연필을 입술로 물고 있을 때보다 이로 물고 있을 때 만화가 더 재미있다고 평가를 했다.
그렇다면 왜 얼굴 표정이 자신이 느끼는 정서에 영향을 주는 것일까? 최근의 연구에 따르면 얼굴 표정이 뇌의 온도에 영향을 주고, 이것이 정서와 관련된 신경전달물질에 영향을 주어 정서에 영향을 준다고 한다. 얼굴의 특정 근육을 수축시키면 주변에 있는 혈관의 혈액 흐름에 영향을 줌으로써 뇌의 혈액 흐름에 영향을 준다. 즉, 뇌의 혈액 흐름은 뇌의 온도에 영향을 주고, 뇌의 온도는 여러 가지 신경전달물질의 방출을 촉진시키거나 억제할 수 있으며, 이러한 신경전달물질 중에는 정서와 관련이 있는 것들도 있다는 것이다.

출처: 김정호(2005). pp. 180-182.

3) 직무스트레스의 영향

직무스트레스가 개인에게 미치는 영향은 직무스트레스 관련 연구들에 대한 분석을 토대로 크게 생리적·심리적·행동적 반응으로 구분할 수 있다(Holt, 1982).

첫째, 생리적 반응은 스트레스를 받을 경우 우리 몸이 보이는 반응으로, 혈압 상승, 맥박 증가, 호흡곤란, 면역력의 저하로 나타나는 각종 신체적 질병 등이 이에 해당된다.

둘째, 심리적 반응은 스트레스가 지속되면서 감정적·정신적으로 나타나는 반응으로, 분노, 불안감, 우울, 걱정, 무력감, 소진, 직무불만족 등이 이에 해당된다. 이 중 소진의 경우 반복된 직무스트레스로 인해 자아개념이나 업무태도가 부정적으로 바뀌고 주위에 대한 관심이 갑작스럽게 감소하는 등 정서적·정신적으로 에너지가 고갈된 상태를 의미하는데, 이러한 소진은 교사, 사회복지사와 같이 남을 보호하고 보살피는 책임을 맡은 직종에 종사하는 이들에게 많이 나타나는 특성이다. BDI(Beck Depression Inventory)는 직무스트레스를 장기적으로 방치할 경우 영유아교사에게 나타날 수 있는 정신적·행동적 반응인 우울 수준을 진단하도록 개발된 대표적인 자가 우울증 진단 척도로, Beck 등(1961)이 개발하였다. 합산한 점수가 10점 이하이면 정상이며, 11~16점이면 경계선상에 있는 혼란 시기, 17~20점이면 진단이 필요한 의심 시기로 볼 수 있다. 21~30점이면 우울증 초기 단계, 31~40점이면 심각한 우울증 단계, 40점 이상은 극도의 우울증 단계로 치료가 당장 필요한 것으로 볼 수 있다.

셋째, 행동적 반응은 스트레스를 경험할 경우 행동적 결과로 나타나는 반응으로, 직무수행 저하, 결근, 의사소통 장애, 대인관계 와해, 이직, 알코올 및 약물 복용 등이 이에 포함된다. 이 중 직무수행의 경우 조직의 생산성과 직결되는 부분이기 때문에 연구자들은 직무스트레스와 직무수행의 관계에 많은 관심을 가져 왔다. 이들의 관련성에 대해 살펴본 선행연구들을 고찰한 Cohen(1980)에 의하면, 직무스트레스는 직무수행에 역기능적인 작용을 하는 것으로 나타났다. 예를 들어, 직무스트레스 수준이 낮을수록 좌절 극복을 요하는 업무, 사무적 정확성을 요구하는 업무, 불필요한 자극에의 저항을 요하는 업무를 효율적으로 수행하는 것으로 나타났다. 또 직무스트레스 수준이 낮을수록 타인에 대해 더 민감하게 반응하고 더 협조적인

참고

흔한 스트레스 징후 및 증상

스트레스 관리의 첫 단계는 스트레스의 징후 및 증상을 제대로 인지하는 것이다. 다음에 언급한 징후와 증상의 원인이 모두 스트레스라는 사실을 믿기 힘들 수도 있다. 다수의 항목이 실제 질병의 증상처럼 보이기도 하고, 도박에 빠지는 것과 같이 스트레스와 관련이 있을 거라 생각조차 못 한 항목들도 있을 것이다. 그러나 분명한 것은 이 모든 징후 및 증상이 스트레스와 관련이 있다는 것이며, 각각의 징후 및 증상은 다양한 방식으로 당신의 삶에 지장을 초래할 수 있다는 점이다.

1. 잦은 두통 및 턱관절 장애나 통증
2. 이를 악물거나 갈기
3. 말더듬이나 발음장애
4. 입술 또는 손 떨기
5. 경부통, 요통, 근경련
6. 잦은 변덕, 현기증
7. 환청(호출음, 윙윙거리는 소리, 펑 하는 소리 등)
8. 잦은 안면홍조 및 땀
9. 차거나 땀이 나는 손이나 발
10. 입이 마르거나 음식을 삼키기가 힘듦
11. 잦은 감기나 바이러스 감염(헤르페스 바이러스 감염증)
12. 발진, 가려움증, 두드러기, 모공강화증(소름 또는 닭살)
13. 원인을 알 수 없는 알레르기 또는 잦은 알레르기
14. 속 쓰림, 위통, 메스꺼움
15. 과도한 트림, 위장에 가스가 참
16. 변비나 설사
17. 호흡곤란이나 잦은 한숨
18. 공황발작
19. 가슴 통증이나 심계항진증

20. 소변을 자주 봄
21. 과도한 불안이나 근심, 죄의식, 긴장
22. 정도가 심한 분노나 좌절감, 적의
23. 우울감이나 잦은 감정 변화
24. 식욕이 왕성해지거나 감퇴함
25. 불면증, 악몽, 수면장애
26. 집중력 저하, 멈추지 않는 생각이나 망상
27. 새로운 정보를 받아들이는 데 곤란을 겪음
28. 건망증, 정리정돈을 잘 못하고 체계가 없으며 혼란스러워함
29. 판단력 저하
30. 지나친 부담감 또는 압도당하는 느낌
31. 잦은 울음 또는 자살 사고
32. 외로움 또는 자신감 결여
33. 외모에 대한 관심 부족, 시간관념 저하
34. 신경성 습관(연신 꼼지락거리거나 다리를 떠는 것과 같은 행위)
35. 잦은 짜증 또는 초조함
36. 과민 반응
37. 경미한 사고의 증가
38. 강박적 사고 및 행동
39. 작업 효율성 및 생산성 저하
40. 일을 못 한 것을 덮으려고 거짓말이나 변명을 자주 함
41. 말을 빨리하거나 중얼거림
42. 과도한 방어나 의심
43. 의사소통 및 공감 능력의 저하
44. 대인기피
45. 만성피로
46. 약물남용
47. 다이어트를 하지 않았는데도 체중이 증가하거나 감소함
48. 습관적인 도박 또는 충동구매

출처: Shrand & Devine(2012); 공인숙 외(2017). 재인용.

것으로 나타났다. 직무수행의 결과를 대인적 측면(예: 민감성, 온정, 배려)과 인지/동기적 측면(예: 집중력, 적응력, 여유, 인내)으로 구분하여 살펴본 연구(Motowidlo, Packard, & Manning, 1986)에서도 직무스트레스 수준이 높을수록 대인적, 인지/동기적 측면의 직무수행을 저하시키는 결과를 초래하는 것으로 나타났다.

이상의 내용들을 종합해 보면, 영유아교사의 직무스트레스는 영유아교사의 신체적·정신적 건강에 부정적인 영향을 미칠 수 있으며, 본연의 직무인 아이들을 보살피고 가르치는 일에 집중할 수 없게 만들 수 있음을 알 수 있다. 즉, 영유아교사의 직무스트레스가 과도할 경우 영유아교사 자신의 건강을 위협하는 것은 물론 과도한 스트레스로 인해 영유아를 보살피고 가르치는 일에 소홀하게 되면서 유아교육의 질이 낮아지는 결과를 초래한다(이정현 외, 2012).

4. 영유아교사의 스트레스 대처 방법

스트레스 상황에 처했을 때 스트레스를 벗어나거나 중지시키기 위해 행하게 되는 노력을 스트레스 대처라고 한다. 일반적으로 스트레스 대처 방법은 Lazarus와 Folkman(1984)이 제시한 문제 중심적 대처와 정서 중심적 대처로 분류한다. 문제 중심적 대처는 자신이 지금 처한 상황을 변화시킬 수 있는 가능성이 있다고 인식할 때 사용하게 되는 대처 방법으로, 문제를 해결하거나 문제 상황에서 벗어나려는 행동적인 노력을 행하는 것이다. 정서 중심적 대처는 자신이 지금 처한 상황을 자신의 힘으로는 변화시킬 가능성이 적다고 인식할 때 사용하게 되는 대처 방법으로, 문제 자체가 아닌 문제 상황에서 발생하는 부정적인 마음 상태를 완화시키려는 감정적인 노력을 하는 것이다.

예를 들어, 활동 시간에 집중하지 못하고 산만하게 행동하는 아이 때문에 스트레스를 받았을 때, 문제 중심적 대처를 하는 영유아교사는 '보조교사에게 부탁해서 아이의 활동 모습을 찍은 영상을 아이와 함께 보면서 아이 스스로 자신의 행동에 어떤 문제가 있는지 알게 해 주자. 그리고 아이에게 어떤 문제가 있는 것은 아닌지 작년 담임교사, 부모와 상담을 해 보아야겠어.'라고 생각하며 문제를 해결하기 위한 행동을 계획하여 실행하려고 노력할 것이다. 반면, 정서 중심적 대처를 하는 영유아교사는 '○○가 또 집중하지 못하고 돌아다니네…. 내가 주의를 준다고 달라질 것도 아니고 어쩔 수 없잖아. 그래, 너무 예민하게 받아들이지 말자. 교실 밖으로 뛰쳐나가서 소란 피우지 않는 게 어디야.'와 같이 자신의 내적 태도를 바꿈으로써 스트레스 경험 자체를 달라지게 할 수 있다.

실제로 영유아교사들의 스트레스 대처 방식이 문제 중심적 대처를 사용한 경우에 비해 정서 중심적 대처 방식을 사용하는 교사들일수록 우울이 증가할 뿐 아니라 개인적 성취감 소진이 증가한다는 연구결과가 있다

(홍길회, 2017).

그러나 문제 중심적 대처 방법과 정서 중심적 대처 방법은 어느 한쪽이 더 좋고 어느 한쪽이 더 나쁜 것이 아니기 때문에 각각 사용되기보다는 상황에 따라 적절히 함께 사용될 때 더 효과적이다. 가령, 특정 스트레스 상황에 처했을 때 부정적 정서 상태를 해소하지 않고 바로 문제 중심적 대처 방법을 시도하기보다는 정서 중심적 대처를 통해 어느 정도 심리적 평정 상태에 이르렀을 때 문제 중심적 대처를 하게 된다면 스트레스 대처가 좀 더 효율적으로 이루어질 수 있을 것이다.

5. 영유아교사의 스트레스 관리

스트레스는 몸의 면역력을 저하시켜 만병의 근원이 될 뿐 아니라 개인의 사고력이나 기억력까지 감퇴시켜 직무 능력을 떨어뜨리는 주범이 된다. 미국 캘리포니아 대학교 연구팀의 발표에 의하면 스트레스를 단 1시간만 받아도 뇌기능이 떨어져 기억력에 손상을 입는 것은 물론, 심할 경우 신경세포가 죽게 될 수도 있다고 한다. 또한 스트레스를 받은 사람의 세포는 그렇지 않은 사람에 비해 평균 9~17년 더 늙는다는 사실도 드러났다(한광일, 2008). 따라서 영유아교사로서 자신의 능력을 충분히 발휘하기 위해서는 스트레스를 잘 관리할 필요가 있으며, 다음에서 스트레스를 이겨 낼 수 있는 구체적인 방법들에 대해 살펴보고자 한다.

1) 사고방식의 전환

Albert Ellis(1955)의 ABC이론에 따르면 사람들이 어떤 사건이나 역경(activating event)을 겪고 나서 분노, 화, 우울 등의 정서를 경험하는 결과

(consequences)는 개인에게 일어난 사건이나 역경 때문이 아니라 그 사건이나 역경을 받아들이는 개인의 사고방식, 즉 신념(beliefs) 때문이다. 즉, 개인이 어떠한 사건을 겪고 나서 스트레스를 받는 것은 사건 자체로 인한 것이 아니라 자신이 이미 가지고 있는 기본 생각 틀에 그 사건을 비추어 비합리적으로 해석하기 때문이라는 것이다. 예를 들어, 특정 영유아교사가 원장으로부터 부여된 업무를 제대로 수행해 내지 못한 것에 대해 질책을 받았을 때 의기소침해져서 스트레스를 느끼게 된다면, 이는 단순히 원장이 질책한 사건이 일어나서가 아니라 그 사건에 대해 '원장에게 꾸지람을 듣는 것은 비참한 일이다', '시키는 일 하나 제대로 못 해내는 사람은 무능한 사람이다'와 같이 비논리적으로 생각하기 때문이다. 만일 다른 영유아교사는 동일한 사건을 겪었지만 '원장이 이번 일에 대해 질책한 것은 내가 미워서가 아니라 앞으로 똑같은 실수를 다시 반복하는 일이 없도록 배려하는 차원에서 이루어진 것이다'와 같이 긍정적으로 사고한다면 스트레스 유발상황에 보다 유연하게 대처할 수 있을 것이다.

스트레스를 잘 관리하기 위해서는 우선 자신의 사고방식을 스스로 점검해 보아야 한다. 만일 자신의 사고방식이 '무슨 일이든 항상 완벽하게 처리해야 한다', '항상 유능해야 한다'와 같이 비현실적이고 융통성이 없는 형태라면 이를 바꾸려는 노력을 해야 한다. 이를 위해 최대한 자신을 긍정적으로 생각하고 상황을 여유 있게 바라보는 것이 중요하다.

2) 시간 관리

누구에게나 똑같이 주어지는 하루 24시간을 어떤 사람은 효율적으로 분배하여 계획했던 일들을 차근차근 처리함으로써 스스로의 삶을 능동적으로 통제하며 살아가는 반면에, 어떤 사람은 늘 시간에 쫓기면서 생활하면서 큰 스트레스를 받는다. 시간 때문에 스트레스를 받지 않으려면 자신에게 주어진 시간을 잘 관리하여 시간을 조정하는 주체가 되어야 한다.

특히 항상 격무와 업무 과부하에 시달리는 영유아교사에게 효율적인 시간 관리는 스트레스를 줄일 수 있는 좋은 대처전략이 될 수 있다.

시간을 효율적으로 관리하기 위해서는 다음 내용을 유의하여야 한다.

첫째, 업무의 우선순위를 정한다. 일의 순서를 정해서 업무를 수행하게 되면 시간 압박에서 벗어나 여유 있게 일을 처리하는 데 도움이 된다.

둘째, 최소한 하루 전날 저녁에는 다음날 수행해야 할 일들과 그 순서를 체크한다. 이렇게 함으로써 다음날 출근했을 때 내가 해야 할 일이 무엇인지를 확실히 알고 일을 차분히 처리하여 우왕좌왕하며 시간을 낭비하는 일을 막을 수 있다.

셋째, 한 번에 한 가지 일만 한다. 동시에 여러 가지 업무를 수행하다 보면 과다한 에너지 소모로 쉽게 지치게 될 뿐만 아니라 실수할 가능성이 높아 일의 효율성이 떨어지게 된다.

3) 명상

매일 하루 종일 영유아들과 끊임없이 상호작용하며 생활하는 영유아교사에게 혼자 조용히 명상하는 시간을 갖는 것은 심신의 건강을 유지하는 데 큰 도움이 된다. 명상은 머릿속의 복잡한 생각을 비워 마음을 편안하게 함으로써 정신적 스트레스를 줄일 수 있는 좋은 방법이다. 일반적으로 명상을 꾸준히 하는 사람들은 자기 자신을 통제하는 내적인 힘이 커져 불안감, 공포, 우울증과 같은 심리적 요인에 의한 증상을 개선하는 데 효과적일 뿐 아니라, 집중력이 크게 좋아져 직무 능력 향상에도 도움이 되는 것으로 알려져 있다.

명상은 이른 아침이나 늦은 저녁 누구에게도 방해받지 않을 수 있는 시간에 15분 내지 20분 정도만으로도 큰 효과를 볼 수 있다. 단, 명상은 편안한 마음으로 하는 것이 중요하므로 시간이 나지 않아 조바심이 날 때는 하지 않는 편이 낫다. 명상을 할 때 특별히 정해진 자세는 없으며 자신에게 가장 편한 자세를 취하면 된다. 보통 그림 8-1에서와 같이 바닥에 앉아 몸을 바르게 펴고 양손을 양 무릎에 올려놓는 반가부좌 자세를 선호한다. 이때 손바닥을 위로 향하게 하고 엄지와 중지 및 약지를 마주 대는데, 이는 몸 안에 좋은 기운이 머물도록 하는 역할을 한다.

그림 8-1 스트레스 해소에 도움이 되는 명상 자세

출처: www.freepik.com

명상의 형태는 여러 가지가 있으나 초보자들이 쉽게 접근할 수 있는 방법으로 집중명상법이 있다. 집중명상법은 낱말이나 시각적 이미지, 소리 등 대상을 정해 놓고 집중하면서 호흡을 통해 명상하는 방법으로, 집중명상법의 유형별 구체적인 방법은 표 8-4에 제시된 바와 같다. 이때 호흡법은 눈을 감고 공기가 몸속으로 충분히 들어오고 몸 밖으로 나갈 수 있도록 코로 깊게 호흡하는 복식호흡을 해야 한다.

표 8-4 집중명상법의 유형 및 방법

유형	방법	사례
낱말 및 구절 집중	마음속으로 긍정적 생각을 가져오는 어떤 낱말이나 구절을 계속 반복	'시간이 지나면 모든 게 잘 될 거야.' '난 우리 반 모든 아이를 사랑하고 아끼고 싶다.'
심상 집중	자기만의 깨달음을 얻게 해 주는 어떤 사물이나 이미지를 계속해서 고요히 응시하거나 마음에 떠올림	나뭇잎 사이로 햇살이 비치는 숲속 길을 걷는 풍경 이미지
소리 집중	밖에서 들리는 좋은 자연의 소리에 집중하기 위해 명상 CD를 활용하는 것도 좋은 방법	새들의 소리, 바람 소리

출처: 공인숙 외(2017). p. 332.

4) 운동

영유아교사는 보육 업무의 특성상 정신적 에너지 소모는 많은 반면, 움직임이 많지 않기 때문에 자칫 체력 관리에 소홀하다 보면 체력이 급격히 저하되어 소진되기 쉽다. 더욱이 면역력이 약한 영유아들과 함께 집단생활을 하기 때문에 각종 질병 및 질환에 쉽게 노출될 수 있다. 따라서 영유아교사는 다른 어떤 직종보다 운동을 통한 체력 관리가 중요하다. 운동은 체력 증진의 효과뿐 아니라 스트레스를 받을 때 아드레날린의 분비를 감소시킴으로써 정신적 긴장이나 피로를 푸는 데도 매우 효과적이다.

보통 어떤 운동을 해야 할지 결정하기 어려운 경우, 걷기 운동부터 할 것을 권장한다. 특별한 공간이나 장비 없이도 쉽게 할 수 있으며, 오래 지속하기 쉽기 때문이다. 통계상 다른 운동은 중간에 그만두는 경향이 높지만, 걷기는 지속되는 비율이 높게 나타난다. 운동은 최소한 일주일에 세 번 이상, 한 번에 30분 이상 1시간 이내로 공복 상태에서 할 때 그 효과가 큰 것으로 알려져 있다.

그림 8-2 스트레스 해소에 도움이 되는 운동

출처: www.freepik.com

5) 휴식과 여가활동의 활용

일을 하는 행위 자체가 에너지를 필요로 하기 때문에 직무를 수행하는 동안 에너지가 소모되며, 새로운 에너지를 주입시키지 않게 되면 언젠가는 소진되기 마련이다. 그리고 더 이상 쓸 수 있는 에너지가 없다고 느낄 때 업무에 집중할 수 없는 것은 물론 심각한 무기력증에 빠지게 된다. 따라서 소모된 에너지를 채우기 위해 열심히 일한 후에 반드시 적당한 휴식을 취해야 한다.

개인마다 휴식을 취하는 방법은 다양할 수 있다. 아무것도 안 하고 빈둥거리며 시간을 보내는 것도 휴식이 될 수 있지만 이도 지나치면 독이 될 수 있다. 이보다는 스포츠나 취미활동 등 자신이 온전히 즐기며 좋아할 수 있는 여가활동 시간을 마련하는 것이 스트레스 해소에 큰 도움이 되는 것으로 알려져 있다.

유아교육기관에서 항상 아이들을 안전하게 보살피고 교육하는 일에 집중하면서 능력을 발휘해야 하는 영유아교사에게 여가활동은 업무활동과 달리 그다지 집중할 필요도 없고 능력을 발휘해야 한다는 부담도 없기 때문에 즐거운 감정과 편안함을 제공할 수 있는 좋은 기회가 된다.

6) 정신적 멘토 만들기

직무를 수행하다 보면 누구나 크고 작은 문제에 직면하게 되고, 사안별로 매뉴얼을 참고하여 이에 적절히 대처하는 과정을 반복한다. 그런데 영유아교사의 경우 직무를 수행하는 과정에서 대면하게 되는 주요 대상인 영유아와 부모가 서로 전혀 다른 특성을 가지고 있을 뿐 아니라 개별 원아마다, 개별 부모마다 독특한 개성을 가지고 있다 보니, 직면하게 되는 문제마다 정형화된 매뉴얼에 의지하기가 현실적으로 어렵다. 이 때문에 경험이 부족한 초임교사들의 경우 좌절감을 느끼고 급기야는 영유아교사직이 자신에게 맞지 않는다고 생각하고 중도에 포기하는 사례도 발생한다.

따라서 문제가 생겼을 때 슬기롭게 대처할 수 있도록 자문을 구할 수 있고 힘들 때마다 정신적으로 의지할 수 있는 사람을 평소에 만들어 두는 것이 중요하다. 전문의들에 따르면 수다가 스트레스를 푸는 가장 확실한 방법이라고 하므로 정신적 멘토가 사소한 일까지 털어놓고 이야기할 상대가 된다면 이상적일 것이다.

수행하기 8-1

우울증 척도

우울증 척도		
척도 1	① 나는 슬프지 않다.	0
	② 나는 슬프다.	1
	③ 나는 항상 슬프고 기운을 낼 수 없다.	2
	④ 나는 너무 슬프고 불행해서 도저히 견딜 수 없다.	3
척도 2	① 나는 앞날에 대해 별로 낙심하지 않는다.	0
	② 나는 앞날에 대해 용기가 없다.	1
	③ 나는 앞날에 대해 기대할 것이 아무것도 없다고 느낀다.	2
	④ 나는 앞날은 아주 절망적이고 나아질 가망이 없다고 느낀다.	3
척도 3	① 나는 실패자라고 느끼지 않는다.	0
	② 나는 보통 사람들보다 더 많이 실패한 것 같다.	1
	③ 내 삶을 뒤돌아보면 실패투성이인 것 같다.	2
	④ 나는 인간으로서 완전히 실패했다.	3
척도 4	① 나는 전과 같이 일상생활에 만족하고 있다.	0
	② 나의 일상생활은 예전처럼 즐겁지 않다.	1
	③ 나는 요즘에는 어떤 것에서도 별로 만족을 얻지 못한다.	2
	④ 나는 모든 것이 다 불만스럽고 싫증난다.	3
척도 5	① 나는 특별히 죄책감을 느끼지 않는다.	0
	② 나는 죄책감을 느낄 때가 많다.	1
	③ 나는 죄책감을 느낄 때가 아주 많다.	2
	④ 나는 항상 죄책감에 시달리고 있다.	3
척도 6	① 나는 내가 벌을 받고 있다고 느끼지 않는다.	0
	② 나는 어쩌면 벌을 받고 있을지도 모른다는 느낌이 든다.	1
	③ 나는 벌을 받을 것 같다.	2
	④ 나는 지금 벌을 받고 있다고 느낀다.	3

우울증 척도		
척도 7	① 나는 나 자신에게 실망하지 않는다.	0
	② 나는 나 자신에게 실망하고 있다.	1
	③ 나는 나 자신에게 화가 난다.	2
	④ 나는 나 자신을 증오한다.	3
척도 8	① 나는 다른 사람들보다 못한 것 같지는 않다.	0
	② 나는 나의 약점이나 실수에 대해 나 자신을 탓하는 편이다.	1
	③ 내가 한일이 잘못되었을 때에는 언제나 나를 탓한다.	2
	④ 일어나는 모든 나쁜 일들은 다 내 탓이다.	3
척도 9	① 나는 자살 같은 것은 생각하지 않는다.	0
	② 나는 자살할 생각을 가끔 하지만 실제로 하지는 않을 것이다.	1
	③ 자살하고 싶은 생각이 자주 든다.	2
	④ 나는 기회만 있으면 자살하겠다.	3
척도 10	① 나는 평소보다 더 울지는 않는다.	0
	② 나는 전보다 더 많이 운다.	1
	③ 나는 요즘 항상 운다.	2
	④ 전에는 울고 싶을 때 울 수 있었지만 요즘은 울 기력조차 없다.	3
척도 11	① 나는 요즈음 평소보다 더 짜증을 내는 편은 아니다.	0
	② 나는 전보다 더 쉽게 짜증이 나고 귀찮아진다.	1
	③ 나는 요즈음 항상 짜증을 내고 있다.	2
	④ 전에는 짜증스럽던 일에 요즘은 너무 지쳐서 짜증조차 나지 않는다.	3
척도 12	① 나는 다른 사람들에 대한 관심을 잃지 않고 있다.	0
	② 나는 전보다 다른 사람들에 대한 관심이 줄었다.	1
	③ 나는 다른 사람들에 대한 관심이 거의 없어졌다.	2
	④ 나는 다른 사람들에 대한 관심이 완전히 없어졌다.	3
척도 13	① 나는 평소처럼 결정을 잘 내린다.	0
	② 나는 결정을 미루는 때가 전보다 많다.	1
	③ 나는 전에 비해 결정을 내리는 데 더 큰 어려움을 느낀다.	2
	④ 나는 더 이상 아무 결정도 내릴 수가 없다.	3

우울증 척도		
척도 14	① 나는 전보다 내 모습이 더 나빠졌다고 느끼지 않는다.	0
	② 나는 나이 들어 보이거나 매력 없어 보일까봐 걱정이다.	1
	③ 나는 내 모습이 매력 없게 변해버린 것 같은 느낌이 든다.	2
	④ 나는 내가 추하게 보인다고 믿는다.	3
척도 15	① 나는 전처럼 일을 할 수 있다.	0
	② 어떤 일을 시작하려면 전보다 훨씬 더 많은 노력이 든다.	1
	③ 나는 무엇인가를 하려면 매우 힘들다.	2
	④ 나는 전혀 아무것도 할 수가 없다.	3
척도 16	① 나는 평소처럼 잘 잔다.	0
	② 나는 전만큼 잘 자지 못한다.	1
	③ 나는 평소보다 한두 시간 빨리 깨고 다시 잠들기 어렵다.	2
	④ 나는 전보다 몇 시간 일찍 깨고 한번 깨면 다시 잠들지 못한다.	3
척도 17	① 나는 평소보다 더 피곤하지는 않다.	0
	② 나는 전보다 더 쉽게 피곤해진다.	1
	③ 나는 무엇인가를 하려면 매우 힘들다.	2
	④ 나는 너무나 피곤해서 아무 일도 할 수가 없다.	3
척도 18	① 내 식욕은 평소와 다름없다.	0
	② 나는 요즈음 전보다 식욕이 좋지 않다.	1
	③ 나는 요즈음 식욕이 많이 떨어졌다.	2
	④ 나는 요즈음 식욕이 전혀 없다.	3
척도 19	① 나는 요즈음 체중이 별로 줄지 않았다.	0
	② 나는 전보다 몸무게가 2kg가량 줄었다.	1
	③ 나는 전보다 몸무게가 5kg가량 줄었다.	2
	④ 나는 전보다 몸무게가 7kg가량 줄었다.	3
척도 20	① 나는 건강에 대해 전보다 염려하고 있지 않다.	0
	② 나는 여러 통증, 소화불량, 변비 등과 같은 신체적인 문제로 걱정하고 있다.	1
	③ 나는 건강이 염려되어 다른 일은 생각하기 힘들다.	2
	④ 나는 건강이 너무 염려되어 다른 일은 아무것도 생각할 수가 없다.	3

우울증 척도		
척도 21	① 나는 최근에 성적 관심에 어떤 변화가 있지 않다.	0
	② 나는 전보다 성에 대한 관심이 줄었다.	1
	③ 나는 전보다 성에 대한 관심이 상당히 줄었다.	2
	④ 나는 성에 대한 관심을 완전히 잃어버렸다.	3

▶ 검사 결과 및 해석

해당 점수의 총합을 구한다. 절대적인 것은 아니지만 대체로 다음과 같은 기준을 적용하여 우울의 정도를 가늠해 볼 수 있다.
당신의 현재 우울증 정도는 어떤 수준인가?

① 9점 이하: 우울하지 않음
② 10~15: 경우울
③ 16~23: 우울
④ 24~63: 심한 우울 상태

출처: 원호택 외 공역(1996); 정진선 외(2012). 재인용.

수행하기 8-2

최근 나의 스트레스는?

1. 우리가 일상에서 스트레스를 다루는 것은 마치 곡예사가 저글링을 하는 것처럼 위태롭기 때문에 이에 대한 균형감이 필요합니다. 곡예사가 공중에 계속 머물러 있게 하는 공 안에 최근 나에게 스트레스를 주었던 상황이나 사건, 문제들을 적어보세요.

2. 이러한 스트레스 요인으로 인해 나의 몸에 일어나는 신체적인 증상들을 모두 적습니다.

3. 곡예사의 주변 외곽에 이러한 스트레스 요인이 여러분의 생활에 미치는 외부적인 결과를 적습니다.

나의 신체 증상	생활에 미치는 외부적인 결과
☞______________________	☞______________________
☞______________________	☞______________________
☞______________________	☞______________________

출처: 조혜진(2019). p. 250 재구성.

수행하기 8-3

영유아교사의 정신건강의 중요성과 의미에 대해 설명해 보자.

수행하기 8-4

각자의 스트레스대처법에 대해 이야기 나누어 보자.

Chapter
09

영유아교사의 자격과 일과 운영

1. 영유아교사의 자격 기준

1) 유치원교원의 자격

유치원의 교직원에는 교원으로 원장, 원감, 교사 등을 들 수 있으며, 교원 외에 촉탁의사, 영양사, 간호사 또는 간호조무사, 행정직, 기능직 등을 둘 수 있다. 제20조 제1항, 2항 유치원교원의 자격검정은 무시험을 원칙으로 하며, 자격기준은 「유아교육법」 제22조 제1항의 「별표 1」과 제2항의 「별표 2」의 규정을 따른다. 유치원교원의 종별 및 자격 기준은 표 9-1과 같다.

표 9-1 유치원교원의 종별과 자격 기준

종별	자격 기준
원장	1. 유치원의 원감자격증을 가지고 3년 이상의 교육경력과 소정의 재교육을 받은 자 2. 학식·덕망이 높은 자로서 대통령령이 정하는 기준에 해당한다고 교육과학기술부장관의 인정을 받은 자
원감	1. 유치원 정교사(1급) 자격증을 가지고 3년 이상의 교육경력과 소정의 재교육을 받은 자 2. 유치원 정교사(2급) 자격증을 가지고 6년 이상의 교육경력과 소정의 재교육을 받은 자
정교사(1급)	유치원 정교사(2급) 자격증을 가진 자로서 3년 이상의 교육경력을 가지고 소정의 재교육을 받은 자 유치원 정교사(2급) 자격증을 가지고 교육대학원 또는 교육과학기술부장관이 지정하는 대학원의 교육과에서 유치원 교육 과정을 전공하여 석사학위를 받은 자로서 1년 이상의 교육경력이 있는 자
정교사(2급)	대학에 설치된 유아교육과 졸업자 대학(전문대학 및 이와 동등 이상의 각종 학교를 포함한다) 졸업자로서 재학 중 소정의 보육과 교직학점을 취득한 자 교육대학원 또는 교육과학기술부장관이 지정하는 대학원의 교육과에서 유치원

종별	자격 기준
	교육 과정을 전공하고 석사학위를 받은 자 유치원 준교사 자격증 소지자로서 2년 이상의 교육 경력을 가지고 소정의 재교육을 받은 자

(1) 유치원장 자격인정

유치원교원의 배치는 각 기관의 특성, 기관 규모나 운영 방침에 따라 다르며 유치원 원장의 자격 기준 중 2항에 해당하는 학식·덕망이 높은 자로서 대통령령이 정하는 기준은 교원자격검정령(2008.6.5 개정) 제23조 제1항 별표의 규정을 말하며, 이령에 의한 유치원 자격인정 기준은 표 9-2와 같다.

표 9-2 교원자격검정령의 유치원장 자격인정 기준

구분	자격인정기준
유치원장	1. 전문대학 졸업자 또는 이와 동등 이상의 학력이 있는 자로서 다음 각호의 1에 해당하는 자 가. 5급 이상의 국가공무원이나 지방공무원 나. 장학관이나 교육연구관 다. 3년 이상의 교육경력 또는 교육행정 경력이 있는 자 2. 7년 이상의 교육경력 또는 교육행정 경력이 있는 자

(2) 사립유치원 원장자격 무시험검정

사립유치원 원장자격 인정 기준은 「유아교육법」(법률 제14567호, '17.2.8 제22조 제1항 관련 [별표1]) 「교원자격검정령」(대통령령 제28521호, '17.12.29 제23조 제1항 관련 [별표 2])에 의하여 무시험검정으로 원장자격인정을 받을 수 있다.

표 9-3 사립유치원 원장 자격인정 업무 흐름도

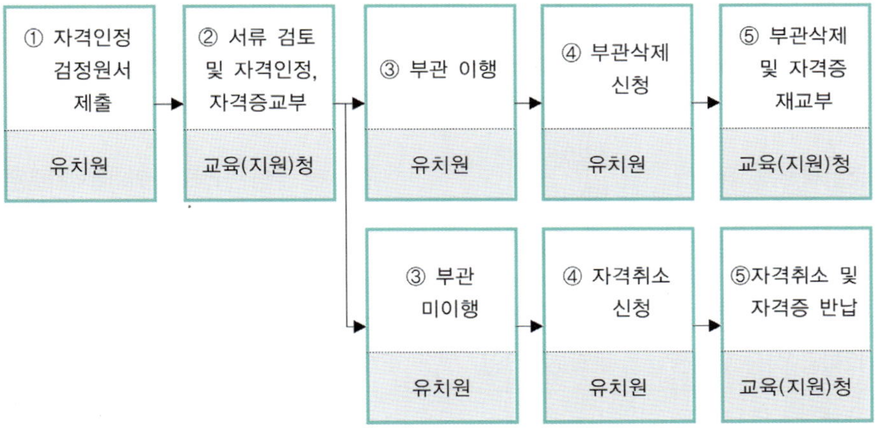

(3) 유치원교원 배치

유치원교원의 배치 기준은 유아교육법 시행령 제23조에 의하여 유치원에는 원장·원감 외에 학급당 교사 1인 이상을 배치한다. 다만 2학급 이하 유치원은 원장 및 원감이 학급을 담당할 수 있다.

종일제를 운영하는 유치원은 종일제 운영반을 담당하는 교사를 1인 이상 둘 수 있으며, 그 배치 기준은 관할청이 정한다. 유치원에는 교사 중에서 다음 각 호의 구분에 따른 수의 보직교사를 둘 수 있다. 교원 배치 기준은 표 9-4와 같다.

표 9-4 교원 배치 기준

<table>
<tr><th>구분</th><th>배치 교사 기준</th><th>비고</th></tr>
<tr><td>유치원</td><td>원장·원감 학급당교사 1명</td><td rowspan="5">• 2학급 이하 유치원 원장 및 원감이 학급을 담당할 수 있다.
• 종일제 운영 담당교사의 배치기준은 관할청이 정한다.
• 유치원에 따라서 학급에 1인 담임과 1인 부담임 또는 보조교사를 배치할 수 있다.</td></tr>
<tr><td>종일제 운영 유치원</td><td>종일제 담당 교사 1명 이상</td></tr>
<tr><td>3~5학급 이상 유치원</td><td>보직교사 1인</td></tr>
<tr><td>6~11학급 이상 유치원</td><td>보직교사 2인</td></tr>
<tr><td>12학급 이상 유치원</td><td>보직교사 3인</td></tr>
<tr><td>급식인원 1일 100인 이상 유치원</td><td>조리사, 영양사 배치</td><td>• 5개 유치원에서 영양사 1명을 공동으로 임용가능</td></tr>
</table>

① 담임 배정

학급의 담임 배정은 교사의 역량을 파악하여 가장 잘 지도할 수 있는 연령을 맡기도록 한다.

담임 배정방식은 무작위 선임 담임제(특정한 원칙이 없이 담임을 배정하는 것), 희망선임 담임제(교사들의 의견을 정취한 후 배정하는 방식), 연령 고정식 담임제(교사별 담당 연령을 미리 고정해 놓고, 그 교사는 매년 동일한 연령을 담당하는 것), 계속적 담임제(한 번 담당한 학급을 유아들이 초등학교에 입학하기 전까지 계속 담임을 맡는 것) 등이 있다.

② 보직임용

교직원의 구성원이 비교적 많은 경우 경영자와 일반 교직원 중간에서 조정과 소통을 담당하고, 경영자를 보좌하며, 일반 교직원을 지도 조언하는 보직자가 필요하다. 유아교육기관의 보직은 주로 부장교사 혹은 팀장, 주임교사가 있으며, 운전기사가 많을 경우 차량운행을 총괄하는 운행주임을 둘 수 있고, 주방의 종사원이 많다면 급식을 총괄하는 주임을 둘 수 있다.

보직임용을 할 경우는 권한과 책임의 한계를 명확하게 규정해야 한다. 자칫하면 권한의 남용으로 인한 교직원 간 갈등의 원인을 만들며, 맡은 역할을 수행하지 못할 경우는 조직의 비효율을 초래할 수도 있다.

③ 교과 전담교사

요즘은 유아교육기관에서도 업무의 효율화와 전문화를 위해 담임을 맡지 않고 특정 교과 혹은 역할을 전담하는 교사를 두는 경우가 많다. 예를 들면, 유아들의 조형활동, 음악활동, 체육활동, 외국어교육 등을 전담하거나, 종일반, 야간보육과 같은 근무시간을 전담하여 지도하는 형태가 있다. 교과 전담교사가 있을 경우는 담임교사의 수업부담을 경감시켜 줄 수 있고, 지도 분야의 전문성을 확보할 수 있어, 질 높은 교육서비스를 제공할 수 있다. 그러나 교과 전담교사와 담임교사와의 교육계획에 대한 협의가 잘 이루어지지 않을 때는 통합교육에 방해가 되며, 오히려 효율성을 떨어뜨리는 결과를 가져올 수 있다.

④ 업무분장

유아교육기관을 운영하기 위해서는 다양한 업무가 필요하다. 이를 효과적이고, 확실한 책임하에 집행하기 위해서는 업무를 분담하여 전문적으로 처리할 필요가 있다.

업무분장은 다음과 같은 원칙하에 이루어져야 한다(윤정일, 2002).

- 적재적소주의 원칙: 가능한 한 교직원의 개성, 적성, 희망을 고려한다.
- 변화성의 원칙: 교직원의 미래 발전을 위해서 다양한 부서의 경험을 얻도록 한다.
- 공정성의 원칙: 사무의 공평한 분담을 고려해야 한다.

업무 분장이 효과적으로 이루어지기 위해서는 구성원 모두가 해당 분야에서 책임과 의무를 다해야 하며, 교직원 간 협력적 태도가 필수적이다.

2) 어린이집 교원의 자격

어린이집 교직원은 어린이집의 관리·운영을 담당하는 원장, 영유아의 보호 및 교육을 담당하는 보육교사, 특수교사나 치료사와 같은 보육교직원과 그 외 간호사, 영양사, 취사부, 관리인, 사무원 및 운전기사 등이 포함된다.

어린이집별 원장의 자격 기준은 표 9-5, 표 9-6, 표 9-7, 표 9-8과 같다.

표 9-5 어린이집 원장의 일반 자격기준

자격기준
보육교사 1급 자격을 취득한 후 3년 이상의 보육 등 아동복지업무 경력이 있는 사람 「유아교육법」에 따른 유치원 정교사 1급 자격을 취득한 후 3년 이상의 보육 등 아동복지업무 경력이 있는 사람 유치원 원장의 자격을 가진 사람 「초·중등교육법」에 의한 초등학교 정교사 자격을 취득한 후 5년 이상의 보육 등 아동복지업무 경력이 있는 사람 「사회복지사업법」에 의한 사회복지사 1급 자격을 취득한 후 5년 이상의 보육 등 아동복지업무 경력이 있는 사람 「의료법」에 의한 간호사 자격을 취득한 후 7년 이상의 보육 등 아동복지업무 경력이 있는 사람 국가 또는 지방자치단체에서 7급 이상의 공무원으로 보육 등 아동복지업무에 5년 이상 근무한 경력이 있는 사람
보육 등 아동복지업무 경력 가. 다음의 어느 하나에 해당하는 경력 - 어린이집에서 어린이집의 원장, 보육교사, 특수교사의 자격증, 치료사로 근무한 경력. - 육아종합지원센터에서 육아종합지원센터의 장, 보육전문용원, 특수교사, 대체교사 또는 일시 보육 담당보육교사로 근무한 경력 - 법 제26조의2 제2항에 따른 일시보육서비스지정기관에서 기관의 장 또는 일시보육 담당 보육 교사로 근무한 경력 나. 「유아교육법」에 따른 교육 과정과 방과후과정을 운영하는 유치원에서 원장, 원감, 수석교사 또는 교사로 근무한 경력 다. 「아동복지법」에 따른 아동복지시설에서 시설장, 총무, 보육사, 생활복지사, 상담지도

자격기준
원 또는 자립지원전담요원으로 근무한 경력 라. 「장애인복지법」에 따른 장애 영유아 거주시설에서 장애영유아와 관련된 업무에 종사한 경력 마. 가목부터 라목까지의 아동복지 업무를 수행하는 시설에서 간호사로 근무한 경력 바. 국가 또는 지방자치단체에서 7급 이상의 공무원으로 보육 등 아동복지에 관한 행정업무에 종사한 경력

표 9-6 가정 어린이집 원장의 자격기준

자격기준
일반 기준에서 정한 자격을 갖춘 자 보육교사 1급 이상 자격을 취득한 후 1년 이상의 보육업무 경력이 있는 자
보육업무 경력 가. 다음의 어느 하나에 해당하는 경력 - 어린이집에서 어린이집의 원장, 보육교사, 특수교사 또는 치료사로 근무한 경력 - 육아종합지원센터에서 육아종합지원센터의 장, 보육전문요원, 특수교사, 대체교사 또는 일시 보육 담당보육교사로 근무한 경력 - 법 제26조의2 제2항에 따른 일시보육서비스지정기관에서 기관의 장 또는 일시보육 담당 보육교사로 근무한 경력 나. 「유아교육법」에 따른 교육 과정과 방과후과정을 운영하는 유치원에서 원장, 원감, 수석교사 또는 교사로 근무한 경력

표 9-7 영아전담 어린이집 원장의 자격기준

자격기준
1. 일반 기준에서 정한 자격을 갖춘 사람 2. 간호사 자격증을 취득한 후 5년 이상의 아동간호업무 경력이 있는 사람
아동간호업무 경력 - 병원 소아과나 신생아실, 보건소 모자보건센터, 초등학교 보건실 등에서 근무한 경력

표 9-8 장애아전담 어린이집 원장의 자격기준

자격기준
일반 기준에서 정한 자격을 갖춘 자로서 다음의 어느 하나에 해당하는 사람 1) 대학(전문대학 포함)에서 장애인복지 및 재활관련학과를 전공한 자 2) 장애영유아 어린이집에서 2년 이상의 보육업무 경력이 있는 자

표 9-9 영유아교사의 등급 및 자격기준

	자격기준
보육교사 (1급)	보육교사 2급 자격을 취득한 이후 3년 이상의 보육업무 경력과 승급교육을 받은 자 보육교사 2급 자격을 취득한 후 보육 관련 대학원에서 석사학위를 취득한 자로서 1년 이상 보육업무 경력과 승급교육을 받은 자
보육교사 (2급)	전문대학 또는 이와 동등 이상의 학교에서 보육 관련 교과목 및 학점을 이수하고 졸업한 자 보육교사 3급 자격을 취득한 이후 2년 이상의 보육업무 경력과 승급교육을 받은 자
보육교사 (3급)	고등학교 또는 이와 동등 이상의 학교를 졸업한 자로서 교육훈련시설에서 정해진 교육 과정을 수료한 자

또한 어린이집 교사의 배치 기준은 시설의 필요, 지역적 상황 및 시설의 규모에 따라 약간씩 차이가 있으며, 「영유아보육법 시행규칙」 제10조 [별표 2]에 제시되어 있다. 보육교사 배치 기준은 표 9-10과 같다.

표 9-10 어린이집 교사 배치기준

구분	배치 기준	자격기준	비고
원장	• 전 어린이집별 1인 단, 영유아 20인 이하를 보육하는 시설은 어린이집의 원장이 보육교사를 겸임할 수 있음	영유아보육법 시행규칙 제10조 [별표2]	정원기준
영유아교사	• 만 1세 미만 ⇒ 영어 3인당 1인 • 만 1세 이상 2세 미만 ⇒ 영아 5인당 1인 • 만 2세 이상 3세 미만 ⇒ 영아 7인당 1인 • 만 3세 이상 4세 미만 ⇒ 유아 15인당 1인 • 만 4세 이상 미취학 유아 ⇒ 유아 20인당 1인 *40인당 1인은 보육교사 1급자격자여야 함 • 취학 아동 ⇒ 20인당 1인 • 장애아 3인당 1인 *장애아 9인당 보육교사 1인은 특수교사자격소지자여야 함	영유아보육법 시행규칙 제10조 [별표2]	현원기준
간호사	• 영유아 100인 이상을 보육하는 시설의 경우 간호사 1인	-	현원기준
영양사	• 영유아 100인 이상을 보육하는 시설의 경우 영양사 1인	-	현원기준
조리원	• 영유아 40인 이상을 보육하는 시설의 경우 취사부 1인	-	현원기준 (방과후 제외)

어린이집의 원장은 보육교사를 겸임할 수 없는 것이 원칙이나, 보육정원 20인 이하 시설의 원장은 보육교사를 겸임할 수 있다. 「영유아보육법 시행규칙」 제23조 [별표 8]에 어린이집에서는 가능한 한 만 2세 미만 영아반, 만 2세 영아반과 만 3세 이상의 유아반을 동시에 운영하여야 한다고 명시하고 있다.

2. 영유아교사의 교원교육

영유아교사는 전문직으로서 유아들의 성장을 돕고, 지식을 전수하는 역할을 한다. 사회의 변화에 따라 새로운 지식이 생겨나고, 가르치기 위한 새로운 접근방법들이 개발되어 유아교육이 발전하게 된다. 현직에 종사하는 교사들은 새로운 접근방법 등을 익혀 유아들의 교육에 접목해야 하며, 계속해서 효율적인 교육을 위해서 연구해야 한다.

유치원에서는 재직 중에 받는 교육을 연수라 칭하고, 어린이집의 경우는 보수교육이라 칭한다.

1) 유치원교원의 연수

유치원교원의 교육훈련을 연수라 칭하는데, 연수는 여러 가지로 분류된다. 교원 등의 연수에 관한 규정(대통령령 제20942호)에 따르면 연수는 직무연수와 자격연수로 분류된다.

(1) 직무연수

직무연수는 교육의 이론·방법 및 직무수행에 필요한 능력배양을 위한 연수를 말한다. 직무연수의 기간은 당해 연수원장이 필요에 따라 정한다. 직무연수의 연수대상자는 관할 교육감 또는 국립의 학교장이 지명하되, 교육감은 연수과정별로 필요하다고 인정하는 경우에는 교육장 또는 공립·사립학교의 장으로 하여금 연수대상자를 지명하게 할 수 있다.

(2) 자격연수

유치원교사의 자격연수는 교원의 상위 자격을 취득하기 위한 연수를 말하는데, 자격연수의 종류는 1급 정교사과정·원감과정·원장과정으로 분류된다. 연수교육 과정은 교육 과학기술부령으로 정한다.

표 9-11 유치원교원의 연수

구분	연수일	연수시간
1급 정교사, 원감	30일 이상	180시간 이상
원장	50일 이상	360시간 이상

1급 정교사 과정 및 원감과정의 연수대상자는 그 연수과정에 해당하는 교원자격에 관한 교육경력이 있는 자 중에서 관할교육장 또는 학교의 장의 추천을 받아 관할 교육감이 지명한다.

원장과정의 연수대상자는 원장자격에 관한 교육 경력이 있는 자와 「교원자격검정령」 제23조의 규정에 의하여 원장의 자격인정을 받은 자 중에서 교육과학기술부장관이 정하는 기준에 따라 관할교육감이 지명한다.

2) 보육교직원의 보수교육

보수교육은 보육에 필요한 지식과 능력을 유지·개발하기 위해 보육교직원이 정기적으로 받는 직무교육과 상위 등급의 자격을 취득하기 위해 받아야 하는 승급교육 및 어린이집 원장의 자격을 갖추기 위해 받아야 하는 직무교육으로 구분된다.

보육교직원을 대상으로 하는 직무교육은 일반 직무교육과 특별 직무교육으로 나뉜다. 일반 직무교육에는 기본교육과 심화교육이 있으며 의무적으로 매 3년마다 40시간 교육을 받아야 한다. 특별 직무교육에는 영아보육 직무교육, 장애아보육 직무교육, 방과 후 보육 직무교육이 있으며 교육시간은 40시간이다.

상위 등급 자격을 취득하기 위한 승급교육은 3급 보육교사가 2급 보육교사 자격증을 취득하기 위한 2급 보육교사 승급교육과 2급 보육교사가 1급 보육교사 자격증을 취득하기 위한 1급 보육교사 승급교육이 있으며, 각각 80시간을 이수해야 한다. 사전 직무교육에는 어린이집 원장자격을 갖추기 위해 받아야 하는 어린이집 원장 사전 직무교육이 있으며 80시간을 이수해야 한다.

보수교육의 대상은 현직 보육교직원이다. 따라서 어린이집 원장, 보육교사 등의 자격을 소지한 자라도 교육 개시 당시 어린이집에 근무하지 않는 자는 보수교육을 받을 수 없다(어린이집 원장 사전 직무교육은 어린이집에 근무하지 않는 경우라도 신청 및 이수 가능). 다만, 현직 교직원 외에 교육비 전액 자비 부담을 전제로 보수교육을 받을 수 있다. 교육 구분별 보수교육 대상자에 대한 자세한 내용은 표 9-12와 같다.

표 9-12 교육구분별 보수교육 대상자

교육구분			대상자	교육시간	비고
직무교육	일반 직무교육	보육교사	현직에 종사하고 있는 보육교사로서 보육업무경력이 만 2년을 경과한 자와 보육교사 직무교육(승급교육 포함)받은 해부터 만 2년이 경과한 자	40시간	매 3년마다
		원장	어린이집의 원장의 직무를 담당한 때부터 만 2년이 지난 경우	40시간	매 3년마다
		장기 미 종사자	만 2년 이상 보육업무를 수행하지 아니하다가 다시 보육업무를 수행하고자 하는 보육교사 또는 원장 자격 취득자	40시간	이수하고자 하는 자
	특별 직무교육	영아보육	영아보육을 담당하고 있는 일반 직무교육 대상자와 영아보육을 담당하고자 하는 보육교사 및 어린이집 원장	40시간	이수하고자 하는 자

교육구분			대상자	교육 시간	비고
		장애아 보육	장애아보육을 담당하고 있는 일반 직무교육 대상자와 장애아보육을 담당하고자 하는 보육교사 및 어린이집 원장	40 시간	이수 하고자 하는 자
		방과 후 교육	방과 후 보육을 담당하고 있는 일반 직무교육 대상자와 방과 후 보육을 담당하고자 하는 보육교사 및 어린이집 원장	40 시간	이수 하고자 하는 자
승급 교육	2급 승급교육		보육교사 3급의 자격을 취득한 후 보육업무 경력이 만 1년이 경과한 자	80 시간	이수 하고자 하는 자
	1급 승급교육		보육교사 2급의 자격을 취득한 후 보육업무 경력이 만 2년이 경과한 자 및 보육교사 2급의 자격을 취득한 후 보육 관련 대학원에서 석사학위를 취득한 경우 보육업무경력이 만 6개월 경과한 자	80 시간	이수 하고자 하는 자
원장 사전 직무 교육	-		「영유아보육법」시행령[별표 1] 제1호의 가목부터 라목(일반, 가정, 영아전담, 장애아전담 어린이집 원장)까지 어느 하나의 자격을 취득하고자 하는 자	80 시간	이수 하고자 하는 자

※ 어린이집에서 특수교사나 치료사로 근무하는 자도 일반·특별 직무교육대상으로서 보수교육을 이수해야 한다.)일반 직무교육이나 특별 직무교육 중 선택적으로 이수할 수 있음.)

※ 보수교육을 연속하여 3회 이상 받지 아니하는 경우 어린이집 원장 또는 보육교사 자격이 정지될 수 있으므로 보수교육 대상자는 필히 보수교육을 이수해야 함.

예) 2017년에 직무교육을 이수한 어린이집 원장 및 보육교사의 경우 만 2년이 경과한 2019년에 직무교육을 이수해야 하며 그 해에 교육을 받지 못한 경우, 다음 해인 2020년 12월까지 받아야 함. 2020년에도 받지 않았다면 1회 위반, 2021년에도 받지 않았다면 2회 위반, 2022년도에도 받지 않았다면 3회 위반에 해당함.

출처: 보건복지부(2021). 2021년도 보육사업안내, p. 230.

(1) 직무교육

① 일반 직무교육

• 보육교사

현직 보육교사는 보육업무경력이 만 2년이 지난 사람 또는 보육교사 직무교육(승급교육 포함)을 받은 해부터 만 2년이 경과한 해에 보육교사 직무교육을 받아야 한다. 일반 직무교육을 받아야 하는 연도에 일반 직무교육을 받지 못한 경우 다음 연도 12월 31일까지 받아야 한다. 특별 직무교육을 받은 경우 일반 직무교육을 받은 것으로 인정한다.

보육교사를 위한 일반 직무교육에는 기본과정과 심화과정이 있다. 교육과정은 인성·소양(8시간), 건강·안전(9시간), 전문지식·기술(23시간)의 영역으로 구성되어 있으며 각 과정은 15과목, 40시간으로 운영되고 있다. 일반 직무교육의 자세한 내용은 표 9-13과 같다.

표 9-13 보육교사를 위한 일반 직무교육과정의 내용

영역	일반직무교육(기본 과정)		일반직무교육(심화 과정)	
	교과목	시간	교과목	시간
인성·소양 (8시간)	• 보육교사와 인권 - 인권에 대한 이해 (성인지 교육내용 포함) - 교사와 아동의 인권 존중 이해	3	• 보육교사의 인문적 소양 - 행복한 교사되기 (성인지 교육내용 포함)	3
	• 보육교사의 직무역량 강화 - 보육교사 직무 이해 - 보육교사 의사소통기법 훈련	3	• 보육교사의 직무역량 강화 - 보육교사 리더십키우기 - 기관 구성원 간 멘토링 실행	3
	• 보육교사의 건강관리 - 보육교사의 신체·정신 건강 이해·관리	2	• 보육교사의 건강관리 - 보육교사의 신체·정신 건강 이해·관리	2

<table>
<tr><th colspan="2" rowspan="2">영역</th><th colspan="2">일반직무교육(기본 과정)</th><th colspan="2">일반직무교육(심화 과정)</th></tr>
<tr><th>교과목</th><th>시간</th><th>교과목</th><th>시간</th></tr>
<tr><td colspan="2" rowspan="3">건강·안전
(9시간)</td><td>• 안전사고 예방교육
- 재난대비, 교통안전, 응급처치</td><td>3</td><td>• 안전사고 예방교육
- 재난대비, 교통안전, 응급처치</td><td>3</td></tr>
<tr><td>• 보건위생관리
- 감염병 및 약물오남용, 응급처치</td><td>3</td><td>• 보건위생관리
- 감염병 및 약물오남용, 응급처치</td><td>3</td></tr>
<tr><td>• 아동학대, 성폭력, 실종 예방 및 사후관리
- 아동학대의 이해
- 성폭력 및 실종 예방교육
- 어린이집 성문제 대응교육</td><td>3</td><td>• 아동학대, 성폭력, 실종 예방 및 사후관리
- 아동학대의 이해
- 성폭력 및 실종 예방 교육
- 어린이집 성문제 대응교육</td><td>3</td></tr>
<tr><td rowspan="6">전문
지식·
기술
(23시간)</td><td rowspan="2">장애 및 다문화 실제
(4시간)</td><td>• 다문화 교육 이해와 실제
- 현장사례 중심 분석</td><td>2</td><td>• 다문화교육 과정 심화
- 다문화프로그램 개발</td><td>2</td></tr>
<tr><td>• 장애통합보육 운영 실제
- 개별화 프로그램 이해, 개발</td><td>2</td><td>• 장애통합보육 운영 실제
- 개별화 프로그램 적용 및 부모 협력 강화</td><td>2</td></tr>
<tr><td rowspan="4">보육 활동 운영의 실제
(16시간)</td><td>• 영유아 관찰 및 기록 실제
- 신체·인지·언어·정서 등 발달 관찰 및 사례 분석</td><td>3</td><td>• 영유아 관찰 기록의 활용
- 관찰 기록 분석 및 영유아 발달 평가와 상담 활용 능력 키우기</td><td>3</td></tr>
<tr><td>• 영유아 부적응 행동의 이해
- 부적응 행동 유형의 이해 (불안, 위축, 공격, 주의산만 등)</td><td>2</td><td>• 영유아 행동 유형별 발달 지원
- 부적응 행동 예방과 지도</td><td>2</td></tr>
<tr><td>• 보육정보 탐색의 적용과 사례
- 인터넷 등 정보활용방법, 보육통합정보시스템 이해</td><td>2</td><td>• 보육교사의 놀이참여 및 확장·연계
- 영유아 놀이 관찰, 개입을 통한 확장 및 연계 교수학습방법</td><td>2</td></tr>
<tr><td>• 디지털시대의 교수매체 활용 및 적용
- 인터넷, 스마트기기 등의</td><td>3</td><td>• 영유아 프로그램 계획 및 운영
- 보육대상 및 철학에 따른</td><td>3</td></tr>
</table>

영역		일반직무교육(기본 과정)		일반직무교육(심화 과정)	
		교과목	시간	교과목	시간
		교수매체로서의 활용 방법 이해 및 실습		보육 프로그램 운영	
		• 영유아 인성교육의 실제 - 기본생활습관지도 및 활동에 따른 인성교육 실제 사례	3	• 영유아 인성교육의 심화 - 기관 및 영유아의 발달 특성에 인성교육 계획 실습	3
전문지식·기술(23시간)	보육활동 운영의 실제(16시간)	• 영아교사의 상호작용 전략(선택) - 유아 발달, 흥미, 놀이에 따른 교수방법 학습	3	• 어린이집 시설·설비관리(선택) - 어린이집 시설·설비 관리 능력 학습	3
		• 유아교사의 상호작용 전략(선택) - 유아 발달, 흥미, 놀이에 따른 교수방법 학습	3	• 동료 수업 멘토링(선택) - 동료교사 간 수업지원능력 학습	3
		• 보수교육기관 자체개발 교과목(선택)	3	• 보수교육기관 자체개발 교과목(선택)	3
	가족 및 지역사회 협력(3시간)	• 부모-교사 의사소통의 이해와 실제(선택) - 부모-교사 간 의사소통 이해 및 갈등상황 시 소통능력 함양	3	• 열린 어린이집 계획 및 운영(선택) - 열린 어린이집 개념과 환경 구성 - 열린 어린이집 계획과 운영 실제	3
		• 부모 개별 면담 기법(선택) - 성공적인 부모 면담 위한 대화법	3	• 지역사회연계 프로그램 사례 분석(선택) - 지역 내 육아인프라 활용 능력 함양	3
계		15과목	40	15과목	40

• 어린이집 원장

현직 어린이집 원장은 어린이집의 원장의 직무를 담당한 때부터 만 2년이 지난 경우 또는 어린이집 원장 직무교육(원장 사전 직무교육 포함)을 받은 해부터 2년이 경과한 해에 어린이집 원장 직무교육을 받아야 한다. 어린이집 원장이 일반 직무교육을 받아야 하는 연도에 일반 직무교육을 받은 경우 일반 직무교육을 받은 것으로 인정한다.

어린이집 원장을 위한 일반 직무교육은 기본과정과 심화과정이 있다. 교육과정은 인성·소양(8시간), 건강·안전(9시간), 전문지식·기술(23시간)의 영역으로 구성되어 있으며 각 과정은 15과목, 40시간으로 운영되고 있다. 어린이집 원장을 위한 일반 직무교육의 자세한 내용은 표 9-14와 같다.

표 9-14 어린이집 원장을 위한 일반 직무교육과정의 내용

영역	일반직무교육(기본 과정)		일반직무교육(심화 과정)	
	교과목	시간	교과목	시간
인성·소양 (8시간)	• 보육철학과 윤리 - 원장의 역할과 윤리 (성인지 교육내용 포함)	3	• 아동권리와 보육철학 - 보육철학과 보육이념 및 아동권리 이해(성인지 교육내용 포함)	3
	• 원장의 건강관리 - 건강의 개념 및 건강관리 - 신체·정신건강관리의 이해	3	• 원장의 건강관리 - 성인기의 건강관리, 건강한 생활 습관, 스트레스와 건강	3
	• 보육교직원의 인문적 소양 - 행복에 대한 인문학적 고찰	2	• 보육교직원의 문화적 소양 - 예술적 소양 증진을 위한 지역 문화 인프라 연계교육	2
건강·안전 (9시간)	• 안전사고 예방 및 대응 - 안전사고 사례별 예방법	3	• 안전사고 예방 및 대응 - 안전사고 사례별 예방법	3

영역		일반직무교육(기본 과정)		일반직무교육(심화 과정)	
		교과목	시간	교과목	시간
		- 재난 대비, 교통안전 등 관련 법규 및 안전사고 관리 자체 매뉴얼 작성법 - 안전사고 처리 절차		- 재난 대비, 교통안전 등 관련 법규 및 안전사고 관리 자체 매뉴얼 작성법 - 안전사고 처리 절차	
		• 보건위생관리 - 응급처치, 질병관리, 감염병 및 약물 오남용, 위생관리	3	• 보건위생관리 - 응급처치, 질병관리, 감염병 및 약물 오남용, 위생관리	3
		• 아동학대, 성폭력, 실종 예방 및 사후관리 - 아동학대, 성폭력, 실종 이해 및 예방을 위한 지원 - 아동보호서비스체계 - 어린이집 성문제 대응교육	3	• 아동학대, 성폭력, 실종 예방 및 사후관리 - 아동학대, 성폭력, 실종 이해 및 예방을 위한 지원 - 아동보호서비스체계 - 어린이집 성문제 대응교육	3
전문 지식·기술 (23시간)	장애 및 다문화 관리 (4시간)	• 다문화교육 프로그램 이해와 실제 - 현장사례 중심 분석	2	• 다문화교육 프로그램 개발 - 다문화교육 프로그램의 현황 분석	2
		• 장애통합보육 운영 실제 - 기관 내 장애통합보육의 운영 이해 - 개별화교육프로그램의 실제	2	• 장애통합보육을 위한 운 영 관리 - 기관 내 특수교사 및 담임교사의 협력 지원	2
	기관 운영의 실제 (16시간)	• 어린이집 내 영유아 관찰과 평가 - 영유아 놀이와 행동 관찰 기록 방법 - 관찰기록을 통한 아동평가 이해	3	• 아동발달진단도구의 이해와 활용 - 기관에서 교사가 활용할 수 있는 아동발달진단 도구 및 방법 이해	3
		• 보육계획과 보육일지 작성 관리	2	• 보육프로그램 개발 및 평가	2

영역		일반직무교육(기본 과정)		일반직무교육(심화 과정)	
		교과목	시간	교과목	시간
		- 보육교사 지도 원리 및 보육계획 수립 지도 - 보육일지 작성 원리 및 작성 지도		- 보육프로그램의 이해 및 개발 실제 - 영아반, 유아반 프로그램 평가	
		• 영유아 생활지도를 위한 교사교육 - 영유아 생활지도의 기초와 교사교육 - 영유아 생활지도의 실제에서의 교사 지원	2	• 교사교육 프로그램 개발 및 운영 - 교사교육 프로그램 개발을 위한 개념 및 중요성 - 교사교육 프로그램 운영의 실제	2
		• 교수매체 선정과 평가 - 교수매체의 유형, 구입 시 선정 기준, 제작 시 고려사항 - 교육적 가치 평가, 활용도 및 효율성 평가	2	• 보육과정 디지털활용능력 개발 - 어린이집 운영관리와 디지털 활용의 실제 및 실습	2
		• 원장의 대외협력 관리 - 원장의 대외협력 직무에 대한 이해 - 부모 및 지역사회의 요구 대처 관리	2	• 원장의 리더십과 조직관리 - 원장의 리더십 유형 점검 - 리더십 유형별 조직관리 특성 및 바람직한 리더십	2
		• 영상정보처리기기(CCTV)의 관리 및 운영 - CCTV 관련 규정 및 법규 이해 - CCTV 열람관리 방법 - CCTV 관련 개인정보 유출 예방 관리	2	• 개인정보보호와 디지털 매체 윤리의 실체 - 개인정보보호 관련법에 대한 이해 - 어린이집 내 개인정보 관리 방법 - 디지털매체 사용 예절과 윤리(사례 중심 이해)	
		• 우수 보육 프로그램 사례(선택)	3	• 우수 보육프로그램 동향(선택)	

영역		일반직무교육(기본 과정)		일반직무교육(심화 과정)	
		교과목	시간	교과목	시간
		- 우수 보육프로그램의 최신 동향 - 보육프로그램의 개선		- 우수 보육프로그램의 최근 연구 동향, 사례 분석 - 우수 보육프로그램 개발 및 지원 방안	
		• 보수교육기관 자체개발 교과목(선택)	3	• 보수교육기관 자체개발 교과목(선택)	3
	가족 및 지역사회 협력 (3시간)	• 부모자원 활용 계획과 운영(선택) - 어린이집 운영에 부모참여 활성화를 위한 부모자원 활용 계획과 운영 방법	3	• 부모 요구 조사 및 활용(선택) - 연간운영계획 및 의사결정을 위한 부모 요구조사 방법 및 활용 이해	3
		• 어린이집과 지역사회 자원 연계의 실제(선택) - 지역사회 연계 참여 - 지역사회 연계 실제	3	• 어린이집과 지역사회 자원 연계 개발(선택) - 지역사회 연계 활용 - 지역사회 연계활동 계획	3
계		16과목	40	16과목	40

• 장기 미종사자

장기 미종사자는 만 2년 이상 보육업무를 수행하지 아니하다가 다시 보육업무를 수행하고자 하는 보육교사 또는 원장 자격취득자로 장기 미종사자 직무교육을 받아야 한다.

장기 미종사자 직무교육은 어린이집 원장 직무교육과 보육교사 직무교육으로 나뉜다. 어린이집 원장과 보육교사를 위한 장기 미종사자 교육과정은 인성·소양(8시간), 건강·안전(4시간), 전문지식·기술(28시간) 영역으로 구성되어 있으며, 각 과정은 10과목, 40시간으로 운영되고 있다.

어린이집 원장과 보육교사 자격취득자를 위한 장기 미종사자 직무교육의 자세한 내용은 표 9-15와 같다.

표 9-15 장기 미종사자를 위한 일반 직무교육과정의 내용

영역 (시간)	어린이집 원장		보육교사	
	교과목	시간	교과목	시간
인성·소양 (8시간)	• 아동권리와 인권 - 아동복지와 인권의 이해 - 아동권리와 학대	4	• 보육교사의 역할과 윤리 - 보육교사의 역할 - 보육교사의 윤리	4
	• 원장직무의 이해 및 윤리 - 원장직무 이해 - 원장의 윤리 경영	4	• 아동복지와 인권 - 아동복지와 인권의 이해 - 아동권리와 학대	4
건강·안전 (4시간)	• 영유아 건강·안전 - 영유아 건강·안전교육 계획 및 관리(어린이집 성문제 대응 교육 포함) - 영유아 안전사고 예방 및 대응 - 친환경 급식 및 영양관리 - 시설·설비 안전관리	4	• 영유아 건강·안전 - 영유아 건강·안전교육 (어린이집 성문제 대응교육 포함) - 영유아 안전사고 예방교육 - 보육교사의 건강	4
전문지식·기술 (28시간)	• 보육정책의 최신 동향 - 보육정책에 대한 관점 - 우리나라 보육정책의 변화, 최근 동향 및 이슈 - 보육정책의 전망과 과제	4	• 영유아 관찰 및 평가 - 영유아 관찰의 이해 - 영유아 평가의 이해 - 영유아 평가 방법의 종류 - 관찰법 이해 및 적용 - 포트폴리오 평가 이해	4
	• 보육 관련 법규의 이해 - 영유아 보육법, 아동복지법, 근로기준법	4	• 영유아 행동지도 - 영유아 문제행동의 이해 - 영유아 문제행동 예방과 지도	4
	• 어린이집 인사관리 - 인사관리의 주요 단계 및 내용 - 인력개발을 위한 교직원 재교육, 복지, 평가 등	4	• 영유아 긍정적 상호작용 - 영유아 존중 상호작용의 이해 - 영유아 놀이 상호작용의 실제	4
	• 재무회계 관리 - 재무회계의 중요성, 재무회계 관리 기본 원칙 이해, 재무회계 운영과정(예산·집행·결산)	4	• 영유아 행동의 발달적 이해 - 영아 발달(신체 발달·인지 발달·정서 발달) - 유아발달(신체 발달·인지 발달·사회성 발달)	4

영역 (시간)	어린이집 원장		보육교사	
	교과목	시간	교과목	시간
	• 조직관리와 리더십 - 어린이집 조직 특성의 이해 - 건강하고 효율적인 조직 관리를 위한 원장의 리더십	4	• 보육계획 수립 - 보육계획 수립의 원리 - 보육계획 수립의 실제	4
	• 어린이집 개인정보보호 관리 및 보육 통합정보시스템 이해 - 개인정보관리 계획수립 및 관리점검 - 보육통합정보시스템 이해 및 실제	4	• 보육일지 작성의 실제 - 보육일지의 이해 - 보육일지 작성 방법 - 보육일지 작성 실습	4
	• 보육프로그램 개발과 운영 - 보육프로그램의 특성 이해 및 운영 지원	4	• 표준보육과정 - 표준보육과정 변천과 기초 - 표준보육과정의 구성과 관련 자료	4
계	10과목	40	10과목	40

② 특별 직무교육

특별 직무교육은 영아, 장애아, 방과 후 보육에 관한 직무교육으로 영아, 장애아, 방과 후 보육을 담당하고자 하는 보육교사 및 어린이집 원장은 영아, 장애아, 방과 후 보육 직무교육을 받을 수 있으며 영아, 장애아, 방과 후 직무교육을 받을 수 있다. 또한 영아, 장애아, 방과 후 담당 보육교사로 근무하고자 하는 자는 사전에 특별 직무교육을 받는 것이 원칙이다. 불가피하게 받지 못한 경우에는 채용 후 6개월 이내에 받아야 한다.

특별 직무 교육과정에는 영아보육, 장애아보육, 방과 후 보육 등 세 과정이 있다. 교육과정은 인성·소양, 건강·안전, 전문지식·기술영역으로 구성되어 있으며 각 과정은 20과목, 40시간으로 운영되고 있다. 특별 직무 교육과정의 자세한 내용은 표 9-16과 같다.

표 9-16 특별 직무교육과정의 내용

		영아보육	장애아보육	방과 후 보육
인성·소양		• 보육교사의 건강관리 • 영아 보육교사의 역할과 윤리 • 아동권리와 영아학대 예방	• 장애아동 복지와 장애 인식 개선 • 장애아 보육교사의 역할과 윤리 • 아동권리와 장애아 학대 예방	• 현대사회 변화와 방과 후 보육의 이해 • 방과 후 보육교사의 역할과 윤리 • 아동권리와 아동학대 예방
건강·안전		• 영아 건강교육 • 영아 안전사고 예방교육 • 보건 위생관리	• 장애아 급식 및 영양관리 • 장애아 안전사고 예방 및 대응 • 장애아 보건 위생관리	• 초등학생의 보건 위생관리 • 초등학생의 안전사고 예방 및 대응
전문지식·기술	보육활동 운영의 실체	• 영아 일상생활지도 I • 영아 일상생활지도 II • 표준보육과정 운영의 실제 • 영아 놀이지도 • 감각탐색활동영역 • 역할·쌓기영역 • 신체활동영역 • 언어영역 • 예술(음률, 미술)활동 • 실외 놀이활동 • 영아 적응 프로그램 • 영아행동 관찰과 평가 • 영아와의 상호작용 실제	• 장애아의 이해 I • 장애아의 이해 II • 일반 보육과정에 기반한 장애영유아 교수방법 I • 일반 보육과정에 기반한 장애영유아 교수방법 II • 운동발달 교수방법 • 의사소통 발달 교수방법 • 사회성 발달 교수방법 • 인지발달 교수방법 • 자조기술 발달 교수방법 • 개별화 교육 프로그램 작성 • 개별화 교육 프로그램 실행 및 평가 • 긍정적 행동 지원	• 초등학생의 발달적 특성 • 초등학교 교육과정의 이해 • 초등학생을 위한 교수학습방법 • 학습지도 • 숙제 및 과제지도 • 놀이지도 • 방과 후 교육 프로그램에 대한 이해 I • 방과 후 교육 프로그램에 대한 이해 II • 방과 후 교육 프로그램에 대한 이해 III • 초등학생 생활지도 • 초등학생 문제행동 지원
전문지식·기술	가족 및 지역사회 협력	• 영아 부모상담 실제	• 장애영유아 가족 지원 • 지역사회 연계	• 초등학생 부모와의 상담 및 연계 • 방과 후 아동을 위한 지역사회 연계

		영아보육	장애아보육	방과 후 보육
	장애 및 다문화 연계	-	-	• 학령기 장애아동의 이해와 교사 지원 • 다문화 사회와 아동
계		20과목, 40시간 (과목당 2시간)	20과목, 40시간 (과목당 2시간)	20과목, 40시간 (과목당 2시간)

(2) 승급교육

승급교육은 보육교사의 자격을 승급하기 위한 것으로 2급 승급교육과 1급 승급교육이 있다. 2급 보육교사 승급교육은 보육교사 3급 자격을 취득한 후 보육업무경력이 만 1년 이상 경과한 경우 받을 수 있으며, 1급 보육교사 승급교육은 보육교사 2급 자격을 취득한 후 보육업무경력이 만 2년 이상 경과한 경우 받을 수 있다. 다만, 보육교사 2급 자격을 취득한 후 보육 관련 대학원에서 석사학위 이상을 취득한 자는 보육업무경력이 만 6개월 이상 경과한 경우 1급 승급교육을 받을 수 있으며 승급교육을 받은 사람은 일반 직무교육을 이수한 것으로 간주한다.

승급 교육과정은 인성·소양(11시간), 건강·안전(12시간), 전문지식·기술(55시간) 영역으로 구성되어 있으며 각 과정은 21과목과 평가시험(2시간)을 포함하여 80시간으로 운영되고 있다. 승급 교육과정의 자세한 내용은 표 9-17과 같다.

표 9-17 보육교사 승급 교육과정의 내용

영역	2급 승급교육		1급 승급교육	
	교과목	시간	교과목	시간
인성·소양 (11시간)	• 아동복지와 인권의 이해 - 사례중심 아동권리에 대한 민감성 증진	4	• 아동복지와 인권의 실제 - 사례중심 아동권리에 대한 민감성 증진	4
	• 보육교사의 역할과 윤리 - 보육교사 2급의 역할 및 직업윤리	4	• 보육교사의 역할과 윤리 - 보육교사 1급의 역할 및 직업윤리	4
	• 보육교사의 건강관리와 힐링 - 보육교사의 신체 및 정신 건강 이해 - 실습중심 질환 예방법 및 대처법	3	• 보육교사의 건강관리와 힐링 - 보육교사의 신체 및 정신 건강 이해 - 실습중심 질환 예방법 및 대처법	3
건강·안전 (12시간)	• 영유아 건강 안전교육 계획 및 실행 - 건강안전교육 계획 및 실행 실습	3	• 영유아 건강 안전교육 계획 및 실행 - 건강안전교육 계획 및 실행 실습	3
	• 안전사고 예방교육 - 재난대비, 교통안전, 응급처치	3	• 안전사고 예방교육 - 재난대비, 교통안전, 응급처치	3
	• 보건위생관리 - 감염병 및 약물 오남용, 응급처치	3	• 보건위생관리 - 감염병 및 약물 오남용, 응급처치	3
	• 아동학대, 성폭력, 실종 예방 및 사후관리 - 아동학대 예방 기초, 개입과정 - 성폭력, 실종 예방교육 - 어린이집 성문제 대응교육	3	• 아동학대, 성폭력, 실종 예방 및 사후관리 - 아동학대 이해 및 어린이집에서의 아동학대 - 성폭력, 실종 예방 교육 - 어린이집 성문제 대응교육	3
전문지식 / 장애 및	• 다양한 가정의 영유아 이해 - 다양한 가정의 이해	4	• 다문화 가정의 영유아 지원 - 다문화 가정 영유아의 생	4

영역		2급 승급교육 교과목	시간	1급 승급교육 교과목	시간
	다문화 실제 (8시간)	- 다양한 가정 영유아의 특성에 따른 발달적 지원 방법		활 및 발달 지원, 보육 지원 등 사례 중심	
		• 장애영유아의 이해 - 발달기 영유아의 다양성 이해 - 영유아 선별, 장애진단, 중재의 중요성	4	• 장애영유아의 이해 및 지원 - 특수 영유아 특성별지도 - 기관 내 장애영유아 지원 관리 방안	4
· 기술 (55시간)	보육 활동 운영의 실제 (39시간)	• 영유아 관찰 사례 이해 및 실제 - 관찰의 기초, 관찰 기록 이해 - 일상생활 및 놀이행동, 상호작용 관찰 실습	4	• 영유아 관찰 및 평가 - 관찰도구의 활용 - 관찰 기록을 평가에 활용하는 방안	4
		• 대·소집단활동 운영 - 대소집단활동 운영을 위한 교수학습방법	4	• 대·소집단활동 운영의 실제 - 대소집단활동 운영 실습	4
		• 신체·예술(음률)활동 운영 - 신체·예술영역 발달의 이해 - 신체·예술활동 운영 방법	4	• 신체·예술(음률)활동 운영의 실제 - 신체·예술(음률)활동 운영 실습	4
		• 언어·수과학활동 운영 - 언어·수과학영역 발달의 이해 - 언어·수과학활동 운영 방법	4	• 언어·수과학활동 운영의 실제 - 언어·수과학활동 운영 실습	4
		• 역할·쌓기놀이활동 운영 - 역할·쌓기놀이영역 발달의 이해 - 역할·쌓기놀이활동 운영 방법	4	• 역할·쌓기놀이활동 운영의 실제 - 역할·쌓기놀이활동 운영 실습	4
		• 보육계획 수립 및 보육일지 작성 - 보육계획의 원리, 연계성 있는 보육계획 - 보육일지 작성의 원리, 일과 계획 작성, 일과의 실행과 평가 작성	4	• 보육일지 작성의 실제 - 보육일지 작성 실습	4

영역		2급 승급교육		1급 승급교육	
		교과목	시간	교과목	시간
		• 표준보육과정의 이해 및 평가 - 제3차 어린이집표준보육과정 총론, 0~1세 보육과정(6개 영역 목표, 내용체계), 2세 보육과정(6개 영역 목표, 내용범주, 내용) - 표준보육과정 운영평가	4	• 보육실습 지도의 적용과 사례 - 보육실습 지도의 의의, 계획, 운영, 평가	4
		• 누리과정의 이해 및 평가 - 3-5세 누리과정 5개 영역 목표, 내용범주, 내용 - 누리과정 운영평가	4	• 어린이집의 개인정보보호 관리 - 개인정보보호 관련법에 대한 이해 - 개인정보가 포함된 문서 관리 - CCTV 관련 개인정보 관리	4
		• 영유아 행동의 발달적 이해 - 사례중심 발달영역별 영유아 행동의 이해 및 지원	4	• 영유아 문제행동 조기발견 - 영유아 사회·정서발달과 적응 지도 - 발달적 지원과 치료적 접근이 필요한 영유아 이해 - 사례중심 문제행동 지원방법	4
		• 실내외 놀이 환경 구성 - 실내외 놀이 환경 구성의 기본 요건, 원리, 실제 및 평가	3	• 어린이집 환경 구성 및 관리 - 어린이집 환경 구성의 원리 및 관리 실제	3
	가족 및 지역사회 협력 (8시간)	• 다양한 부모-자녀 관계의 이해 - 가족형태의 다양화, 부모 역할, 건강한 부모-자녀 관계 형성	4	• 부모참여 계획 및 실행 - 부모참여의 실제 및 활성화 방안	4
		• 부모참여 및 상담 실제 - 부모참여활동 계획 - 부모상담을 위한 준비 및 실습	4	• 지역사회 연계활동 계획 및 운영 - 보육과정, 장소, 활동에 따른 지역사회 연계활동 계획	4
평가시험		• 2급 승급교육 평가시험	2	• 1급 승급교육 평가시험	2
계		21과목 + 평가시험	80	21과목 + 평가시험	80

(3) 어린이집 원장 사전 직무교육

어린이집 원장 사전 직무교육은 어린이집 원장 자격을 취득하고자 할 때 필요한 교육이다. 2014년 3월 1일 이후부터 원장 자격증 신청자는 사전 직무교육 이수가 원칙이 되면서 「영유아보육법 시행령」 [별표 1] 제1호의 가목부터 라목(일반, 가정, 영아전담, 장애아전문 어린이집 원장)까지 어느 하나의 자격을 취득하고자 할 경우 어린이집 원장 사전 직무교육을 받아야 한다. 1회 사전 직무교육을 이수한 경우, 시행령 [별표 1] 제1호의 타 원장자격 취득을 위한 사전 직무교육 중복 이수는 불필요하며 원장 사전 직무교육을 받은 사람은 일반 직무교육을 이수한 것으로 간주한다.

어린이집 원장 사전 직무 교육과정은 인성·소양(12시간), 건강·안전(18시간), 전문지식·기술(48시간) 영역으로 구성되어 있으며 23과목과 평가시험(2시간)을 포함하여 80시간 운영되고 있다. 어린이집 원장 사전 직무 교육과정의 자세한 내용은 표 9-18과 같다.

표 9-18 어린이집 원장 사전 직무 교육과정 내용

영역	교과목	시간
인성 · 소양 (12시간)	• 아동권리와 아동학대 - 아동권리 이해 및 UN 아동권리협약 이해 - 아동학대 예방	4
	• 원장직무의 이해 및 윤리 - 원장직무 이해 및 윤리 경영	4
	• 원장의 건강관리와 힐링 - 만성질환 및 스트레스 관리법 등	4
건강 · 안전 (18시간)	• 영유아의 건강안전교육의 계획 및 관리 - 사례중심 건강안전교육 계획 및 관리	3
	• 안전사고 예방 및 대응 - 안전사고 사례별 예방법 - 재난대비, 교통안전 등 관련 법규 및 안전사고 관련	3

영역		교과목	시간
		자체 매뉴얼 작성법 - 안전사고 처리 절차	
		• 보건 위생관리 - 응급처치, 질병관리, 감염병 및 약물오남용, 위생관리	3
		• 아동학대, 성폭력, 실종 예방 및 사후관리 - 아동학대, 성폭력, 실종 이해 및 예방 - 신고의무자의 역할 - 어린이집 성문제 대응교육	3
		• 친환경 급식 및 영양관리 - 급식 운영의 관리사항 및 준수사항 - 영영아기·영유아기의 영양관리	3
		• 시설·설비 안전관리 - 어린이집 시설·설비 안전관리 원리 - 어린이집 시설·설비 기준 - 실내외 시설의 안전평가 기준과 평정	3
전문 지식 기술 (48 시간)	장애 및 다문화 관리 (8시간)	• 다문화가정과 연계한 영유아 지원 - 다문화 가정 영유아 교육 및 부모교육	4
		• 장애통합보육의 운영관리 - 장애통합보육 프로그램 및 인력 관리	4
	기관 운영의 실제 (32 시간)	• 보육정책의 최신 동향 - 보육정책에 대한 관점 - 우리나라 보육정책의 변화, 최근 동향 및 이슈 - 보육정책의 전망과 과제	3
		• 보육 관련 법규의 이해 - 「영유아보육법」, 「아동복지법」, 「근로기준법」 등	3
		• 어린이집 인사관리 - 인사관리의 주요 단계 및 내용 - 인력개발을 위한 교직원 재교육, 복지, 평가 등	3
		• 재무회계 관리 - 재무회계의 중요성, 재무회계 관리 기본 원칙 이해, 재무회계 운영과정(예산·집행·결산)	3
		• 조직관리와 리더십 - 어린이집 조직 특성의 이해	3

영역		교과목	시간
		- 건강하고 효율적인 조직관리를 위한 원장의 리더십	
		• 사례별 발달지원 및 전문가 연계 - 영유아 발달지원 및 관리 실제 - 지역사회 의료전문가와의 네트워크 방법	3
		• 보육교직원의 수업 멘토링 - 보육교직원의 수업 능력 지원	4
		• 보육프로그램 개발과 운영 - 보육프로그램의 특성 이해 및 운영 지원	4
		• 어린이집의 개인정보보호 관리 - 개인정보보호 관련 법규의 이해 - 개인정보관리계획 수립 및 관리 점검 - 개인정보 유출 시 대응 방안	3
		• 보육통합정보시스템 이해 및 실제 - 보육통합정보시스템 이해 - 보육통합정보시스템 실제	3
	가족 및 지역사회 협력 (8시간)	• 부모참여 계획 및 운영 - 부모교육, 부모상담, 운영위원회 등	4
		• 어린이집과 지역사회 자원의 연계 - 지역사회 자원 파악 및 활용 사례	4
평가시험		• 원장 사전 직무교육 평가시험	2
계		23과목 + 평가시험	80

〈공통사항〉

• 보육교직원 보수교육 대상자가 육아종합지원센터와 어린이집안전공제회가 주관하는 **안전교육 및 아동학대 예방교육**을 수료한 경우, 동일연도 내 보수교육 건강·안전 영역 중 해당 과목을 이수한 것으로 인정하여 면제

※ 〈서식 Ⅱ-13〉 보수교육 교과목 수강면제 신청서에 명시된 교과목 면제 가능

※ 안전사고 예방, 아동학대·성폭력·실종 예방 및 사후처리 중 해당 과목 인정

영역	교육명	시간	보수교육 면제 교과목
안전교육 및 아동학대 예방교육	• 보육교직원 안전교육(기본, 심화) - 어린이집 안전관리, 어린이집 안전사고 대비 및 대응, 어린이집 안전사고 사례 등	3시간	• 안전사고 예방교육 • 안전사고 예방 및 대응
	• 아동학대 예방교육 - 아동학대, 성폭력, 실종 예방 및 사후관리, 영유아기 정신건강(정상 및 비정상 심리, 성 발달 포함) 관련 교육 등	3시간	• 아동학대 • 성폭력, 실종예방 및 사후관리

※ 절차: ① 아동학대예방·안전관리 교육 후 즉시 수료자 명단 통보(안전공제회 → 시·도 → 교육기관) → ② 보수교육 대상자의 교과목 면제 신청(보수교육 대상자, 서식Ⅱ-12) → ③ 명단 확인 및 교육면제(교육기관)

- 교육영역 별 이수시간을 고려하여, 보수교육기관에서 일부 교과목 선택하여 운영·개설가능
  (예시) 「보육활동 운영의 실제」와 「가족 및 지역사회 협력」 영역의 경우 교과목 일부 선택 이수 가능
- 「건강·안전」 영역의 응급처치 관련 교육은 심폐소생술, 응급처치 실습 등 이론보다 실습 위주로 교육하도록 함
- 「건강·안전」 영역 교육에서 「긴급복지지원법 시행규칙」 제2조의3에 따른 긴급지원 신고 의무자에 대한 내용을 1시간 이상 포함하여 교육하도록 함
- 특별직무교육 내 건강·안전영역에서 어린이집 성문제 대응교육을 포함하여 실시하도록 함
- 「보육통합정보시스템 이해 및 실제」 교과목은 사회보장정보원에서 교육자료 제공 등 교육 협조

3) 보수교육 평가

보수교육 실시 전문기관은 교육생을 대상으로 다음 기준에 따라 보수교육 이수 여부를 평가해야 한다. 이수기준은 해당 교육시간을 모두 출석한 경우에만 이수한 것으로 인정한다. 그러나 본인 또는 배우자의 직계 혈족 및 형제자매의 사망·사고 또는 결혼, 본인의 사고·질병 등으로 인한 결석의 경우에는 교육시간의 최대 10% 범위에서 출석한 것으로 인정한다. 출석을 인정받기 위해서는 반드시 관련 서류(제적등본, 주민등록등본, 사

망신고서, 진단서 등 사유서)를 제출해야 한다.

승급교육 및 어린이집 원장 사전 직무교육은 출석시간을 충족하고 평가시험에서 80점 이상을 획득한 경우에 이수한 것으로 인정한다. 평가시험은 교과목당 3~5문제 이상 총 80문항 이상으로 출제하되, 1회에 한하여 재시험이 가능하다.

보수교육을 실시하는 전문기관은 보수교육을 수료한 사람에게 보수교육 수료증(서식 V-2)을 발급(출석 및 평가시험 기준을 충족하지 못한 경우 수료증 발급 불가)해야 한다. 수료자 명단은 시도지사에게 통보해야 하며 보수교육 실시에 관한 기록을 작성하여 작성한 날부터 2년 동안 보존해야 한다.

3. 영유아교사의 일과 운영

1) 일과 운영의 기본원리

하루 일과는 연령에 따른 발달의 차이뿐만 아니라 기관의 운영상황과 영유아의 요구에 따라 조정 가능하지만, 다음과 같은 기본원리를 중심으로 계획하고 운영할 필요가 있다(박선해 외, 2013; 양승희 외, 2014; 이명순 외, 2016).

첫째, 하루 일과는 일관성 있게 계획하고 운영한다.

하루 일과는 일관성 있게 진행하여 영유아에게 생활리듬을 갖게 하고 정서적으로 안정감과 편안함을 느끼도록 한다. 하루 일과를 일관성 있게 계획하면 영유아는 다음의 활동을 예측할 수 있으며 안정감을 갖게 된다. 영유아교사는 영유아가 볼 수 있도록 하루 일과의 순서를 교실에 게시하는 것이 좋다. 예를 들어, 점심식사 후 양치질을 한 후에는 정적인 활동을 하고 그 후에는 낮잠시간을 계획한다.

둘째, 하루 일과는 일상적인 양육을 중심으로 계획하고 운영한다.

화장실 가기, 간식 먹기, 낮잠 자기 등 일상적인 양육활동을 자연스럽고 편안하게 계획하여 교육적인 경험이 될 수 있도록 운영한다. 연령에 따라 필요한 영유아의 요구를 살피고 그 연령대에서 학습해야 할 규칙과 예절을 익힐 수 있도록 한다. 예를 들어, 영아의 경우에는 조금씩 자주 먹을 수 있도록 등원 후에 간식을 먹고, 활동 후에 급식을 먹도록 계획한다.

셋째, 하루 일과는 영유아의 요구를 반영하여 계획하고 운영한다.

영유아의 흥미와 요구, 날씨와 계절 등의 상황을 고려하여 융통성 있게 운영한다. 또한 교사가 미리 계획한 틀 속에 영유아를 끼워 맞추는 것이 아니라 영유아가 즐거워하고 원하는 활동을 우선 선택하여 운영한다. 예를 들어, 오전에 바깥놀이활동을 계획했지만 미세먼지가 심하면 바깥놀이 대신 유희실에서 신체활동을 한다.

넷째, 하루 일과는 활동 간의 균형을 고려하여 계획하고 운영한다.

하루 일과 내에서 실외활동과 실내활동, 동적인 활동과 정적인 활동, 집단활동과 개별활동, 교사주도의 활동과 영유아주도의 활동 등 다양한 활동을 균형 있게 계획하고 운영한다. 예를 들어, 유아주도의 동적인 활동인 실내 자유선택활동을 실시한 후에는 교사주도의 정적인 활동인 음악 감상 수업을 계획한다.

다섯째, 하루 일과는 다양한 상호작용이 일어날 수 있도록 계획하고 운영한다.

영유아는 다른 사람과의 의사소통을 통해서 서로의 감정과 생각을 나누는 방법을 배우게 되므로 하루 일과 안에서 여러 유형의 상호작용이 일어나도록 한다. 즉, 영유아교사와 영유아 간의 상호작용뿐만 아니라 영유아 간의 상호작용도 활발하게 일어날 수 있는 활동들을 계획·운영한다. 예를 들어, 실내 자유선택활동 시간에 영유아교사와 유아 간의 상호작용과 유아들 간의 상호작용도 활발하게 일어날 수 있는 수업을 계획한다.

여섯째, 하루 일과는 계획-실행-평가의 과정이 되도록 계획하고 운영한다.

하루 일과와 활동을 잘 계획하는 것뿐만 아니라 하루 일과에 대해 평가를 잘하는 것도 중요하다. 영유아교사는 하루 일과를 평가하고 이것을 다음 날 계획에 반영한다면 영유아들에게 더 나은 보육활동을 제공할 수 있다. 예를 들어, 하루 일과를 평가할 때 오늘 했던 병원놀이에서 의사역할을 하지 못해 아쉬웠던 유아들과 이야기 나누고 다음 날 병원놀이에서 의사역할을 할 수 있도록 계획한다.

2) 하루 일과의 운영

(1) 영아반의 하루 일과

영아반의 하루 일과란 영유아교사와 영유아가 경험하는 많은 일상적·교육적 활동을 일일 단위로 순서와 시간의 양을 정해 배열하고 실행하는 일이다. 일상적 활동이란 기저귀 갈기(화장실 가기), 간식, 급식, 낮잠 자기와 같이 하루 일과에서 일상적으로 이루어지는 활동을 의미한다. 교육적 활동이란 자유선택활동, 실외활동, 대·소집단활동과 같이 영유아교사와의 관계에서 이루어지는 모든 교육활동을 의미한다.

영아반 하루 일과의 예시는 표 9-19와 같이 진행되며, 영아반 운영상황과 영유아의 요구에 따라 조정 가능하다.

표 9-19 영아반 하루 일과의 예

영아반 하루 일과(만 2세)		유아반 하루 일과(만 4세)	
07:30~09:00	등원 및 통합보육	07:30~09:00	등원 및 통합보육
09:00~09:30	손 씻기 및 기저귀 갈기/오전 간식	09:00~10:30	오전 자유선택활동/오전 간식
09:30~10:50	오전 실내 자유놀이	10:30~10:50	정리·정돈 및 화장실 가기
10:50~11:10	정리·정돈 및 화장실 가기	10:50~11:20	대·소집단활동
11:10~11:50	실외놀이 및 손 씻기	11:20~12:20	실외활동 및 손 씻기
11:50~13:20	점심식사 및 이 닦기	12:20~13:20	점심식사 및 이 닦기
13:20~15:00	낮잠	13:20~14:00	조용한 활동, 정리·정돈 및 낮잠 준비
15:00~15:30	화장실 가기 및 오후 간식	14:00~15:30	낮잠 및 휴식
15:30~16:50	오후 실내 자유놀이	15:30~16:00	낮잠 깨기 및 정리·정돈
16:50~17:30	실외놀이 및 손 씻기	16:00~16:30	오후 간식
17:30~19:30	귀가 및 통합보육	16:30~18:00	오후 자유선택활동
		18:00~19:30	귀가 및 통합보육

출처: 보건복지부(2013).

가. 영아반 하루 일과의 의미

영아반 교사는 하루 일과를 계획할 때 개별 영아의 흥미와 요구를 반영해야 한다. 어린이집에서는 하루 일과가 매일 반복되지만 영아는 그 안에서 영유아교사, 다른 영아들과 끊임없이 상호작용을 시도하고 다양한 경험을 하게 된다. 영아는 하루 일과를 통해서 다양한 감정을 경험하고 영유아교사의 계획과 역할에 따라 점차 영아반에 편안하게 적응해 간다. 따라서 영아반의 하루 일과를 계획할 때에는 유아와는 다르게 일상적 활동을 중심으로 계획하고, 반복적인 경험들을 통해 새롭고 낯선 경험이 점차 익숙해지고 편안해지도록 해야 한다(이경민 외, 2018).

① '보살핌'과 '편안함'을 느끼는 과정

영아는 배변 및 기저귀 갈기 일과에서 영유아교사와 일대일의 관계를 맺고 편안함을 느낀다. 또한 낮잠 자리에 들며 포근함을 느끼고, 간식 및 식사를 통해 즐거운 관계를 경험하기도 한다. 이러한 점에서 영아가 좀 더 영아반에 잘 적응하고 편안하게 생활하려면, 영아는 일상적 활동 속에서 교사와 일대일의 긍정적 관계를 맺고 자신의 욕구가 잘 반영된다고 여길 수 있도록 교사의 배려가 필요하다.

② 놀이를 통해 '즐거움'을 느끼는 과정

영아는 배변 및 기저귀 갈기 시간에도 재미있는 놀이행동을 보이며, 간식 및 식사시간에도 음식을 놀잇감처럼 다루며 놀이한다. 영아는 영아반에 적응하며 하루일과 속에서 놀이요소를 찾고, 이를 활용하여 놀이시간을 즐겁게 만들어 간다. 영아는 배변학습과 같은 어려운 과업도 놀이처럼 생각하고 극복해 나간다. 즉, 영아는 자신에게 주어진 상황을 놀이처럼 만들며 하루의 일과를 적극적으로 활용한다. 따라서 영유아교사는 영아에게 하루 일과를 꼭 해야 하는 숙제처럼 제공하지 말고 즐겁게 일과를 만들어 갈 수 있도록 놀이를 통해 접근해야 한다.

③ '낯섦'과 '어려움'을 느끼는 과정

영아는 간식 및 식사시간에 새로 나온 음식을 낯설어하고 이를 거부하거나 잘 먹지 않는다. 낮잠시간에도 쉽게 잠이 들지 않고 짜증을 내거나 힘들어하며, 배변 및 기저귀를 갈 때 짜증을 내기도 한다. 영아의 하루 일과가 늘 반복되고 익숙해서 영아들에게 문제가 없을 거라고 생각해서는 안 된다. 영유아교사는 매일 같은 일상 속에서도 영아들이 어떤 어려움을 갖고 있는지 잘 파악하고 배려할 수 있도록 노력해야 한다.

나. 영아반 하루 일과와 교사역할

만 0~2세 영아는 발달에 있어서 급격한 변화를 보이며 연령에 따라 발달 차이가 크기 때문에 영유아교사는 연령에 따른 발달특성을 잘 알고 있어야 한다. 영아를 위한 바람직한 하루 일과는 영아의 생리적 욕구를 해소할 수 있도록 도와주고 영아가 보내는 신호에 민감하게 반응하는 것이다. 또한 영아와 하루 일과를 지내면서 영아의 반응을 기다려 주고 스스로 탐색할 수 있도록 기회를 주는 것도 필요하다. 영아반 하루 일과 운영에 따른 영유아교사의 역할은 다음과 같다(류경희, 2013; 우민정 외, 2008; 이명순 외, 2016).

① 등원 및 맞이하기

영아반의 하루 일과는 영아가 영아반에 도착하면서부터 시작된다. 교사는 밝은 표정으로 영아를 맞이하여 영아가 하루를 즐겁게 시작할 수 있도록 한다. 영아는 등원하면서 교사와 인사하고 친구들과 만나는 새로운 경험을 하게 되며, 동시에 부모와 헤어지기 때문에 이때 격리되는 것에 불안감을 느끼지 않도록 따뜻하게 맞이해야 한다. 영아마다 정도의 차이는 있지만 영아반에 처음 오는 영아들은 대부분 부모와 헤어지는 것을 힘들어한다. 영아는 가정에서 영아반으로의 전이를 힘들어하므로 억지로 다가가기보다는 자연스럽고 편안하게 받아들일 때까지 기다려 줄 필요가 있다. 영아를 맞이할 때 짧은 시간이라도 부모로부터 영아에 대한 정보를 듣고, 이 시간에 영유아교사는 영아의 건강과 기분 상태를 확인한다.

② 실내 자유놀이

실내 자유놀이는 오전과 오후에 걸쳐 이루어지며 하루 일과 중 2시간 30분 이상 운영할 수 있도록 계획한다. 영유아교사는 실내 자유놀이시간이 영아의 발달수준에 적합하도록 환경을 구성해 주고, 같은 종류의 놀잇감이 최소한 2~3개가 되도록 준비해야 한다.

영유아교사는 각 영아의 개별적인 특성이나 욕구를 고려하여 활동을 제안하고 반응해 주어야 한다. 또한 일방적인 상호작용보다는 영아의 반응을 수용·확장할 수 있는 상호작용을 하면서 영아의 놀이를 격려하고 촉진시키도록 한다. 자발적인 학습이 이루어질 수 있는 교육적인 놀이를 제공해 주되, 무엇보다도 놀이가 안전하게 이루어질 수 있도록 해야 한다.

③ 실외 자유놀이(바깥놀이)

하루 종일 영아반에서 생활하는 영아에게 실외 자유놀이는 신체발달을 돕고 심리적 안정감과 자연환경을 탐색하고 느낄 수 있는 경험을 제공한다. 실외 자유놀이는 하루 일과 중 여러 번으로 나누어서 계획·운영할 수 있고 기온이나 비, 미세먼지 등 기후에 따라 영향을 받으므로 고려해서 계획해야 한다. 여름에는 오전 중에, 겨울에는 따뜻한 오후에 활동하고 미세먼지가 심하거나 비가 오는 경우에는 피한다.

실외 자유놀이에서 가장 중요한 것은 안전한 환경을 제공하는 것이다. 다양한 신체 움직임이 가능하도록 다양한 놀잇감이나 놀이기구를 제공하고 동시에 자연환경을 직접 탐색·관찰하는 경험을 제공해야 한다. 영유아교사는 안전사고에 대비하여 비상약을 항상 휴대한다. 또한 실외 자유놀이를 하기에 적합하지 않은 경우에는 대체활동을 준비해서 운영한다.

참고

차근차근 분유 타기

1. 젖병에 물을 붓는다.
우유를 탈 때는 생수보다 끓인 물을 식혀서 탄다. 먼저 젖병에 40~50℃의 물을 분유량의 반 정도 붓는다.

2. 분유를 넣는다.
숟가락이 넘치지 않게 분유를 깎아 정확한 양을 측량해서 탄다. 쓰고 난 숟가락은 반드시 통에서 꺼내어 놓고, 분유 뚜껑을 꼭 닫아 서늘하고 통풍이 잘되는 곳에 둔다.

3. 우유의 온도를 확인하고 먹인다.
적당한 우유의 온도는 40℃ 정도로, 팔꿈치 안쪽에 우유를 한두 방울 떨어뜨렸을 때 미지근한 정도가 가장 좋다. 우유가 뜨겁다면 젖병을 흐르는 수돗물에 식힌다.

출처: 우민정 외(2008). p. 81.

④ 수유 및 이유식

영아들을 돌봄에 있어서 잘 먹이는 것은 그 무엇보다도 중요하다. 1세 미만의 영아는 하루 일과에서 여러 번의 수유와 이유식을 경험하므로 영유아교사는 이에 대한 내용을 잘 알고 있어야 한다. 영아반에서 먹은 양, 시간 간격 등에 대해서 부모와 끊임없이 이야기를 나누어야 하고 가정에서의 수유와 잘 연계되도록 해야 한다.

이유식은 균형 잡힌 영양소가 포함되도록 하고, 가정에서 영아가 선호하거나 거부하는 이유식에 대해서 이야기를 계속 나누도록 한다. 영아의 경유에는 환경과 음식이 바뀌면 먹는 것을 거부할 수 있으므로 잘 먹지 않으려는 영아는 가정에서 가지고 와서 먹이는 것도 좋은 방법이다. 이 경우에는 냉장고에 보관해서 위생적으로 관리한다.

⑤ 간식 및 식사

영아는 신체 성장이 매우 빠르고 에너지 소비가 왕성하기 때문에 적절한 영양을 보충해 주기 위해서는 하루 2회 이상 간식을 제공해야 한다. 간식 및 식사는 영아가 영아반에 들어오기 전에 부모와 협의하여, 영아마다 먹는 음식의 종류, 먹이는 양, 시간 간격 등에 대한 구체적인 정보를 고려하여 계획한다.

영유아교사는 개별 영아의 식습관을 알고 이를 배려하여 먹는 시간이 안정되고

참고

영아 낮잠 재우기 tip - 낮잠은 어떻게 재울까요?

신생아기에는 자는 것이 하루 일과이기 때문에 따로 낮잠시간을 계획할 필요는 없고, 규칙적인 시간에 자지 않더라도 크게 걱정하지 않아도 된다. 그러나 너무 오래 잘 경우에는 배고플 수 있으므로 4시간이 지난 후에는 수유를 해야 한다.
돌 전의 영아들은 낮잠을 하루에 2번 재우는 것이 좋다. 아직까지는 하루 종일 깨어서 노는 것이 힘들고, 피곤하면 칭얼거리고 짜증을 낸다. 돌 전후의 영아들도 개별적인 신체리듬에 의해서 낮잠을 자게 되므로 피곤하면 언제든지 재우도록 한다. 단, 오후 낮잠을 너무 늦게 잘 경우에는 밤에 일찍 자기 힘들기 때문에 피하는 것이 좋다.
가능하면 만 3세까지는 낮잠을 재운다. 이때는 하루에 한 번 정도 재우고 2시간이 넘지 않도록 한다. 간혹 낮잠을 자지 않으려고 할 때는 아이가 편안한 분위기에서 잠을 청할 수 있도록 안아주거나 동화책을 읽어 준다. 자기가 좋아하는 인형이나 물건을 안고 자도록 하고, 잠자기 전에 너무 힘든 운동은 영아를 흥분시키기 때문에 피해야 한다.

영아돌연사 예방을 위해서 지켜야 할 사항

- 올바른 침구 사용: 쿠션이 적은 매트나 요 사용
- 반 독립적 수면: 부모와 잠을 따로 자고, 같이 자더라도 아이와 한 팔 간격 이상 유지함
- 적정한 온도: 과도한 보온으로 땀이 나는 것을 피해야 함
- 주변 정리: 주변에 어른용 베개, 방석, 의복 등을 치워야 함
- 젖이나 젖병을 물린 채 재우지 않기

출처: 연합뉴스(2013. 3. 20).

영아가 편안하게 느낄 수 있도록 한다. 또한 영아는 이 시간을 통해 다양한 음식을 접해 보고 음식의 선호도를 넓혀 갈 수 있도록 한다.

⑥ 기저귀 갈기 및 배변

영아의 기저귀 갈기는 영아반에서 중요한 일과이다. 이때 영유아교사는 영아와 눈을 맞추고 미소를 지으며 상호작용을 하고 영아가 이 시간을 편안하게 느낄 수 있도록 해야 한다.

참고

'잠자기'와 관련된 동화책

- 모두 잠이 들어요(마가렛 와이즈 브라운 지음, 비룡소출판사)
- 자장자장 엄마 품에(류재수 지음, 한림출판사)
- 쿨쿨 자장 놀이(기무라 유이치 지음, 웅진주니어)
- 달님 안녕(하야시 아키코 지음, 한림출판사)
- 토실아, 잘 자(믹 잉크펜 지음, 비룡소출판사)

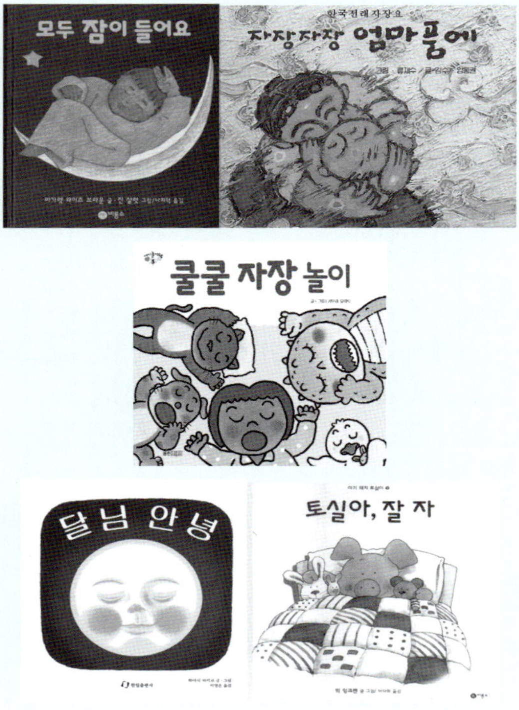

배변훈련을 하는 경우에는 영아의 개인차를 있는 그대로 받아들이고 빨리 하도록 재촉하지 않는다. 말을 잘하지 못하는 영아는 배변 욕구를 표현하지 못해서 실수를 하기도 하는데, 이때도 영유아교사는 따뜻하고 너그러운 태도를 유지한다. 영아가 편안함을 느끼며 배변훈련을 할 수 있도록 하고, 시도하는 것을 격려해 주고, 자신감을 갖도록 도와준다.

⑦ 낮잠 및 휴식

낮잠은 오전활동으로 인해 쌓인 피로를 풀고 정서적으로 안정감을 갖게 하는 등 휴식을 위한 일상적인 활동이다. 또한 활기차게 오후활동에 참여할 수 있도록 돕고 면역력을 높여 주기 때문에 영아가 점심시간 이후에 낮잠을 잘 수 있도록 하루 일과를 계획해야 한다.

영유아교사는 부모와의 면담이나 생활조사서 등을 통해 영아의 수면습관, 수면

시간, 잠버릇, 깨어난 후의 기분 등을 파악하여 낮잠시간을 계획한다. 영아가 낮잠을 자는 시간 동안에는 최소한 한 명의 교사는 보육실을 떠나지 않고 잠든 영아의 상태와 자세를 계속 살피도록 한다.

⑧ 귀가

귀가시간은 영아가 기다리던 일과 중의 하나이다. 영아가 이 시간에 하루 일과를 정리하고 즐거운 마음으로 부모님을 만날 수 있도록 영유아교사는 정서적 지지를 해 주고 간단한 스킨십과 인사로 다음 날 다시 기쁘게 만날 것을 약속한다. 같이 기다리던 영아들이 먼저 귀가하고 부모님이 늦는 경우에는 영아가 불안해할 수 있으므로 안정감을 느낄 수 있도록 영아가 좋아하는 놀이를 하면서 기다리게 한다. 부모님과는 하루 일과에 대해서 간단하게 이야기를 나누거나 평소와 다른 일이 있었으면 알린다.

(2) 유아반의 하루 일과

가. 유아반 하루 일과의 의미

유아반 교사는 하루 일과를 계획할 때 유아들의 발달과 요구를 반영해야 한다. 유아교육기관에서는 하루 일과가 매일 반복되지만 유아반의 교육 과정과 교사의 계획 및 운영에 따라 유아들의 경험은 다양해지고 달라진다. 유아반에서 경험하는 하루 일과를 통해 유아들이 느끼게 되는 하루 일과의 의미는 다음과 같다.

① 또래와 협력하며 즐거움을 찾는 하루

유아들은 혼자 놀이하는 것보다 친구들과 협력하며 놀이할 때 더 즐겁다는 경험을 한다. 예를 들어, 혼자서 버스를 만들어서 갖고 놀기보다는 친구들과 여러 대의 버스와 주차장을 만들어 놀이하는 것이 더 즐겁다는 것을 알게 된다. 혼자 해결하지 못하는 문제들도 친구들과 함께 생각하고 고민하면 해결된다는 과정도 경험한다. 따라서 영유아교사는 유아들이 하루 일과를 통해서 또래와 협력할 수 있는 기회를 마련해 줄 필요가 있다.

② 규칙을 익히고 만들어 가는 하루

유아들은 하루 일과를 통해서 규칙을 익히고 지켜야 함을 자연스럽게 배운다. 규칙의 종류는 활동에서의 규칙, 놀이에서의 규칙, 이동할 때의 규칙 등 다양하다. 이를 통해서 집단생활에서 필요한 규칙에 대해 인식하게 되고, 나중에는 유아들이 상황에 따라서 필요한 규칙을 만들기도 하며 규칙의 중요성을 습득하게 된다.

③ 놀이를 계획하고 선택하는 하루

유아들은 보육실과 바깥의 놀이터에서 하고 싶은 놀이를 계획하고 놀이를 한다. 보육실에 있는 여러 영역 중에서 하고 싶은 놀이를 계획하고 선택해서 할 수 있으며, 경우에 따라서는 마음대로 놀이를 만들어 활동할 수도 있다. 또한 바깥놀이터에 나가서 놀이기구를 이용해서 놀이를 할 수도 있고, 자연을 탐색하며 마음껏 놀이를 할 수도 있다.

위와 같이 유아반은 영아반과는 다르게 일상적 활동이 감소하면서 교육적 활동이 증가하게 되는데 영유아교사의 계획에 따라서 유아가 겪는 경험도 다르다. 하루 일과를 계획할 때에는 활동을 과도하게 계획하기보다는 유아반의 교육철학과 수업목표에 따르면 유아들이 교육적 경험과 편안함을 같이 느낄 수 있도록 계획하는 것이 중요하다.

나. 유아반의 하루 일과와 교사 역할

만 3~5세 유아기에는 움직임이 활발해지고 탐구심이 왕성해지므로 하루 일과를 계획할 때에는 유아는 다양한 놀이와 활동이 이루어지도록 계획해야 한다. 학습은 유아들이 스스로 선택하고 직접적인 경험을 할 때 가장 잘 이루어지므로 유아가 흥미를 느낄 수 있는 활동을 선정하는 것이 중요하다. 만 3세는 집단활동뿐만 아니라 개별 유아의 요구를 파 악할 수 있는 개별적 또는 소집단활동으로 주로 계획하고, 만 4, 5세는 점차 집단활동의 종류와 시간을 점차 늘려 가도록 한다.

영유아교사는 유아들이 탐색할 수 있는 풍부한 환경을 제공하고 유아의 학습을 촉진할 수 있도록 상호작용한다. 유아반 하루 일과 운영에 따른 영유아교사의 역할은 다음과 같다(이경미, 2009; 이명순 외, 2016).

① 등원 및 인사 나누기

영아반의 하루 일과는 유아가 등원하면서 자연스럽게 시작된다. 교사는 현관에서 유아들을 따뜻하게 맞이하고 개별적으로 관심을 보이며 상호작용을 한다. 이때 영유아교사는 유아의 전체적인 건강과 심리적인 상태를 점검하고 부모와 같이 온 경우에는 부모로부터 유아에 대한 정보(건강 상태, 아침식사 여부, 전날 집에서 있었던 일 등)를 들으며 의견을 교환한다. 등원 후에는 유아들이 신발, 옷, 가방 등을 스스로 정리할 수 있도록 지도한다.

② 실내 자유선택활동

실내 자유선택활동은 영아반의 하루 일과 중 가장 핵심이 되는 중요한 시간이다. 유아의 관심과 요구에 따라 구성된 흥미영역에서는 유아가 스스로 놀잇감을 선택하고 놀이를 할 수 있으며 다양한 자료를 접해 볼 수 있어 유아의 발달수준과 속도에 맞는 놀이와 활동을 할 수 있다. 실내 자유선택활동은 유아가 주도적으로 활동하게 됨에 따라 놀이의 즐거움과 자유로움을 경험할 수 있는 시간이 된다.

교사는 쌓기·역할·언어·수·과학 등 다양한 흥미영역에 수준별 활동을 준비해 주고, 유아가 마음껏 선택해서 놀이를 하여 자발적인 학습이 일어날 수 있도록 지도한다. 또한 놀이에 참여하지 못하는 유아가 있거나 놀잇감으로 인한 다툼이 생기는 경우에는 적절한 상호작용을 하며 도움을 준다.

③ 정리 · 정돈

정리·정돈은 유아반의 하루 일과 중 매일 하게 되는 일상적인 활동으로, 주로 급·간식을 먹은 후와 자유선택활동 후에 이루어진다. 유아는 이를 통해 서로 돕기, 규칙 지키기를 배울 수 있다. 자유선택활동 후에 스스로 정리·정돈할 수 있도록 연령에 따라 알맞은 정리방법을 사용하면 정리·정돈하는 데 도움이 된다. 만 3세 유아들에게는 그림이나 색깔로 놀잇감의 자리를 표시해 주고, 만 4, 5세의 유아들에게는 숫자나 글자로 자리를 표시해 주면 영유아들이 정리·정돈하는 데 도움을 줄 수 있다.

④ 실외 자유선택활동(바깥놀이)

실외에서 자연을 체험하고 다양한 신체활동을 함으로써 신체가 건강하게 성장하고 자연에 대한 관심과 탐구하는 태도가 발달되도록 한다. 실외 자유선택활동은 유아의 경우 매일 한 시간 이상씩 하도록 계획(보건복지부, 2013)하며, 날씨와 계절을 고려하여 융통성 있게 계획한다. 이 시간에는 유아들이 실내에서 하지 못하는 다양한 신체적인 활동이 가능하도록 공간을 충분하게 마련해 주고 무엇보다도 안전하게 활동하도록 지도한다.

⑤ 대 · 소집단활동

하루 일과 속에서 이야기 나누기, 노래, 게임, 동극 등을 소집단 또는 대집단으로 진행할 수 있다. 교사가 계획하여 제공하기도 하고 유아들이 주도적으로 참여하면서 지식과 태도를 익히기도 한다.

집단 크기는 활동의 유형과 내용, 교사의 수, 공간의 크기 등을 고려해서 정하는데, 연령이 낮을수록 대집단활동보다는 소집단활동으로 운영하도록 한다. 또한 같은 게임이어도 유아의 참여가 많이 필요할 때에는 소집단활동으로 계획하는 것이 좋고, 팀별로 더 긴장감 있게 할 때에는 대집단활동으로 계획하여 활동내용에 따라 융통성 있게 계획한다.

⑥ 화장실 다녀오기

유아는 본인의 욕구에 따라 배변을 하거나 손을 씻기도 하지만 자유선택활동 시간이나 정리·정돈 후, 간식 및 급식 준비시간, 실외 자유선택활동 전후 등 교사가 계획한 일정한 시간에 다녀오기도 한다. 화장실 사용 후, 간식 및 급식 전후에는 손 씻기가 습관화될 수 있도록 손 씻기의 중요성과 올바른 방법에 대해서 지도하고, 급식을 먹은 후에는 올바른 양치 습관을 형성할 수 있도록 양치질을 지도한다. 특히 양치질은 유아들이 귀찮아서 하기 싫어하므로 교사의 세심한 지도가 요구된다. 유아의 양치 상태를 확인하며 칫솔의 상태도 확인하고 정기적으로 교환해 준다.

⑦ 간식 및 급식

간식과 급식의 시간·횟수·방법 등은 유아의 연령과 영아반의 상황과 수업시간을 고려하여 조절한다. 활동량은 많지만 한 번에 양껏 음식을 섭취하지 못하는 유아들을 위해서 점심식사 전과 오후에 간식을 제공한다. 만 3세의 경우에는 자유 간식으로 계획하고 만 4, 5세는 일정한 시간을 정해서 함께 먹도록 계획하는 것이 좋다. 영유아교사는 먹는 것이 즐겁고 행복한 경험이 되도록 안정되고 편안한 분위기를 만들어 준다. 이 시간을 통해서 유아들이 손 씻기, 이 닦기, 수저 사용하기, 정리하기와 같은 기본 생활습관을 형성할 수 있도록 지도한다.

⑧ 휴식 및 낮잠

활동량이 많은 유아에게 휴식시간은 매우 중요하고 필요하다. 휴식은 개인 휴식과 집단 휴식으로 나눌 수 있다. 개인 휴식은 개별적으로 필요한 시간으로 보육실 안에서 쉬는 것을 의미하며, 집단 휴식은 하루 일과 안에서 정해진 시간에 같이 휴식을 취하는 것을 의미한다.

종일제 프로그램에서는 일정한 시간(점심식사 후 양치질을 하고 정적인 활동을 한 후)에 낮잠을 계획하여 유아들이 미리 예측할 수 있도록 한다. 유아들이 낮잠을 잘 수 있도록 조용한 음악을 틀어주거나 이야기를 들려주며 분위기를 조성한다. 유아들이 낮잠을 자는 동안에도 영유아교사는 같은 공간에 머무르며 자는 유아들을 돌보도록 한다.

⑨ 평가 및 귀가지도

하루 일과를 마무리하고 유아들이 귀가하기 전에 평가하는 시간을 5~10분 정도 갖는다. 하루 일과 중에 가장 재미있었던 활동, 누구와 놀았는지, 속상했던 일은 없었는지 등에 대해서 회상 및 평가를 하고 다음 날 활동에 대해서도 간단히 알려 주어 내일을 기대할 수 있도록 한다.

귀가지도를 할 때에는 유아가 스스로 옷과 가방을 챙길 수 있도록 하고 영유아교사와 친구들과 인사를 나누고 기분 좋게 헤어지도록 한다. 귀가지도 시 부모를 만나는 경우에는 유아의 하루 일과 중 특별한 사건이나 변화를 알린다.

수행하기 9-1

영아반과 유아반의 하루 일과 운영에 대해 비교해보고 차이점을 알아보자.

수행하기 9-2

예비교사로서 각자 꿈꾸는 교사의 삶에 대해 자유롭게 이야기해 보자.

수행하기 9-3

유아들에게 나는 어떤 모습일까? 내가 생각하는 나의 얼굴이 아닌, 아이들의 입장에서 바라보았을 때 나는 어떤 모습을 하고 있을지 상상하여 그림으로 표현해 보자.

Chapter
10

영유아교사의 권리와 의무

1. 영유아교사의 권리

영유아교사직은 직업상 전문직이기 때문에 고도의 지적 능력과 자율성 및 교권의 확립이 요구되며, 이에 따르는 사회적 책임과 직업의 윤리가 강조된다. 교사로서의 권리 보장은 영유아교사가 영유아를 보호하고 교육하는 활동의 필수조건이며, 이는 교육의 성과에 직접적인 영향을 준다(임승렬, 2007). 좁은 의미에서 교사의 권리로 해석하는 교권은 교사가 교육 행위를 할 수 있는 기본적인 권리 그 자체를 의미한다. 반면 보다 광범위한 의미에서는 교육에 대한 교사의 기본적인 권리뿐만 아니라 신분보장, 생활안정, 사회환경 등 제반조건까지 포함하는 교사의 신분과 사회적 지위에 관한 권리와 함께 직업인으로서 권익을 포함한다(남정걸, 1998).

교육기본권 제14조, 초·중등교육법 제2조, 교원 지위 향상을 위한 특별법 제3조 등의 규정에 의해 공립유치원교사는 물론 사립유치원교사도 교원으로서 법적 권리가 부여되고 있다. 영유아교사의 경우 어린이집 종사자의 일부로 간주되기 때문에 교원 차원에서의 권리보장은 부족한 편이다. 영유아교사의 권리로는 자율권, 경제적·사회적 신분보장을 받을 권리, 근로권, 쟁의권, 단체활동권 등이 있다(박화윤 외, 2010; 임승렬, 2007; 위미숙, 2005).

1) 자율권

영유아교사가 가지는 자율성의 보장에는 교육 과정 결정 및 편성권, 교재의 선택 결정권, 교육내용 및 방법 결정권, 교육평가권, 영유아 지도권 등이 있다. 교사의 자율성 보장은 영유아교사의 전문성 실현을 위한 가장 기본적이고 본질적인 권리라고 할 수 있다. 영유아교육 과정 및 보육과정은 교육내용 및 교육방법, 교재 및 교과서가 고정되어 있지 않기 때문에 교사의 전문가적인 판단에 의해 교육방법 및 교육내용, 교재의 선택이 이루어져 어느 정도 자율성이 보장된다. 따라서 영유아교사가 전문성을 실현하는 방향으로 자율성이 실천되려면 영유아교사가 교사로서의 전문성을 발휘할 수 있는 능력을 갖추기 위한 개인적인 노력이 요구되며, 이와 함께 영유아교육기관에서의 자율성 보장 노력이 이루어져야 한다.

2) 경제적 지위 및 사회적 신분 보장권

교직은 다른 어느 전문적인 사회적 업무와 봉사의 특성을 두드러지게 가지고 있으므로 교원이 신분 불안정으로 인하여 야기되는 문제는 많은 사회적 손실을 가져오게 된다. 교원은 안정된 직무수행을 위해서 부당한 해고로부터 보호되어야 하며, 권리 또한 존중되어야 한다. 경제적 지위를 보장받는다는 것은 교사의 보수가 법으로 정해져 있어야 한다는 것이다. 또한 사회적 지위란 교직이라는 신분이 보장되어 교사가 해임이나 불이익을 당하지 않는다는 것을 의미한다.

교원의 신분보장은 교육기본법 제14조에서도 "학교교육에서 교원의 전문성은 존중되며, 교원의 경제적·사회적 지위는 우대되고 그 신분은 보장되어야 한다"라고 명시되어 있다. 유치원은 초·중등교육법 제2조에 규정된 '학교'로, 유치원교사는 원아를 교육하는 교원으로서 그 신분이 보장되어야 한다. 즉, 유치원은 학교이며 유치원교사도 초·중등교사와 같은 신분을 보장받아야 한다. 초등학교 병설유치원은 공립학교, 사립유치원은 사립학교에 해당한다. 교원지위 향상을 위한 특별법 제3조(교원보수의 우대)에서는 사립학교법 제2조의 규정에 의한 학교법인 및 사립학교 경영자는 그가 설치, 경영하는 학교 교원의 보수를 공무원인 교원의 보수수준으로 유지하여야 한다고 규정되어 있다. 따라서 공립유치원교사들은 공무원 보수규정과 수당규정에 따라, 사립유치원교사들도 이에 준해서 월급을 받도록 되어 있다.

영유아교사의 경우 영유아보육법에 의거하여 신분이 보장되고 있다. 2005년부터 영유아교사 국가자격증제가 도입되면서 국가에 의해 영유아교사 자격이 관리되고 있다. 영유아보육법 19조(보육교직원의 임면 등)는 "시장·군수·구청장은 보육교직원의 권익 보장과 근로여건 개선을 위하여 보육교직원의 임면(任免)과 경력 등에 관한 사항을 관리하여야 한다", "어린이집의 원장은 보건복지부령으로 정하는 바에 따라 보육교직원의 임면에 관한 사항을 시장·군수·구청장에게 보고하여야 한다"라고 규정하고 있다.

사회적 신분보장과 경제적 생활보장은 영유아교사가 안정된 생활기반 위에서 가르치는 일에 몰두할 수 있는 여건을 마련해 주어야 함을 말한다. 이는 일차적으로 보수 및 기타 물질적 급부에 달려 있다. 그동안 영유아교사의 처우개선을 위해서 정부의 노력이 계속되어 왔고, 그 결과 영유아교사의 보수수준이 점차 향상된 것이 사실이지만, 아직도 다른 전문직에 비해 미흡한 실정이다. 동일 학력 수준의 타 직종의 직업에 비해 영우아교사의 경제적 지위는 상대적으로 낮은 편으로 영유아교사들의 직무불만족의 주요 원인이 되고 있다.

영유아보육법 제4조(책임) 제4항에서 "국가와 지방자치단체는 보육교직원의 양성 및 근로여건 개선을 위하여 노력한다(신설 2015.5.18.)"는 조항을 두어 처우개선에 대한 법적 근거를 마련하였다.

3) 근로권

근로권에는 근무조건의 개선, 복지후생제도의 확충 등을 통해 영유아교사가 교육 및 보육활동에 전념할 수 있도록 하는 권리를 보장하는 내용이 포함된다.

(1) 근무조건 개선

영유아교사들이 그들 본연의 임무인 교육활동에 전념할 수 있도록 보장받아야 할 권리 중의 하나이다. 어느 직종에서나 일의 성취와 능률을 극대화하고 해당 직종에 만족스럽게 봉사할 수 있도록 하기 위해서는 무엇보다도 근무조건의 정비가 필수조건이다. 영유아교사가 전문직으로 교육의 효과와 능률을 높이기 위해서는 정량의 근무부담이 주어져야 하는데, 실제로 본연의 임무인 교육활동 외에 각종 부가적인 업무부담이 커서 교육활동에 집중하는 것을 어렵게 하는 경우가 있다. 또한 적정인원보다 많은 영유아를 돌봐야 할 경우 안전사고에 대한 위험 및 교사의 소진에 직접적인 영향을 미친다. 평균 9시간 이상을 상회하는 근무시간 및 점심시간, 휴식시간의 미확보 등도 개선되어야 할 영유아교사의 근무조건 중의 하나이다. 그 밖에도 연가 및 월차 휴가 등 휴가사용의 보장도 필요하다.

(2) 복지후생제도의 확충

복지후생제도의 확충은 영유아교사가 생활안정과 함께 가족에 대한 부양책임을 덜어 줌으로써 교사가 교육활동에 전념할 수 있도록 하는 데 의의가 있다. 연금, 퇴직금, 산업재해보험, 고용보험, 안전공제 등이 해당된다. 교사가 업무수행 중 질병 또는 부상을 입은 경우에 이를 보상해 줄 수 있는 제도나 영유아교육기관에서 발생하는 안전사고에 대비하는 안전공제 등은 영유아교사가 교사활동에 전념할 수 있도록 도와주는 복지후생제도라고 할 수 있다.

4) 교직단체활동권

교원은 교사의 권리를 확보하고 교사로서의 직업을 효과적으로 수행하기 위한 단체활동을 할 수 있다. 교원들은 단체조직 및 운영을 통해 상호

협동해서 교육의 진흥과 문화의 창건에 진력하여 경제적·사회적 지위를 향상시키기 위해 각 지방자치단체 및 중앙에 교원단체를 조직할 수 있다(교육기본법 제15조). 교사들의 신분 및 권한 보장의 확대 측면에서 1990년대 말에 이루어진 획기적인 변화의 하나는 교원들의 노동조합이 인정되었다는 것이다. 전문직으로서의 교사의 위상을 강조하는 관행에서 탈피하여 노동직으로서의 교직의 성격이 법률적으로 규정된 것이다. 교원들도 이제는 단결권과 단체교섭권을 행사할 수 있게 되었으며, 교원노동조합이 설립됨으로써 기존의 교직단체인 한국교원단체총연합회와 공존하게 되었다. 그러나 교원의 교육회 조직권은 단체행동을 법으로 인정한 것이지만 정치적 활동을 목적으로 하는 정치단체 또는 정당과는 구별되며, 파업과 같이 극단적인 쟁의 수단이 허용되지 않는다는 점에서 노동조합과 구별된다. 즉, 교원의 단체행동권은 계속 배제된 상태이다. 영유아교사의 단체활동 조직으로는 전국공공서비스노동조합 보육분과가 있다. 그러나 영유아교사의 목소리를 대변할 수 있는 교사단체활동은 거의 이루어지지 않고 있다.

5) 교권침해방지권

교권침해방지권리에는 징계처분에 불복하여 쟁송할 수 있는 제기권과 불체포특권이 포함된다.

(1) 쟁송제기권

교원은 징계처분에 대하여 불복이 있을 때 교원 지위 향상을 위한 특별법 7조에 의거하여 교육부에 설치된 교원징계재심위원회에 재심을 청구할 수 있다. 그리고 교육공무원의 인사에 대한 불만이나 고충을 해소하기 위해 교육공무원 보통고충심사위원회에 고충심사를 청구할 수 있도록 하여 교육공무원의 신분보장을 강화하고 있다. 교육공무원법에서는 징계의결을 요구할 수 있는 경우를 "국가공무원법·지방공무원법의 징계사유에 해당한다고 인정하는 때"로 정하고 있다. 영유아보육법 제46조, 제47조, 제48조에서는 영유아교사 및 원장의 자격정지 및 자격취소에 대해서만 규정하고 있을 뿐 쟁송제기권에 대한 규정이 없다. 따라서 영유아보육법을 기초로 하여 교직원의 징계 및 징계절차 역시 어린이집 운영세칙에 명문화된 규정과 절차에 따라 처리하는 것이 바람직하다.

(2) 불체포특권

교원은 현행범인 경우를 제외하고는 소속학교장의 동의 없이 학원 안에서 체포되지 아니한다(교육공무원법 제148조 및 사립학교법 제60조). 이것은 교원이 공공업무담당자로서 직무수행을 하는 동안에는 교원의 신분보장뿐만 아니라 교원의 자율성과 학원의 불가침성을 지키려는 의지를 보여 주고 있다. 이러한 교원의 불체포특권은 국회의원과 선거관리위원회 위원 외의 다른 공무원에게는 인정되지 않는 권리이다. 교원에게 이 권리를 인정하는 것은 학원의 자유를 보장하고 교원이 교육 및 연구활동을 수행할 때 권력기관의 부당한 압력을 받지 않도록 하려는 데 목적이 있다. 이 특권은 사립학교 교원에게도 적용된다. 왜냐하면 사립학교 교원의 자격과 복무는 교육공무원과 동일한 법을 적용받고 있기 때문이다.

표 10-1 보육인력의 업무정지 및 자격정지에 관한 규정

구분	조항
어린이집 원장 자격정지	**제46조(어린이집의 원장의 자격정지)** 보건복지부장관은 어린이집의 원장이 다음 각 호의 어느 하나에 해당하면 1년 이내의 범위에서 보건복지부령으로 정하는 바에 따라 그 자격을 정지시킬 수 있다. 1. 어린이집의 원장이 업무수행 중 고의나 중대한 과실로 영유아에게 손해를 입힌 경우로서 다음 각 목의 어느 하나에 해당하는 경우 가. 영유아의 생명을 해치거나 신체 또는 정신에 중대한 손해를 입힌 경우 나. 제24조에 따른 운영기준을 위반하여 손해를 입힌 경우

구분	조항
	다. 제33조에 따라 보건복지부령으로 정한 급식기준을 위반하여 손해를 입힌 경우 라. 그 밖에 손해를 입힌 경우 2. 해당 업무 수행에 필요한 자격이 없는 자를 채용하여 보육교사·간호사 또는 영양사 등의 업무를 수행하게 한 경우 3. 제23조에 따른 보수교육을 연속하여 3회 이상 받지 아니한 경우 4. 거짓이나 그 밖의 부정한 방법으로 보조금을 교부받거나 보조금을 유용한 경우 5. 「공익신고자보호법」 제2조 제2호에 따른 공익신고를 한 보육교직원에게 같은 조 제6호에 따른 불이익조치를 한 경우
보육교사 자격정지	**제47조(보육교사의 자격정지)** 보건복지부장관은 보육교사가 다음 각 호의 어느 하나에 해당하면 1년 이내의 범위에서 보건복지부령으로 정하는 바에 따라 그 자격을 정지시킬 수 있다. 1. 보육교사가 업무수행 중 그 자격과 관련하여 고의나 중대한 과실로 손해를 입힌 경우 2. 제23조의2에 따른 보수교육을 연속하여 3회 이상 받지 아니한 경우
어린이집 원장, 보육교사 자격취소	**제48조(어린이집의 원장 또는 보육교사의 자격취소)** ① 보건복지부장관은 어린이집의 원장 또는 보육교사가 다음 각 호의 어느 하나에 해당하면 그 자격을 취소할 수 있다. 1. 거짓이나 그 밖의 부정한 방법으로 자격증을 취득한 경우 2. 자격 취득자가 업무수행 중 그 자격과 관련하여 고의나 중대한 과실로 손해를 입히고 금고 이상의 형을 선고받은 경우 3. 「아동복지법」 제3조 제7호의 2에 따른 아동학대관련 범죄로 처벌을 받은 경우 4. 제22조의 2에 따른 명의대여 금지 등의 의무를 위반한 경우 5. 자격정지처분기간 종료 후 3년 이내에 자격정지처분에 해당하는 행위를 한 경우 6. 자격정지처분을 받고도 자격정지처분기간 이내에 자격증을 사용하여 자격 관련 업무를 수행한 경우 7. 자격정지처분을 3회 이상 받은 경우 8. 제46조 제4호에 해당하여 금고 이상의 형을 선고받은 경우 ② 보건복지부장관은 제1항에 따라 자격이 취소된 사람에게는 그 취소된 날부터 2년 이내에는 자격을 재교부하지 못한다. 다만, 제1항 제3호에 따라 자격이 취소된 경우에는 그 취소된 날부터 10년 이내에는 자격을 재교부하지 못한다.

2. 영유아교사의 의무

교사는 교육자로서 갖추어야 할 품성과 자질을 향상시키기 위하여 노력해야 할 의무(교육기본법 제14조 2항), 교육상 필요시 학생을 징계할 의무(초·중등교육법 제20조), 정치적 중립을 지켜야 할 의무(교육기본법 제14조 3항) 등이 법적으로 규정되어 있다. 교사로서의 권위는 교사의 사회적 책임과 의무를 성실하게 수행하는 것에 의해 뒷받침된다.

교사의 의무에는 교육 및 연구활동의 의무, 선서·성실·복종의 의무, 전문직으로서의 품위유지의 의무, 비밀엄수의 의무, 정치활동의 금지, 집단행위의 제한, 영리 및 겸직의 금지 등이 있다(박화윤 외, 2010; 임승렬, 2007; 위미숙, 2005).

1) 교육 및 연구활동의 의무

교사에게 주어진 의무 중 가장 핵심적인 의무는 교육 및 연구활동의 의무이다. 교직자로서 자기수양에 힘쓰며 교육 전문직으로서 교육의 원리와 방법을 꾸준히 연구, 실천하고, 교육활동을 전개하면서 시대에 뒤지지 않도록 전력을 기울여야 한다. 그리고 교육 및 연구활동은 교원 자신의 전문성 신장을 위해서도 절실히 요구되는 일이며 교사로서 수행해야 할 가장 본질적인 과업이다.

2) 선서·성실·복종의 의무

유치원교사의 복무에 관한 사항은 교육공무원법과 사립학교법에 따로 규정하지 않고 국가공무원법을 준용하도록 하고 있다(교육공무원법 제53조 및 사립학교법 제55조). 따라서 교원은 국가공무원법에 규정된 공무원의 모든 의무를 이행해야 한다. 즉, 교사는 취임 전에 소속기관장 앞에서 공직자의 긍지와 보람을 가지고 국가와 국민을 위하여 신명을 바칠 것을 다짐하면서 법령을 준수하고 상사의 직무상 명령에 복종하고 국민의 편에 서서 정직과 성실로 직무에 전념하며, 창의적인 노력과 능동적인 자세로 소임을 완수하고 재직 중은 물론, 퇴직 후에라도 직무상 알게 된 기밀을 절대로 누설하지 아니하며 정의의 실천자로서 앞장설 것이라는 내용의 선서를 하여야 한다. 또한 모든 교원은 법령을 준수하며 성실히 직무를 수행해야 한다(국가공무원법 제50조). 마지막으로 교원은 직무를 수행할 때 소속상급자의 직무상 명령에 복종하여야 한다(국가공무원법 제57조).

3) 전문직으로서의 품위유지의 의무

교사는 국민 전체에 대한 봉사자로서 공무를 성실히 집행하는 위치에 있으므로 직무의 내외를 불문하고 그 품위를 손상하여서는 아니 된다(국가공무원법 제63조). 품위를 유지하는 일은 국가의 위신과 직결되는 것이다. 교원으로서의 품위를 유지하기 위해서는 방탕, 주벽, 낭비, 과도한 부채 등을 멀리해야 하며, 그의 직무를 친절하고 공정하게 집행하여야 함은 물론 청렴한 생활의 본을 보여야 한다.

4) 비밀엄수의 의무

교사는 재직 중은 물론 퇴직 후라도 직무상 알게 된 비밀을 엄수하여야 한다(국가공무원법 제60조). 직무상 비밀이란 법령 또는 처분에 의하여 결정되지만 사무의 성질상 국가적인 이해에 관련된 사항 등이 누설됨으로써 국가안전보장에 유해한 것이라 할 수 있다. 비밀엄수의 의무를 위반한 경우 징계의 사유가 될 뿐만 아니라 형법상의 범죄를 구성한다.

5) 정치활동의 금지

공무원의 신분과 정치적 중립성은 헌법으로 보장하고 있으며(헌법 제6조), 교원의 정치활동금지 및 정치적 행위의 범위를 교육법으로 따로 규정하고 있다. 교육법 총칙 제5조에서 "교육은 교원 본래의 목적에 기하여 운영·실시되어야 하며 어떠한 정치적·파당적 기타 개인적 편견의 선전을 위한 방편으로 이용되어서는 아니된다"고 규정하고 있다.

6) 집단행위의 제한

공무원은 노동운동이나 기타 공무 이외의 일을 위한 집단행위를 해서는 안 된다(국가공무원법 제66조). 이것은 공무원에 대하여 단결권, 단체교섭권, 단체행동권 등 노동3권을 금지하는 규정을 둔 헌법 제31조에 근거를 두고 있다. 이때 단체행동권의 경우 어떠한 경우일지라도 파업, 즉 수업거부 등의 일체 쟁의행위를 금지한다. 따라서 노동조합과 그 조합원은 파업·태업, 기타 업무의 정상적인 운영을 저해하는 일체의 쟁의행위를 해서는 안 된다.

7) 영리 및 겸직의 금지

공무원은 공무 이외의 영리를 목적으로 하는 사업에 종사하지 못하며 소속기관의 장의 허가 없이 다른 직무를 겸할 수 없다(국가공무원법 제64조). 모든 국민의 자유와 권리는 국가의 안전보장, 질서유지 또는 공공복리를 위하여 필요한 경우 법률로써 제한할 수 있다는 헌법 제35조의 규정에 근거를 두고 있다. 교원의 경우도 일반직 공무원과 동일한 규제를 받는다.

영유아보육법에서는 보육교직원은 전임이어야 하며 다른 시설에서의 겸직을 금지하고 있다. 이러한 영유아교사의 권리와 의무의 내용을 전문성·공공성·근로성의 측면에서 살펴볼 수 있다. 유치원교원들을 대상으로 교원으로서의 권리와 의무에 대한 인식을 조사한 결과에 따르면(임승렬, 2007), 유치원교원들이 교직을 수행하면서 보장받아야 할 권리와 준수해야 할 의무에 대한 인식수준은 높지 않았다(표 10-2 참조). 전문성과 공공성을 근로성보다 더 중요하게 인식하고 있었으나 중요도에 비해 실천수준은 낮았다. 또한 유치원교원이 인식하는 교권침해 수준은 매우 높은 편이고, 교권확립을 저해하는 요인은 교육현장을 고려하지 않는 국가의 교육정책이며, 교육현장에서 교권침해가 많은 부분은 안전사고와 명예훼손이라고 응답하였다.

8) 아동학대 신고의 의무

국가는 아동학대로부터 아동을 보호하고 피해 아동을 보호하기 위해 아동복지법과 아동학대 처벌 관련 법규를 강화하고 있다. 또한 아동학대에 대응하기 위해 아동을 다루는 직종(보육, 의료분야 등) 근로자를 신고 의무자로 지정해 관련 기관에 신고해야 한다.

만약 신고 의무자가 학대를 목격 또는 인지하고 신고하지 않으면 최대 1,000만 원 이하의 과태료가 부과된다.

표 10-2 아동학대 신고 개입절차

신고 : 1577-1391, 129, 112, 119

↓

아동학대 예방센터(사례접수)

↓

현장조사 및 사정

↓

아동학대 여부 판정

↓

개입계획 수립

↓

사례개입(상담, 치료 등)

↓

종결

↓

사후관리

출처: 보육사업 안내(2012).

표 10-3 영유아교사의 권리와 의무

구분	권리	의무
전문성	• 교육 과정 편성 및 운영권 • 교육내용 및 방법 결정권 • 유아지도권 • 유아평가권	• 엄격한 표준유지의 의무 • 연수의 의무 • 윤리강령 제정과 자율적 규제의 의무
공공성	• 신분상의 권리 • 신분보유권 • 교권단체 결성, 교섭권 • 사회적 우대권 • 쟁소제기권 재산상의 권리 • 보수청구권 • 실비변상청구권 • 공무상재해보상권	• 성실의무 • 명령복종의무 • 품위유지, 청렴의무 • 정치활동 금지의무 • 집단행위 금지의무 • 법령준수의무
근로성	• 노동에 대한 권리	• 근로할 의무
교권의 이해 정도	• 교권의 개념 및 내용 • 교권의 법적 규정 • 교권침해 시 대처방법	
교권확립의 저해 요인	• 교권침해의 주체 • 저해요인 • 교권침해 수준	
교권확립을 위한 요구	• 교권확립의 선행요건	

출처: 임승렬(2007). p. 7.

3. 영유아교사직의 처우 개선 방향

탁아의 성격으로 시작한 보육사업은 이제 국가의 미래를 책임질 인재를 육성하기 위한 투자로서, 보육의 중요성과 공적 책임이 점차 강화되고 있다(육아정책연구소, 2017). 특히, 우리나라 보육의 문제점으로 계속 지적되고 있는 영유아교사의 낮은 처우와 사회적 인식은 영유아교사의 스트레스를 유발하는 주요요인으로, 개인과 기관의 차원을 넘어서 국가와 사회적 차원에서 이 문제를 다룰 필요가 있다.

1) 영유아교사의 전문성 및 권익 보장

지금까지의 보육이 보육의 수혜자인 영유아와 학부모의 요구를 중심으로 한 수요자 중심 보육서비스 위주로 실시해 오면서 그동안 보육현장에서 개별적 요구를 지닌 영유아와 학부모를 일일이 대면하면서 상호작용하는 영유아교사의 전문성을 확보하고 이들의 권익을 보호하기 위한 노력을 간과한 면이 있다. 또한 국가는 영유아교사가 전문가로서 자부심을 가지고 보육업무에 임할 수 있도록 영유아교사의 양성과 자격관리 등 영유아교사의 질 향상을 위한 제도 및 지원도 강화할 필요가 있다. 뿐만 아니라 영유아교사가 한 인간으로서 행복한 삶을 추구하고, 직업 안정성을 보장하여 영유아교사의 권리와 이익을 최대한 보장받을 수 있도록 관리체계를 구축하는 데에도 힘써야 할 것이다.

2) 영유아교사의 처우 개선

앞에서 언급한 바와 같이 대부분의 영유아교사들은 업무량과 업무시간에 비해 경제적으로 적정한 수준의 보상을 받지 못한다고 느끼고 있다. 법정 근로시간 1일 8시간, 1주일 40시간과 비교해 볼 때 영유아교사는 상대적으로 많은 시간을 근무하고 있으며, 심지어 추가 근무시간에 대한 수당도 제대로 이루어지지 않고 있다. 영유아교사의 처우는 어린이집의 유형에 따라 차이가 나기도 한다. 예를 들어, 일부 민간 또는 가정어린이집은 국공립, 직장, 법인어린이집에 비해 처우가 낮기도 하고, 같은 유형의 어린이집일지라도 수당 지급 여부와 금액이 다른 경우도 있다.

영유아교사의 임금은 어린이집 예산 중에서 많은 비중을 차지한다. 따라서 영유아교사의 처우 개선은 기관 차원에서만 다루어지기보다 국가 차원에서 다루어지는 것이 바람직하다. 이를 위해 국가는 보육의 공적 책임을 좀 더 명확하게 인식하고, 영유아교사의 보수체계와 인건비 지원 등을 위한 정책 마련과 충분한 예산 확보를 위해 노력해야 한다.

수행하기 10-1

______________의 로드맵

	목표	구체적인 실천 계획
올해(　　　세)		
1년 차(　　　세)		
3년 차(　　　세)		
5년 차(　　　세)		
7년 차(　　　세)		
10년 차(　　　세)		

	목표	구체적인 실천 계획
15년 차(　　세)		
25년 차(　　세)		
이후 (　　　세)		

수행하기 10-2

영유아교사의 권리 가운데 자율권을 보장받기 위한 제도적인 보장방안을 제시해 보자.

수행하기 10-3

영유아교사 처우 개선방안에 대해 각자의 의견을 제시해 보자.

참고문헌

강선보·김정환(1997). **교육학개론**. 서울: 박영사.

강진옥(1994). 유치원교사의 이직 원인에 관한 연구. 중앙대학교 교육대학원 석사학위논문.

공인숙·권기남·권혜진·김영주·김진욱·민선영·민하영·박초아·이성옥·이완정·최지현(2017). **보육교사 인성론**. 서울: 학지사.

공인숙·한미현·김영주·권기남(2013). **최신보육학개론**. 경기: 교육과학사.

곽윤정(2004). 정서지능 교육프로그램 모형 개발 연구. 서울대학교 대학원 박사학위논문.

교육과학기술부(2009). **유치원 지도서 1 총론**. 서울: (주)두산.

교육과학기술부(http://www.mest.go.kr).

교육부(2016). **인성교육 5개년 종합계획**(2016~2020).

구은미(2004). 보육 프로그램의 질에 영향을 미치는 교사 관련 변인 분석. 숙명여자대학교 대학원 박사학위논문.

국립국어원(2016). 표준국어대사전(http://stdweb2.korean.go.kr).

권건일·신재흡(2006). **유아교사론**. 서울: 문음사.

권석만(1998). **인간관계심리학**. 서울: 학지사.

권석만(2011). **인간의 긍정적 성품: 긍정심리학의 관점**. 서울: 학지사.

권석만(2013). **긍정심리학**. 서울: 학지사.

근로복지공단(2011). **함께 만드는 행복-직장어린이집 운영관리**(서식). 직장보육시설지원센터.

김경령·서은희(2014). 예비교사의 교직인성 자기점검도구 개발연구. **한국교원교육연구, 31**(1), 117-139.

김미진(2015). 성격 강점에 기반한 유아교사의 행복 증진 프로그램 개발 및 적용. 부산대학교 대학원 박사학위논문.

김수연·조혜진(2015). 보육교사의 정서노동이 직무만족에 미치는 영향: 정서지능과 사회적 지지의 조절효과를 중심으로. **유아교육학논집, 19**(3), 71-93.

김숙령·김선희·육길나·조숙진(2006). 영아와 교사의 집단활동 상호작용에 있어서 영아교사의 민감성에 관한 연구. **유아교육학논집, 10**(4), 125-150.

김순환·박선혜·남옥선(2014). 예비유아교사를 위한 교직인성 프로그램 개발 및 적용. **유아교육학논집, 18**(2), 339-363.

김아영(2004). 자기효능감과 학습동기. **교육방법연구, 16**(1), 1-38.

김은설·김길숙·이민경(2015). **영유아교사 인성평가도구 개발 및 교육 강화 방안**(연구보고 2015-27). 육아정책연구소.

김은설·박수연(2010). **보육시설장·교사 윤리강령 개발 연구**. 한국보육시설연합회회의 연구 용역 보고서.

김정호(2005). **스트레스는 나의 스승이다**. 서울: 아름다운 인연.

김정휘·고홍화(2003). **교사의 직무스트레스 연구**. 서울: 배영사.

김종석(2004). 학교조직에 있어서 인간관계에 관한 연구. 경인교육대학교 교육대학원 석사학위논문.

김종운(2013). **상담심리학의 이론과 실제**. 서울: 동문사.

김주환(2011). **회복탄력성**. 경기: 위즈덤하우스.

김진경·권혜진(2017). **영유아교사론**. 서울: 한국방송통신대학교출판문화원.

김진모(2001). 기업의 인적 자원 개발을 위한 역량 중심의 교육 과정 설계. **직업교육연구, 20**(2), 109-128.

김태길(1997). **직업윤리와 한국인의 가치관**. 서울: 철학과 현실사.

김희태(2004). 유아교사의 갈등에 관한 질적 연구. **유아교육학논집, 8**(2), 5-34.

꼬미쌤TV. 영유아교사로 오래 살아남기 위한 멘탈 관리. https://youtu.be/XUT9ugxU6lE

남영신·장재연(2011). 치과위생사의 근무환경과 직업병의 연관성에 대한 조사연구. **한국치위생학회지, 11**(4), 581-593.

남정걸(1998). **교육행정 및 학교경영**. 서울: 교육과학사.

대동대학교 교수학습센터(2014). **인성과 직업기초능력**. 부산: 대진출판사.

대동대학교 교수학습센터(2014). **직업기초능력 향상을 위한 인성 및 직업 소양교육 프로그램 개발연구**.

류경희(2013). 어린이집 만 2세 학급 영아의 하루 일과에 대한 연구. 원광대학교 대학원 박사학위논문.

류동훈(2004). **교사론**. 서울: 창지사.

류현미(2003). 성격유형과 사회적 지지에 따른 중고등학교 교사의 직무스트레스와 탈진. 서강대학교 대학원 석사학위논문.

마혜진(2014). 영아교사의 정서역량 증진을 위한 현직교육프로그램 개발. 덕성여자대학교 대학원 박사학위논문.

모아라(2013). 에니어그램 성격유형을 활용한 유아교육기관 중간관리자의 리더십 특성 분석. 숙명여자대학교 대학원 박사학위논문.

문용린(2011). 정서 지능 강의. 서울: 북스넛.

민성혜·신혜원·김의향(2012). 보육교사론. 경기: 양서원.

박동건·최대정·이은정(2006). 조직감성역량 키우기. 서울: 삼성경제연구소.

박선해·김미정(2013). 보육교사론. 경기: 공동체.

박연호·이종호·임영제(2013). 현대인간관계론. 서울: 박영사.

박은혜(2009). 유아교사론. 서울: 창지사.

박은혜·박선혜·박신영·장민영·김지은(2019). 현장사례에 기초한 보육교사 인성론. 서울: 창지사.

박재현(2013). 국어교육을 위한 의사소통 이론. 서울: 사회평론 교육총서 11.

박진희(2014). 유아 인성교육에 대한 교사 인식의 개념도 연구. 신라대학교 일반대학원 박사학위논문.

박찬옥·구수연·이옥임(2010). 영아-교사 상호작용의 이론과 실제. 경기: 정민사.

박찬옥·서동미·엄은나(2013). 유아사회교육. 경기: 정민사.

박화윤·마지순·안라리·신순희·임경례(2010). 유아교직실무. 경기: 공동체.

백혜리(1990). 유아교사의 전문성에 관한 연구. 이화여자대학교 대학원 석사학위논문.

법제처(2013). 영유아보육법.

법제처(2015). 인성교육진흥법.

보건복지부(2012). 보육사업안내.

보건복지부(2013). 누리과정 해설서.

보건복지부(2013). 보육사업안내.

보건복지부(2021). 2021년도 보육사업안내. p. 230.

브리태니커사전(http://britannica.co.kr).

서경혜·최진영·노선숙·김수진·이지영·현성혜(2013). 예비교사 교직 인성 평가도구 개발 및 타당화. 교육과학연구, 44(1), 147-176.

서울대학교 교육연구소(2011). 교육학 용어사전. 서울: 하우동설.

성미영·김진경·서주현·민미희·김유미(2015). 보육교사론. 서울: 학지사.

세계일보(2014.12.15.). "24개월 전후에 들인 아이 습관 평생 간다."

세바시(세상을 바꾸는 시간 15분) 강연(1037회). 교사는 어떻게 탄생하는가. https://youtu.be/YOGZjGgxotY

송진희·홍현숙(2009). 직장인 정신건강을 위한 정책 동향 및 사례. 정신건강정책포럼, 3, 41-57.

신경희(2015). 삶을 만점으로 만드는 스트레스 관리. 서울: (주)영림미디어.

신나향(2011). 에니어그램 성격유형별 교사의 자아이미지 특성연구. 숙명여자대학교 대학원 석사학위논문.

신승욱(2008). A/B형 행동유형에 따른 초등학교 교사의 직무스트레스와 정신건강과의 관계 분석. 춘천교육대학교 대학원 석사학위논문.

신애선(2014). 10~24개월 영아의 의사소통적 몸짓과 기질 및 어휘력 간의 관계. 원광대학교 대학원 박사학위논문.

아주경제(2011.3.24). **대인관계 스트레스가 업무보다 심해.**

안옥규(1996). **어원사전.** 서울: 한국문화사.

양승희·유지연·조현정(2014). **보육과정.** 서울: 동문사.

양참삼(2005). **인간관계의 이해-상한 관계의 치유.** 서울: 창지사.

연합뉴스(2013.03.20.). http://v.media.daum.net/v/20130320111509871?f=o.

엠뚜루마뚜루(MBC 공식종합채널). 인지역량과 정서역량의 상관관계. https://naver.me/Gh8thYVB

오영희·이춘희·김혜자·이성제·최미숙(2008). 유아교육기관 교사의 직무만족도에 관한 연구: 자아상태와 스트로크를 중심으로. **유아교육학논집, 12**(2), 381-400.

오정순(2010). 영아의 부정적 정서표현에 대한 교사들의 담론 분석. 성신여자대학교 교육대학원 석사학위논문.

우리 동네 어린이병원. 안정된 애착형성의 3가지 기본기! 이것만은 꼭 지켜주세요. https://youtu.be/xUd3geCuOfQ

우민정 외(2008). **교사를 위한 영유아보육의 실제.** 경기: 정민사.

원호택 외 공역(1996). **우울증 인지치료.** 서울: 학지사.

유수경·황해익(2009). 유아교육분야에 나타난 교사 전문성 관련 연구 동향 분석. **열린유아교육연구, 14**(3), 293-314.

유영창(1999). 문제행동과 자아개념 간의 관계 연구. 연세대학교 교육대학원 석사학위논문.

육아정책연구소(2013). **표준보육료 산출연구.**

육아정책연구소(2015). **영유아교사 인성 평가도구 개발 및 교육 강화 방안.** 연구보고 2015-27.

육아정책연구소(2017). **2018-2022 보육 중장기 발전방안연구.** 연구보고서 2017-27.

윤기영(2005). **원장과 교사를 위한 유아교육기관에서의 학부모 탐구.** 경기: 양서원.

윤기영·박상남(2000). 유아교사와 학부모의 인간관계. **한국교사교육, 17**(1), 379-404.

윤정일(2002). **교육행정학원론.** 서울: 학지사.

위미숙(2005). 교원의 권리와 의무에 관한 분석적 연구. **한국인사행정학회보, 4**(1), 127-151.

이경미(2009). 유아교육기관에서 유아가 경험하는 하루 일과에 대한 연구. 이화여자대학교 대학원 박사학위논문.

이경민·우민정·이혜경·이은영(2018). **보육교사인성론**. 경기: 정민사.

이경민·최윤정·박순정(2013). 예비유아교사를 위한 창의 . 인성증진 프로그램 개발 및 적용. **어린이미디어연구**, 12(2), 73-96.

이경우·이인용(2010). **당신도 유능한 부모가 될 수 있다**. 서울: 창지사.

이명순 외(2016). **유아교사론**. 경기: 정민사.

이상복(2012). **행복을 부르는 긍정심리학**. 경기: 공동체.

이소희(2009). **비전에니어그램의 초대**. 서울: 비전에니어그램교육연구소.

이순형·권기남·김진욱·민미희·김정민·김은영·이성옥·정현심·심도현·안혜령(2015). **보육교사론**. 경기: 양서원.

이완정(2005). 보육시설 영유아의 권리보호를 위한 각국의 보육종사자 윤리강령 연구. **아동권리연구**, 9(4), 789-816.

이완정(2015). 영유아 인성보육의 전망과 과제. **한국보육진흥원: 제2회 인성보육포럼 자료집**, 43-60.

이완정·권기남·이윤선(2015). **안심보육 교직원연수 교육 과정 개발**. 한국보육진흥원 안심보육 교직원연수 교육 과정 개발 연구용역 보고서.

이윤경(2020). **제4판 유아교육개론**. 서울: 창지사.

이윤식(1999). 교직사회 갈등요인과 해소방안. **새교육**, 439, 98-106.

이윤식·김병찬·김정휘·박남기·박영숙·송광용·이성은·전제상·정영수·정일환·조동섭·진동섭·최상근·허병기(2007). **교직과 교사**. 서울: 학지사.

이은화 외(2009). **유아교육개론**. 서울: 이화여자대학교출판부.

이재호(2017). **듣기만 잘했을 뿐인데. 누구와도 공감하는 백발백중 대화의 기술**. 서울: 미다스북스

이정현·안효진(2012). 유아교사의 직무만족도와 교사효능감 및 직무스트레스의 관계 연구. **아동학회지**, 33(4), 129-141.

이진화(2007). 보육교사의 정서노동과 개인 및 기관의 정서변인, 직무만족도, 소진과의 관계. 이화여자대학교 대학원 박사학위논문.

이윤경 외(2020). **제4판 유아교육개론**. 서울: 창지사.

이춘복(2012). 유아교사의 정서적 역량 증진 프로그램 구성 및 적용. 중앙대학교 대학원 박사학위논문.

이충헌(2015). **분노도 습관이다: 화를 못 참는 사람을 위한 마음 사용 설명서**. 서울: 경향비피.

이혜자·권순호(2011). 요양보호사의 근무환경 특성과 직무스트레스가 직무만족도에 미치는 영향. **노인복지연구**, 51, 125-144.

이홍우(2005). **교육의 목적과 난점 제6판**. 서울: 교육과학사.

이희영·최영미·김문정·윤미숙(2016). **유아인성교육의 이론과 실제**. 서울: 학지사.

인성교육범국민실천연합(http://www.insungedu.or.kr).

인생멘토 임작가. 정서지능의 본질-감정관리능력 6편. https://youtu.be/XGYbx2gEPXY

임승렬(2007). 교원의 권리와 의무에 관한 유치원교원의 인식수준에 관한 연구. **열린유아교육연구**, 12(3), 1-18.

임정수·이완정(2009). 유아교사 윤리강령을 토대로 분석한 동료 관계에서의 스트레스와 대처방식. **아동권리연구**, 13(4), 529-554.

임재택(1996). **전문직 보육교사의 역할과 자세**(보육교사보수교육 과정). 부산대학교 부설 보육교사 교육원.

장우귀·박영신·김의철(2007). 대학생의 인간관계, 자기효능감과 삶의 질. **한국교육문제연구**, 25, 1-21.

전민경(2012). 특성화 고등학교 학생의 학교행복감 향상을 위한 긍정심리 적용 집단상담 프로그램 개발. 한국교원대학교 교육대학원 석사학위논문.

전재선(2013). 예비유아교사 인성교육프로그램 모형개발. **한국보육학회지**, 13(4), 305-327.

전주영(2014). 팀의 사회정서적 역량 향상을 위한 교육 프로그램 개발. 부산대학교 대학원 석사학위논문.

정명화·최인근·서영호·김대경·김진숙·강동권·현정은(2010). 성공적인 직무수행을 위한 자기개발능력. **한국전문대학 교육협의회**. p. 177.

정옥분·정순화·임정하(2008). **정서발달과 정서지능**. 서울: 학지사.

정진선·문미란(2012). **인간관계의 심리**. 서울: (주)시그마프레스.

정창우(2016). **인성교육의 이해와 실천**. 경기: 교육과학사.

조경덕·장성화(2012). **대인관계와 커뮤니케이션**. 서울: 동문사.

조미영·권경숙·고경화·박정빈·심형진·이은희·조연경·황인애(2016). **보육교사론**. 서울: 학지사.

조벽(2016). **인성이 실력이다**. 서울: 해냄.

조성연·구현아(2005). 보육교사의 직무스트레스와 자기효능감. **아동학회지**, 26(4), 55-70.

조운주·최일선(2004). 사립 유아교육기관 초임교사들의 갈등 및 안정에 대한 이해. **유아교육연구**, 24(1), 71-93.

조혜경·구경선·곽혜경(2017). **보육교사론**(개정판). 서울: 창지사.

조혜진(2007). 영아반 초임교사들의 어려움과 적응에 대한 이해. **유아교육학논집**, 11(2), 237-262.

조혜진(2016). 예비유아교사 정서역량교육프로그램에 대한 예비유아교사와 교수의 인식 및 요구분석. **미래유아교육학회지, 23**(2), 231-155.

조혜진(2017). **유아교사의 정서역량**. 서울: 창지사.

조혜진·김수연(2011). 유아교사의 직무스트레스와 소진의 관계에서 정서지능의 매개효과. **열린유아교육연구, 16**(6), 231-247.

조혜진·박효진(2012). 유아교사의 정서조절책략과 직무소진 및 직무만족의 관계에서 정서 지능의 조절효과. **미래유아교육학회지, 19**(4), 231-248.

중앙경제(2014). **실무노동용어사전**.

중앙육아종합지원센터(2015). **문서서식 2015 업무분장표**.

중앙일보(2017.11.19.). (http://news.joins.com/article/22128080)

차정주·이효림(2015). 유아교사의 소진과 정서노동이 행복감에 미치는 영향. **열린유아교육연구, 20**(2), 375-393.

책읽어주는쌤 하이. 피터의 의자(에즈러 잭 키츠). https://youtu.be/xlHl3FwXQWk

천세영·김왕준·성기옥·정일화·김수아(2012). **인성교육 비전 수립 및 실천 방안 연구**(정책연구 2012-41). 서울: 교육과학기술부.

최문기(2007). 교직윤리의 이론적 토대와 통합적 접근. **윤리교육연구, 12**, 179-200.

최미곤·황인옥(2016). 보육교사의 인성과 직무만족도가 교사-영유아 상호작용에 미치는 영향. **사회과학 담론과 정책, 9**(2), 169-197.

최성애·조벽·존 가트맨(2011). **내 아이를 위한 감정코칭**. 서울: 한국경제신문.

통계청(http://kostat.go.kr).

하은옥·황해익(2008). 유아교육기관 조직구성원을 위한 감성역량 프로그램 적용 사례 연구. **한국열린유아교육학회 2008년 추계학술대회**. 269-285.

한광일(2008). **스트레스 치료법**. 서울: 삼호미디어.

한국보육진흥원(2012). **2012년 어린이집 평가인증 문서자료집**.

한국부모교육학회(1997). **부모교육학**. 경기: 교육과학사.

한국표준직업분류(http://kssc.kostat.go.kr:8443/ksscNew_web/link.do?gubun=002).

한국에니어그램교육연구소(http://www.kenneagram.com).

한용진·권두승·남현우·오영재·류지헌(2007). **교육학개론**(2판). 서울: 학지사.

한지현·김천석·최명옥·유태용(2003). 정서역량의 개관과 기업 장면에서의 시사점. **2003년도 한국산업 및 조직 심리학회 추계 심포지엄 및 학술대회 발표논문집** 97-107.

현정환(2013). **상담이론, 실제, 연습: 상담심리학**. 경기: 양서원.

현주·이혜영·한미영·서덕희·류덕엽(2013). **초·중등학생 인성교육 활성화 방안 연구**

(Ⅰ)-인성교육 진단 및 발전 과제 탐색. 서울: 한국교육개발원.

현주·임소현·한미영·임현정·손경원(2014). 초·중등학생 인성수준 조사 및 검사도구의 현장활용도 제고 방안 연구. 서울: 한국교육개발원.

행복인사이트(2018). 행복은 언제, 왜 느끼는가? https://youtu.be/tuOgSMsu4Zg

홍경자·탁영란·강현숙·김금순·박호란·곽월희·김정은·최정례(2002). 전문직 여성의 직무스트레스, 직업 만족도, 건강: 간호사와 교사 그룹을 중심으로. 한국간호학회지, 32(4), 570-579.

홍길회(2020). 유아교육기관 운영관리. 서울: 동문사.

홍길회(2017). 영유아교사 스트레스 대처방식이 소진과 우울에 미치는 영향. 동남보건대학교 논문집, 35(2), 77-92.

홍길회(2018). 유아교사가 지각한 대인관계와 부모애착 관계 탐색연구. 동남보건대학교 논문집, 36(1), 29-48.

홍길회·김경미(2018). 대인관계증진 프로그램을 통한 유아교사의 대인관계 역량의 변화. 한국 육아지원학회지, 13(1), 245-269.

홍길회·김경미(2019). 에니어그램 성격에 따른 유아교사의 스트레스 유발요인 및 대처 방식의 차이. 열린유아교육연구, 24(6), 77-100.

홍길회·정혜진(2013). 유아교사의 직무스트레스 및 우울이 직무소진에 미치는 영향. 한국보육지원학회지, 9(1), 263-280.

홍은숙(2011). 교직관에 따른 전문직 교원윤리의 성격 재음미. 교육철학연구, 33(3), 187-212.

황경식(2004). 전문직과 직업윤리. 전환기 한국사회의 새로운 직업윤리 모색: 철학적 기초와 사회적 제도(박순성·정원섭·황경식·이홍균·김종걸·이근식 공저). 서울: 한국직업능력개발원.

황해익·김미진·탁정화(2012). 직장어린이집 보육교사의 직무스트레스 인식 수준 및 대처방안 연구. 유아교육연구, 32(2), 211-240.

황해익·김미진·김병만(2014). 유아교사의 행복교육에 대한 개념도 분석. 한국보육지원학회지, 10(1), 59-79.

황해익·송연숙·정혜영·남미경·정혜영·유수경(2015). 보육교사론. 경기: 정민사.

황해익·송연숙·정혜영·유수경(2013). 교직실무. 경기: 정민사.

희렌최널. 센스있는 대화를 위한 경청의 기술 4가지. https://youtu.be/7QE5xPLBBBk

Australian Early Childhood Association(2005). ECA code of ethics.

Babycenterkorea(2014). http://www.johnsonsbaby.co.kr/babycenter/article/article_view.asp?CateNo=9&TopicNo=9&ArticleNo=777.

Beck, A. T., Ward, C. H., Mendelson, M., Mock, J., & Erbaugh, J.(1961). An inventory for measuring depression. *Archives of General Psychiatry, 4*, 561-571.

Beck, G.(2012). **상대의 마음을 움직이는 칭찬의 기술**(최경인 역). 서울: 아주좋은날. (원저 2009년 출판).

Berk, L.(2006). *Child development*, 7th ed. Boston, MA: Pearson Education Inc.

Bernhardt, B. C., & singer, T.(2012). The neural basis of empathy. *Annual Review of Neurosience, 35*, 1-23.

Butler, J., & Kern, M. L.(2014). *The PERMA-Profiler: A brief measure of flourishing*. Unpublished manuscript.

Campbell, D. P.(1992). *Manual for the Campbell interest and skill survey*. Minnepolis, MN: National Computer System. Inc.

Canadian Child Care Federation(2005). Code of ethics.

Cann, A., & ETZEL, K. C.(2008). Remembering and anticipating stressors: Positive personality mediates the relationship eith sense of humor. *Humor, 21*, 157-178.

Caruso, D. R. & Salovey, P.(2009). *The Emotionally intelligent Manager: How to develop and use the four key emotional skills of leadership*. San Francisco: Jossey-Bass.

CJ DONORSCAMP. 21세기형 인성교육이란 이런 것! https://youtu.be/lEyUhYKPR84

Clark, C. M.(1996). *Thoughtful teaching*. NY: Teachers College Press.

Cohen, S.(1980). Aftereffects of stress on human performance and social behavior: A review of research and theory. *Psychological Bulletin, 88*, 82-108.

Cooper, B.(2004). Empathy, interaction and caring: Teachers' roles in a constrained environment. *Pastoral Care in Education, 22*(3), 12-21.

Darwin, C. A.(1872). *The expression of the emotions in man and animals*. Chicago: University of Chicago Press.

Day, D. E.(2007). **열정으로 가르치기**(박은혜·이진화·위수경·조혜선 역). 서울: 파란마음. (원저 2004년 출판).

EBS STORY. AI로 대체되기 가장 쉬운 직업은? https://youtu.be/MYygMVtxy6c

Eres, F., & Atanasoska, T.(2011). Occupational stress of teachers: A comparative study between Turkey and Mecedonial. *International Journal of Humanities and Social Science, 1*(7), 59-65.

Eysenck, H. J.(1994). Personality: Biological foundation. In P. A. Vernon(Ed.), *The Neuropsychology of individual differences*. San Diego: Academic Press, 151-207.

Feeney, S., Christensen, D., & Moravcik, E.(2006). *Who am I in the lives of children?*(7th ed). Pearson Merrill Prentice Hall.

Folkman S.(1997). Positive psychological states and coping with severe stress. *Social Science and Medicine, 45*, 1207-1221.

Freeman, N. K., & Feeney, S.(2004). *The NAEYC code is a living document.* Young Children on the Web, NAEYC.

Friedman, M., & Roseman, R. H.(1974). *Type A behavior and your heart*. New York: Alfred A. knopf.

Goffin, S. G., & Day, D. E.(2001). **유아교사교육의 새로운 접근**(조부경·이정미 역). 경기: 양서원(원서 1994 출판).

Goleman, D.(1998). *Working with emotional intelligence*. New York: Basic Books.

Goleman, D.(2008). **EQ 감성지능**(한창호 역). 서울: 웅진지식하우스 (원저 1996년 출판).

Goleman, D., Boatzis, R. & Mckee, A.(2003). **감성의 리더십**(장석훈 역). 서울: 청림출판. (원저 2002년 출판).

Hochschild, A. R.(1983). *Managed heart: Commercialization of human feeling*. California: University of California Press.

Hoffman, M. L.(2008). Empathy and prosocial behavior. *Handbook of Emotions, 3*, 440-455.

Holt, R. R.(1982). Occupational stress. In L. Goldberger & S. Bretznitz (Eds.), *Handbook of stress theoretical and clinical aspects*. New York: The Free Press.

Hooper, J.(2013). **아이의 행복 플로리시**(우문식·이명원·허현자 역). 경기: 물푸레(원저 2012년 출판).

House, J. S., Landis, K. R., & Umberson, D.(1988). Social relationships and health. *Science, 214*, 540-545.

Ivancevich, J., & Matteson, M.(1980). *Stress at work*. Glenview, Ill: Scott, Foresman.

Jalongo, M. R., & Isenberg, J. P.(2004). *Exploring your role: A practitioner's Introduction to early childhood education*(2nd ed). Pearson Merrill Prentice Hall.

Jex, S. M., & Britt, T. W.(2008). *Organizational psychology: A scientist-practitioner approach* (2nd ed.). Hoboken, NJ: John Wiley & Sons.

Johnson, D., & Johnson, R.(1994). *Learning together and alone, cooperatative, competitive, and individualistic learning*. Needham Heights, MA: Prentice-Hall.

Josephson Institute. http://josephsoninstitute.org.

Kart, L. G.(1977). *Talks with teachers: Reflection on early childhood education*. Washington, DC: National Association for Education of Young Chilidren.

Ken, B., Thad, L., Chuck, T., & Jim, B.(2014). **칭찬은 고래도 춤추게 한다** (조천제 역). 서울: 21세기북스. (원저 2002년 출판).

Kleinginna, R. R., & Kleinginna, A. M.(1981). A categorized list of emotion definitions, with suggestions for a consensual definition. *Motivation and Emotion, 5*, 345-379.

Kress, J. S., & Elias, M. J.(2006). *Implementing school based social and emotional learning programs: Navigating developmental crossroads*. New York: Wiley.

Lazarus, R. S., & Folkman, S.(1984). *Stress, appraisal, and coping*. New York: Springer.

Lazarus, R. S.(1993). From psychological stress to the emotions: A history of changing outlooks. *Annual Review of Psychology, 44*, 1-21.

Lickona, T.(2001). Reclaiming Children and Youth. *Bloomington, 9*(4) : 239-251.

Lickona, T.(2004). *Character matters*(유병열 외 역). **인격교육의 실제**. 경기: 양서원.

Lyubomirsky, S.(2012). **행복도 연습이 필요하다**(오혜경 역). 서울: 지식노마드. (원저 2008년 출판).

Lyubomirsky, S., Sheldon, K. M., & Schkade, D.(2005). Pursuing happiness: The architecture of sustainable change. *Review of General Psychology*, 9, 111-131.

McClelland, D, C.(1973). Testing for competence rather than for intelligence. *American Pcychologist*, 28(1), 1-14.

Motowidlo, S. J., Packard, J. S., & Manning, M. R.(1986). Occupational stress: Its causes and consequences for job performance. *Journal of Applied Psychology, 71*(4), 618-629.

NAEYC홈페이지 (http://www.naeyc.org/yc/columns/focusonethic).

NATV국회방송. '이제는 인성이다-제1회'. https://youtu.be/oF72_NR4oLU

Newman, L., Coombe, K. Arefi, M., Davidson, F., & Humphries, J.(1999). Facing the hard questions: Ethics for early childhood fieldwork programs. *Australian Journal of Early Childhood, 24*(2), 35-42.

Noddings, N.(2003). Is teaching a practice? *Journal of Philosophy of Education, 37*(2), 241-251.

Nolan, M.(2007). *Mentor Coaching and Leadership in Early Care and Education.* New York: Thomson Delmar Learning.

Palomera, R., Fernandez-Berrocal, P., & Brachett, M.(2008). Emotional intelligence as a basic competency in pre-service teacher training: some evidence. *Electronic Journal of Research in Educational Psychology, 6*(2), 437-454.

Parrot, W. G.(2001). *Emotions in social psychology*. San Francisco: Taylor & Francis.

Patel, V., & Kleinman, A.(2003). Poverty and common mental disorders in developing countries. *Bulletin of the World Health Organization, 81*, 609-615.

Penning, M. J., & Wu, Z.(2015). Caregiver stress and mental health: Impact of caregiving relationship and gender. *The Gerontologist*, doi: 10.1093/geront/gnv038.

Plutchik, R.(1980). *Emotion A psychoevolutionary synthesis*. New York: Harper & Row.

Rahim, M. A., & Psenicka, C.(1996). Bases of leader power, workgroup commitment, and conflict: Astructural equations model. In M. A. Rahim, R. T. Golembiewski, & C. C. Lundberg (Eds.), *Current topics in management*(pp. 31-47). Greenwich, CT: JAI Press.

Rosellini, G., & Worden, M.(1997). *Of course you're angry: A guide to dealing with the emotions of substance abuse*. Center City, MN: Hazelden Publishing.

Rowe, D. J., Early, B., & Loubier, D.(1999). **영아와 걸음마기 유아교사의 역할: 유아교사 교육의 새로운 접근**(조부경·이정미 역). 경기: 양서원. (원저 1994년 출판).

Salovey, P., & Mayer, J. D.(1990). Emotional intelligence. *Imagination, Cognition, and Personality, 9*(3), 185-211.

Saracho, O. N., & Spodek, B.(2003). Improving teacher quality. In O. N. Saracho

& B. Spodek(Eds.), *Studying teachers in early childhood settings*. (pp. 209-221). Information Age Publishing, Inc.

Schilling, D.(2001). **고교생과 대학생을 위한 정서지능**(조수연·노성향·임선빈 역). 경기: 양서원 (원저 1996년 출판).

Seligman, M.(2011). *Flourish*. New York: ATRIA.

Seligman, M. E. P.(2011). **플로리시**(우문식·윤상운 역). 경기: 물푸레 (원저 2011년 출판).

Seligman, M. E. P.(2008). **학습된 낙관주의**(최호영 역). 경기: 21세기북스 (원저 1998년 출판).

Spencer, L. M. & Spencer, S. M.(2005). **핵심역량모델의 개발과 활용**(민병모·박동건·박종구·정재창 역). 서울: PSI 컨설팅 (원저 1993년 출판).

Spodek, B. S.(1985). *Teaching in the early years*(3rd ed.). New Jersey: Prentice Hall, Inc.

Spodek, B., Saracho, O. N., & Peters, D. L.(1988). Professionalizing the field: The tasks ahead. In D. L. Peters (Eds), *Professionalism and the early childhood practitioner*. (pp. 89-194). NY: Teachers College Press.

Starret, S.(2011). Examples from "Create Your Own Code of ethics" Assignment. Perspectives on Teaching Ethics. National Center for Professional and Research Ethics. (http://www.nationalethicsresourcecenter.net/resources/308/download/Starrett_codeofethicsassignment.pdf)

Sullivan, H. S.(1953). *The interpersonal theory of psychiatry*. New York: W·W·Norton & Company.

Swick, K. J., & Hanes, M. L.(1987). *The developing teacher*. Champaign, IL: Stipes.

U.S. Department of Education(2005). *Helping your child become a responsible citizen*. Office of Communications and Outreach. Washington, D.C.

VIA Institute on Character. http://www.viacjaracter.org

Waggoner, C. & Herndon, M.(2016). *Starting with character: activities for infants, toddlers, and twos*. Redleaf Press.

WHO(2004). Promoting mental health: Concepts, emerging evidence, practice.

www.freepik.com

Zahn-Waxler, C., & Radke-Yarrow, M.(1990). The origins of empathic concern. *Motivation and Emotion, 14*(2), 107-130.

저자 소개

홍길회

연세대학교 및 대학원 아동학과 졸업
Gregorio Araneta University 교육경영학과 박사
창원어린이집·월경사유치원 원장 역임
현: 동남보건대학교 유아교육과 교수
저서: 유아교육기관 운영관리 / 유아다문화교육 / 영유아발달
아동문학과 동화구연 / 영유아 건강교육 제3판
아동관찰과 행동연구 제2판 / 영유아를 위한 수학교육 제2판
가족관계의 이해 / 유아사회교육의 실제
창의성교육의 실제 / 부모상담 등

정미자

유아교육전공
한양대학교 대학원 유아교육학과 석사
중앙대학교 대학원 아동복지과 박사 수료
현: 한국방송통신대학교, 동남보건대학교 강사
저서: 영유아 건강교육 제3판 / 사회변화에 따른 부모교육
유아품성지도 / 전생애 인성교육 등

영유아교사인성론

초 판 1쇄 발행 / 2020년 9월 1일
제2판 1쇄 발행 / 2023년 1월 17일

•

저 자 / 홍길회 · 정미자
발행인 / 이 중 수
발행처 / **동 문 사**

•

서울특별시 서대문구 홍제원 1길 12
(홍제동 137-8)
Tel : 02)736-3718(대), 736-3710, 3720
Fax : 02)736-3719
등록번호 : 1974.04.27. 제9-17호
가격 : 22,000원

•

ISBN : 979-11-6328-492-5 (93370)
E-mail : dong736@naver.com
www.dongmunsa.com